科技创新思路与方法
——兼议未来50年科技发展热点

王国全　著

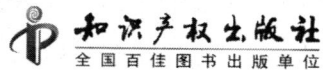
知识产权出版社
全国百佳图书出版单位

内容提要

本书从"社会需求是科技发展的第一动力"出发,首先探讨了创新型人才应具备的素质及其培养途径、科技创新的思维模式、新技术开发与新产品研制的思路和方法,进而讨论了专利技术研发、科研团队建设、科技创新与环境保护的关系等问题。最后,对未来50年科技发展的热点作了展望。本书适合科技工作者、高等院校学生阅读,也可作为相关课程的参考教材。

责任编辑:赵 军

图书在版编目(CIP)数据

科技创新思路与方法:兼议未来50年科技发展热点/王国全著. —北京:知识产权出版社,2011.10

ISBN 978-7-5130-1543-1

Ⅰ.①科… Ⅱ.①王… Ⅲ.①技术革新—研究 Ⅳ.F062.4

中国版本图书馆 CIP 数据核字(2012)第 222372 号

科技创新思路与方法:
兼议未来50年科技发展热点
KEJI CHUANGXIN SILU YU FANGFA
JIANYI WEILAI WUSHI NIAN KEJI FAZHAN REDIAN

王国全 著

出版发行:知识产权出版社

社 址:北京市海淀区马甸南村1号	邮 编:100088
网 址:http://www.ipph.cn	邮 箱:bjb@cnipr.com
发行电话:010-82000893 82000860 转 8101	传 真:010-82000893
责编电话:010-82000860 转 8127	责编邮箱:zhaojun@cnipr.com
印 刷:北京中献拓方科技发展有限公司	经 销:新华书店及相关销售网点
开 本:787 mm×1092 mm 1/16	印 张:17
版 次:2013年1月第1版	印 次:2013年1月第1次印刷
字 数:250 千字	定 价:48.00元

ISBN 978-7-5130-1543-1/F·558(4397)

出版权专有 侵权必究

如有印装质量问题,本社负责调换。

前　言

在当今的科技界和高等教育界，创新型人才怎样培养、创新技术怎样开发，都是备受关注的热点问题。然而，专业科技工作者撰写的著作，一般以科技专业内容为主，较少涉及科研人员的素质培养、科技创新思路与研究方法。

本书是在作者 30 年科研与教学工作经验的基础上写成的。作者长期从事科技、教育工作，对于科技创新有亲身的实践，对于科技人才培养也有一定的经验。作者把科技创新实践经验中提炼出来的创新思维方式、研发方法结合具体实例写入本书，期望对读者有所裨益。

本书列举的实例中，有科技名人的发明创造历程，可以给我们以激励；也有我们周围科技工作者的事业追求，可以给我们以启迪。本书就创新人才培养、科技研发思路与方法、科研团队建设、著作权保护、科技创新与环境保护的关系等，提出了作者本人的一些见解，可供读者参考。

本书第 5 章讨论专利技术研发中的一些问题。纵观专利技术产生与运用的全过程，主要包括技术研发、专利申请的审批、专利技术的实施应用三个环节。如果我们对技术研发过程予以必要的关注，促使更多高质量的研发成果涌现，进而提交专利申请，这对于提高我国专利技术的整体水平将会产生积极的影响。

本书第 8 章是对未来 50 年科技发展热点的展望，以此迎接即将到来的新一轮技术革命。本章标记出未来科技发展的几个热点，不可能反映新一轮技术革命的全貌，作者希望抛砖引玉，使读者能够举一反三、由点及面。并且，依作者之预见，新一轮技术革命在这几个热点上将会有精彩的演绎。

本书可供科技工作者（特别是青年科技工作者）参阅，可作为创新型人才培养的自修读本，亦可作为"科技创新思维"、"科技研究方法"等相关课程的参考教材。每章后面附有思考题，可作教学参考，同时也是作者与读者交流互动的方式。

王国全

2012 年 7 月

目　录

第1章　引言:科技发展的动力 ………………………………… 1
1.1 社会需求:科技发展的第一动力 ……………………… 3
- 1.1.1 回眸历史:社会需求促动着科技发展 ……………… 3
- 1.1.2 古代社会:国家需求与民间需求 …………………… 5
- 1.1.3 现代社会:广义的民生需求 ………………………… 7

1.2 实践与思辨:科技发展的内在动力 …………………… 9
- 1.2.1 基于实践的科学路径 ……………………………… 9
- 1.2.2 基于思辨的科学路径 ……………………………… 11
- 1.2.3 实践与思辨的相互促进 …………………………… 12

1.3 支持系统:科技发展的催化动力 ……………………… 14
- 1.3.1 社会心态 …………………………………………… 14
- 1.3.2 国家投入 …………………………………………… 17
- 1.3.3 教育水准 …………………………………………… 19

第2章　创新型人才应具备的素质及其培养途径 ………… 24
2.1 好奇心 …………………………………………………… 24
- 2.1.1 好奇心的培养 ……………………………………… 25
- 2.1.2 好奇心的延续 ……………………………………… 27

2.2 实践的精神 ……………………………………………… 28
- 2.2.1 实践精神的典范 …………………………………… 29
- 2.2.2 实践能力的内涵 …………………………………… 31
- 2.2.3 实践能力的培养 …………………………………… 33
- 2.2.4 走向社会的大舞台 ………………………………… 35

2.3 思辨的能力 ……………………………………………… 36

- 2.3.1 思辨能力的内涵 ··· 36
- 2.3.2 关于当代教育的思考 ··································· 38
- 2.3.3 思辨能力的培养 ··· 40
- 2.3.4 逻辑思维与形象思维 ··································· 41
- 2.4 傲然独立的个性 ··· 43
  - 2.4.1 不迷信权威 ·· 43
  - 2.4.2 不随波逐流 ·· 44
- 2.5 学者风范 ·· 47
  - 2.5.1 一丝不苟 ··· 47
  - 2.5.2 百折不挠 ··· 48
  - 2.5.3 博学真知 ··· 50
  - 2.5.4 虚怀若谷 ··· 53
  - 2.5.5 团队精神 ··· 55
- 2.6 人文情怀 ·· 57
  - 2.6.1 注重以人为本 ··· 57
  - 2.6.2 提高人文素养 ··· 58

第3章 科技创新的思维模式 ······························· 61

- 3.1 创新思维的着眼点 ·· 61
  - 3.1.1 由总体到局部 ··· 62
  - 3.1.2 由局部到总体 ··· 67
  - 3.1.3 由实际需求到寻求解决方案 ························· 68
  - 3.1.4 由发明或发现到寻求实际应用 ······················ 71
- 3.2 类比式思维与联想式思维 ································· 72
  - 3.2.1 类比式思维 ·· 72
  - 3.2.2 联想式思维 ·· 73
  - 3.2.3 类比式思维与联想式思维的关系 ··················· 77
- 3.3 跨越式思维 ··· 78
  - 3.3.1 简单例子 ··· 78
  - 3.3.2 相反相成 ··· 79
  - 3.3.3 另辟蹊径 ··· 81

  3.3.4 克服思维定势 …………………………………… 82
3.4 科学思维的缜密性与前瞻性 …………………………… 84
  3.4.1 缜密性 …………………………………………… 84
  3.4.2 前瞻性 …………………………………………… 87
3.5 常用的具体思维方法 …………………………………… 88
  3.5.1 运筹学的方法 …………………………………… 88
  3.5.2 短板理论 ………………………………………… 89
  3.5.3 黄金分割 ………………………………………… 91

第4章 新技术开发与新产品研制 …………………………… 94
4.1 新技术开发的基本方法 ………………………………… 95
  4.1.1 文献查阅 ………………………………………… 95
  4.1.2 选题与研究方案的制订 ………………………… 96
  4.1.3 认真观察实验现象 ……………………………… 99
  4.1.4 实验数据的认定 ………………………………… 103
  4.1.5 创新技术的"生长点" …………………………… 107
  4.1.6 新技术的改进与完善 …………………………… 109
4.2 新产品研制的基本思路 ………………………………… 112
  4.2.1 完美设计与有瑕疵设计的对比 ………………… 112
  4.2.2 功能的提高与结构的简化 ……………………… 114
  4.2.3 使用的便捷性 …………………………………… 115
  4.2.4 产品的"自优化" ………………………………… 116
  4.2.5 安全性的考量 …………………………………… 119
  4.2.6 新产品研发过程中应注意的问题 ……………… 122
  4.2.7 新产品开发的广阔空间 ………………………… 125

第5章 关于专利技术研发 …………………………………… 127
5.1 专利技术研发概论 ……………………………………… 129
  5.1.1 专利技术的定位与特征 ………………………… 129
  5.1.2 新颖性、创造性和实用性 ……………………… 130
  5.1.3 科研单位与企业对专利的不同需求 …………… 131

  5.1.4 关注专利技术的研发过程 …………………………… 132
  5.1.5 专利技术的品位与价值 …………………………… 133
 5.2 专利技术研发思路与方法 …………………………………… 134
  5.2.1 发明与发现 ………………………………………… 134
  5.2.2 新颖性、创造性产生的途径 ……………………… 136
  5.2.3 实用性怎样落实 …………………………………… 138
  5.2.4 申请专利时机的选择 ……………………………… 140
 5.3 关于专利领域的若干误区 …………………………………… 141
  5.3.1 为申请专利而申请专利 …………………………… 141
  5.3.2 片面追求新颖性 …………………………………… 142
  5.3.3 把论文直接转化为专利申请书 …………………… 143
  5.3.4 认为专利技术就是先进技术 ……………………… 143
  5.3.5 某些专利对于侵权行为难以查证 ………………… 144

第6章 科技创新若干问题的探讨 …………………………… 146
 6.1 关于科研团队建设 …………………………………………… 146
  6.1.1 重点实验室：科技创新的活力平台 ……………… 147
  6.1.2 学术带头人：科技创新的领军人物 ……………… 154
  6.1.3 不同层次人才梯队的合理组成 …………………… 159
 6.2 科技创新与科技"维稳" ……………………………………… 162
  6.2.1 创新与"维稳"的关系 ……………………………… 162
  6.2.2 维稳型人才 ………………………………………… 164
  6.2.3 "维稳"创意之一：数码胶片兼容式相机 ………… 165
  6.2.4 "维稳"创意之二：含有呼机模式的手机 ………… 167
 6.3 科技领域其他有待讨论的问题 ……………………………… 169
  6.3.1 科技领域的泡沫现象 ……………………………… 170
  6.3.2 关于著作权的思考 ………………………………… 174
  6.3.3 SCI的作用与误区 ………………………………… 179
  6.3.4 科技蛋糕怎样切：学科划分小议 ………………… 184
  6.3.5 科学随想 …………………………………………… 186
  6.3.6 归来兮，人文精神 ………………………………… 189

第7章 无扰论：人与自然关系的思考 ········· 192
7.1 无扰论：保持人与自然的和谐 ········· 193
7.1.1 "无扰论"的基本论点 ········· 194
7.1.2 "无扰论"的思想渊源 ········· 196
7.2 扰乱、破坏自然平衡带来严重后果 ········· 197
7.2.1 破坏自然平衡导致链锁式扩展 ········· 197
7.2.2 对于环境保护问题的"不同见解" ········· 198
7.3 每个人都应该成为环境的"无扰者" ········· 199
7.3.1 出行：让我们成为现代的徐霞客 ········· 200
7.3.2 居住：房子是愈大愈好吗 ········· 202
7.3.3 饮食：美味佳肴带给我们什么 ········· 205
7.3.4 服装：我们已经很困难了 ········· 206
7.4 节约资源、保护环境与发展经济的关系 ········· 207
7.4.1 趋向节俭是自然规律和社会发展的需求 ········· 207
7.4.2 企业界的"责任关怀" ········· 208
7.4.3 倡导节俭并不会导致消费萎缩 ········· 209

第8章 未来50年科技发展热点展望 ········· 211
8.1 预防保健系统工程 ········· 212
8.1.1 治未病：把医学的关注点适度前移 ········· 212
8.1.2 注重基因学科研究 ········· 214
8.1.3 健康生活方式的科学指导 ········· 215
8.1.4 注重心理健康 ········· 220
8.1.5 食品安全、环境安全 ········· 220
8.1.6 健康状况监控关口提前 ········· 222
8.1.7 "中间状态"的调节：亚健康与亚临床 ········· 223
8.1.8 预防保健系统工程的运作模式 ········· 225
8.2 老人生活自动化扶助体系 ········· 226
8.2.1 巨大的社会需求 ········· 227
8.2.2 老人生活自动化扶助体系的分类与分级 ········· 227

  8.2.3 生活能自理老人的生活自动化系统 …………………… 229
  8.2.4 生活不能自理老人的自动护理系统 …………………… 231
 8.3 后信息时代:信息的简约化 ……………………………………… 232
  8.3.1 信息时代发展简史 ……………………………………… 232
  8.3.2 信息化社会的四大构成要素 …………………………… 235
  8.3.3 信息化社会存在的问题 ………………………………… 236
  8.3.4 信息的简约化与精粹化 ………………………………… 239
 8.4 未来科技发展的其他热点 ……………………………………… 242
  8.4.1 虚拟实景技术:新奇的生活感受 ……………………… 242
  8.4.2 无排水洗衣机:家庭的节水先锋 ……………………… 247
  8.4.3 家用检测装置:百姓的自我防护 ……………………… 251
 8.5 结束语:迎接新一轮技术革命的浪潮 ………………………… 254

后　记 ……………………………………………………………………… 257

社会需求是科技发展的第一动力

实践与思辨是科技发展的内在动力

第 1 章　引言：科技发展的动力

将近一千年前，在广袤的华夏大地上，一位风度飘逸的学者坐在马车上，握着车厢前面当做扶手的横木（古人称为"轼"），瞭望遥远的前方。他是苏轼，字子瞻。他的名与字合在一起的意思是：凭轼而瞻。

富于前瞻性，对于个人来说，是睿智和修养；对于整个社会来说，则是把握人类社会发展进程所必需的。要把握科学技术发展的进程，前瞻性也至关重要。不能做到高瞻远瞩，科技的发展就没有希望、没有前途。

在人类历史上，富于前瞻性或预见性而极大地促进了科技进步的例子数不胜数。譬如，门捷列夫发现了元素周期律，揭示出元素及其化合物的性质随着原子量递增而呈周期性变化的规律，成为现代化学的重要理论基础，并预言了一些当时未知的元素；麦克斯韦创立了电磁场理论，预见了电磁波的存在，为无线电技术的发展奠定了基础。

电子计算机技术、互联网技术的开发，都极富前瞻性。电子计算机技术的研发始于 20 世纪 30 年代，互联网的开发则始于 20 世纪 60 年代，经过数十年努力，缔造了全新的信息时代，改变了人们的生活。在材料、交通、能源、农业、医学等领域，也有诸多富于预见性的研发硕果。

现代科学的发展讲求创新，而前瞻性恰是科技创新的前提条件。没有前瞻性，科技创新就无从谈起。

俗话说："人无远虑，必有近忧。"忽视了前瞻，形形色色的麻烦，甚至是危机，就会找上门来。这里仅举一个例子。众所周知的臭氧层空洞，是危及人类生存的大事。想当初，研究空调制冷的人们如果多一些对于人类整体生存环境的前瞻性关注，恐怕就不会放任那么多氟利昂跑到大气层里去。如今，臭氧层空洞已经形成，想要弥补，谈何容易。

由此可见，前瞻性对于发展科技是何等重要！那么，我们该如何前瞻呢？

对于一部交通工具，我们要知道它能够跑多快，能够驶向何方，就需要了解它的驱动力。对于科学技术的发展，也是如此。对于科技发展的前瞻，就要了解科技发展的动力，是什么在促动科技进步，然后才能高屋建瓴，把握科技进步的方向，预见科技发展的未来。

就让我们先来探讨科技发展的动力吧。

苏轼雕像

第1章
引言：科技发展的动力

1.1 社会需求：科技发展的第一动力

科学技术的发展是多层面复杂因素交互作用的结果。因而，关于科技发展的动力，也很难用简单的文字来加以阐释。不过，我们仍然可以从科技进步的历史进程中，找到推动科技发展的主要因素。

1.1.1 回眸历史：社会需求促动着科技发展

历史是现实的一面镜子，我们要以史为鉴。历史的进程表明，科学技术的发展与社会需求密切相关。

我国古代经济主要是农业经济，与农业相关的学科，如天文学、农学、地学等，都率先得到发展。譬如，我国古代天文学的发展，与制订历法关系密切，而制定历法正是为了满足农业生产适时耕作的需求。此外，封建帝王为了祭祀之所需，也要求制定精准的历法。我国的天文学在商代已经初创；到汉代，张衡提出"浑天说"，设计浑天仪，天文学的发展达到了相当高的水平。

浑天仪

科技创新思路与方法
——兼议未来50年科技发展热点

在天文学的带动下，为满足天文计算的需求，数学得到了发展。成书于汉代的《周髀算经》系我国最早的数学著作之一，就是为了天文历算而撰著的。另据记载，古人是在用竹竿测量日影的时候，认知了勾股定理。除了天文历算之外，生产、生活的其他需求，也促进了数学的发展。在汉代最重要的数学典籍《九章算术》中，以土地测量、粟米交换、仓库体积、税赋摊派等为例题，而以比例计算、开平方、开立方、二次方程、联立一次方程等为解题方法。数学的发展与社会需求的关联，由此可略见一斑。

中国古代四大发明中，造纸和印刷术的发明满足了文化载录与传播的需求，指南针的发明为旅行和航海提供了条件，火药的发明顺应了军队装备的需求。

将视线转向西方。西方国家在实现工业化的进程中，急需能源、动力、通信等条件支撑。在这样的社会需求背景下，电工学、电磁学等科学领域得到迅速发展。1831年，法拉第发现电磁感应现象，确定电磁感应基本定律，成为现代电工学的基础。1873年，麦克斯韦建立了电磁场的基本方程，得出电磁过程在空间以光速传播的论断，奠定了电磁学的基础。

再看笔者所熟悉的高分子材料领域。人工合成高分子材料的研究始于19世纪末。进入20世纪，伴随着现代社会城市化的进程和市民阶层对生活用品的需求，伴随着电器仪表、商品零售等行业的发展，迫切需要一种美观、轻质、实用、耐用、易于成型加工而又价格低廉的材料，用来代替（或部分代替）金属、木材、陶瓷等传统材料。高分子材料刚好可以满足这些要求。此外，汽车制造业迅速发展，也需要研究用人工合成的高分子弹性体替代天然橡胶制造轮胎。在这样的背景下，高分子材料的科学研究得到了充分重视。半个多世纪以来，高分子领域的学者共5次获得诺贝尔奖。其中，德国化学家施陶丁格自1920年开始进行高分子研究，他把"高分子"概念引入科学领域，创办《高分子化学》杂志，创立了测定分子量的黏度理论，获得1953年诺贝尔化学奖；德国化学家齐格勒与意大利化学家纳塔发明了定向聚合催化剂合成聚乙烯和聚丙烯的方法，他们分享了1963年诺贝尔化学奖；美国科学家弗洛里，高分子物理化学的奠基人，因对合成和天然高分子的研究成果而获得1974年诺贝尔化学奖。高分子材料的工业化生产也得到迅速发展。1909年，第一种人工合成的塑料——酚醛塑料问世，为推动当时电气工业和仪器制造业的发展起了积极作用。合成

第 1 章
引言：科技发展的动力

橡胶则诞生于第一次世界大战期间。在 20 世纪二三十年代，相继出现了醇酸树脂、聚氯乙烯、丙烯酸酯类聚合物、聚苯乙烯和聚酰胺等塑料，合成橡胶工业也初具规模。时至今日，高分子材料已广泛应用于汽车、高铁、电子产品、农业、建筑、医用材料，乃至航空、航天等领域，成为支柱性的材料。

在当今的信息时代，信息技术获得日新月异的飞速发展，也是由于信息社会对信息技术的极度依赖和广泛需求使然。

新能源开发研究受到高度重视，是由于传统能源日渐枯竭，以及环境保护的迫切需求。

……

综上所述，社会需求是科技发展的第一动力，这是毋庸置疑的事实。社会需求是科技发展第一动力的理念，将贯穿本书的始末，成为本书的一条主线。

1.1.2 古代社会：国家需求与民间需求

在古代，科学技术发展十分缓慢，这是由于落后的生产方式和封建统治者不重视科学技术所造成的。但是，在漫长的历史进程中，古代科技依然取得了令人赞叹的璀璨成就。产生这些成就的基本动因是什么呢？试以科技发展与社会需求的关系为切入点，并对社会需求的来源进行细分，有助于探讨古代科技发展的促动力量。

古代社会对于科技发展的需求，可以细分为国家需求和民间需求。举例来说，万里长城的修建是国家需求，赵州桥的修建则可以视为民间需求。

在历史上，国家需求通常处于主导地位。譬如，商代被称为辉煌的青铜器时代，但当时青铜器主要用于国家的典礼活动。由于铜在商代是稀有的贵重金属，所以即使是贵族也只在典礼活动中才使用青铜器，在日常生活中则使用陶器。一般百姓就更是以使用陶器为主了。由此可见，青铜器的制造技术实际上是在为国家的需求而服务。在商代，手工业的技艺也是由国家掌握的。

这样的情况在古代是很普遍的。像建筑技术主要用于帝王的宫殿，图书典籍大量收藏于皇家图书馆。医疗资源也重点为宫廷服务，许多名医被征召进了太医院。

不过,也应该看到,以国家需求为主导发展起来的科学技术,在客观上为满足民间需求留下了空间。譬如,在青铜器制造中发展起来的金属冶炼技术,随着历史的进程,逐步地惠及民间。造纸术、印刷术可以用来印刷国家编撰的鸿篇典籍,也可以用于民间的文化传播。由修建皇家宫殿而发展起来的建筑技术,也修建了都江堰等惠民的水利工程。天文历算等古代科技的发展,本来就是为了农业的需求,兼顾保障了国家的税赋和民生的食粮。

日晷:古代的计时器

在古代,除了国家主导的科技发展为民间需求留下了空间之外,百姓人众为了生产和生活的需求,也自发促动了科技的发展。他们对生产技艺进行创新或改良,有大量的发明创造。明清之际学者宋应星撰著的《天工开物》一书中,记录了民间的诸多科技成果。在民间,涌现出许多像鲁班那样的能工巧匠,像华佗那样的著名医家,像祖冲之那样的数学家,等等。

在古代封建社会,尽管国家需求制导科技发展,使统治者从中受益,但统治者并不重视科技发展。统治者更重视的是以礼教为核心的封建文化。在古代,国家对于科技的投入很少,更不重视科技人才的选拔和使用。如此的政策,使得古代科技发展缓慢成为必然。

这种状况,直到现代社会才发生根本性的转变。

1.1.3 现代社会：广义的民生需求

现代社会生产方式先进，国家重视科技进步，使科学技术获得了突飞猛进的发展。在现代，社会对于科技发展的需求可以细分为国家需求、企业需求和民生需求。

(1) 国家需求与企业需求

由于科学技术水平对于国家的强盛及企业的生存具有举足轻重的意义，所以，国家和企业对于科技发展都有迫切的需求。国家对于科技的需求，首先体现在科技发展的规划上。国家通过制定科技发展规划，推动科技发展的进程，把握科技发展的方向。对企业（特别是大型企业）来说，也需要根据企业发展的预期目标，制订出发展计划。这些，都会对科技发展起重要的导向作用。

为保障国家和企业对科技发展的需求，国家和企业（主要是大型企业）都会有可观的经费投入。按照国内科研单位习惯的说法，把国家拨款的科研项目称为"纵向项目"，而把企业拨款的科研项目称为"横向项目"。经费投入对于科技发展的支撑作用，将在本章1.3.2节中讨论。

(2) 民生需求

除了国家需求和企业需求之外，应该看到，民生需求也是科技发展的重要动力。民众是许多科技成果（如手机、电脑）的最终消费者，要为这些科技产品买单，同时为科技成果提供广阔的市场。比尔·盖茨和乔布斯都清醒地觉悟到这一点，所以他们才取得了巨大的成功。

从另一个角度看，作为纳税人，民众也是许多科研项目（特别是国家项目）经费的实际买单者，他们当然有充分的理由期望这些科研成果满足民生需求。这是纳税人应有的权利。

科技发展与民生息息相关。科技进步带来的好处，民众是受益者，可使百姓的生活品位蒸蒸日上；而科技产物的滥用（譬如瘦肉精、三聚氰胺）或者异化（譬如工业废弃物造成的污染），民众也是首当其冲的受害者。仅以核电为例：切尔诺贝利核电站爆炸的悲剧、福岛核电站事故的阴影，都是惊醒世人的警报。

我国政府的科技发展政策历来很重视民生需求。在国家资助的科研项目中，有许多是直接或间接为民生需求服务的。企业开展的科研工作，也有许多是直接或间接满足民生需求的。国家科技发展政策对于民生需求的关注，还体现在科技奖励的颁发上。以国家最高科技奖为例，获得国家最高科技奖的袁隆平院士在杂交水稻研究中取得的卓越成就，在解决国人吃饭的问题上功莫大焉；另一位获得国家最高科技奖的师昌绪院士是材料科学领域的泰斗，为推动材料科学的发展作出了杰出贡献。这两位科学家从事的研究都与民生需求密切相关。

（3）广义的民生需求

如前所述，社会需求可以细分为国家需求、企业需求和民生需求。而在国家需求和企业需求中，所设立的许多科研项目是直接或间接为民生服务的。这样，直接的民生需求加上国家需求、企业需求中直接或间接为民生服务的部分，就构成了广义的民生需求。

社会需求是科技发展的第一动力，而广义的民生需求应在其中占据重要的份额。这样的解读，就较为完整了。如果科技工作者皆能以此为共识，则是国计民生之大幸，亦是科技事业之大幸。

在此，还要补充说明几点：

其一，并不是所有的科学研究都能直接满足社会需求。在基础研究领域，许多研究成果是不能直接产生物质价值的。但这些研究成果丰富、深化了人们对于客观世界的认识，提升了人类社会整体的科学技术水平，促进科学技术的深层次发展，进而满足更长远的社会需求。基础研究成果对于社会经济发展的巨大推动作用，在科技发展史上是有诸多实例的。

其二，科技发展应该首先满足人们根本的和长远的需求。当长远需求与当前需求相抵触的时候，不可以只看眼前。譬如，年轻人对电子游戏的需求几乎是无限的，这样的需求却是需要加以节制的。这个市场虽然很大，但不能过度扩张。换言之，不能将社会需求等同于商业需求。

其三，社会需求是科技发展的第一动力，但绝非唯一动力。社会需求就像是土壤，科学技术就像是土壤中的种子。当种子从土壤中萌生之后，就要按自己的规律去生长发育。在科技的种子生长发育的过程中，内在的动力将发挥决定性作用。

那么，什么是科技发展的内在动力呢？

第 1 章
引言：科技发展的动力

1.2 实践与思辨：科技发展的内在动力

实践与思辨是两个渊源久远的哲学命题，也是科学研究的两大根基。

老子在《道德经》中指出"道法自然"，这四个字可以借用来表达科学对于客观存在的实体或实证的依赖。而孔子的《论语》有"学而不思则罔"，强调了思辨的重要性。

科技发展的历史表明，实践与思辨是科技发展的内在动力。

科学研究可以分为基础科学和应用科学，实践与思辨对于这两者都是内在的发展动力，但具体的侧重又是有所不同的。让我们先来探讨基于实践的科学路径，再探讨基于思辨的科学路径，然后讨论实践与思辨的融合。

1.2.1 基于实践的科学路径

有一句名言："实践是检验真理的标准。"对于自然科学领域，这句名言同样适用。当今人们很熟悉的科学实验，是实践的一种特殊形态。而在远古，实验与实践是合为一体的。譬如，中国古代"神农尝百草"的故事，既是实践，也是实验。

后来，人们发现，对于许多涉及科学技术的问题，不可能直接在实际应用的规模上进行探索性的实践，或者无法在常规实践的尺度上加以求取或验证，于是，实验的思想与行为便逐步产生了。

实验的思想其实很早就萌发了。在"曹冲称象"故事中，曹冲用船的吃水深度标记重量，又把大象的重量分解为小石块的重量来进行称量，这样的做法，就颇有实验的色彩。

近代科学的发展是建立在大量实验的基础上的。法拉第在实验中发现了电磁感应现象，发现并总结出电解定律（法拉第电解定律），发现了磁致旋光效应（法拉第效应）。他还在实验中证明了电介质在静电现象中对作用力的影响。如法拉第这样注重实验而成就斐然的科学家，在科学史上还可以举出许多。

在专门的实验室出现之后，实验研究从科学家的私人住宅中转移出来，形成社会化和专业化的研究机构。1871年，由麦克斯韦领导，在英国剑桥大学建立了卡文迪许实验室，这可能是世界上最早建立的实验室之一，为物理学研究做了大量的工作。该实验室成立之初，进行了电磁学、电工学的诸多研究，为后人的研究开辟了道路。此后，卡文迪许实验室进行了气体放电的研究，从而导致了电子的发现；进行了正射线的研究，发明了质谱仪，促成了同位素的研究；发明了膨胀云室，为基本粒子研究提供了有力武器。20世纪70年代后，研究领域扩大到天体物理学、粒子物理学、固体物理以及生物物理等各个领域。卡文迪许实验室现在仍是世界最著名的实验室之一。

在当今，各种各样的实验室已经遍布于科研机构、企业和大专院校。以医学领域为例：在医药研究中，先要通过动物实验获取药理作用的结果，然后才可以进行人体实验；在临床检验中，则有血压、血糖、肝功等诸多在实验室中检测的指标作为人体健康（或病理）状况的标志，亦是相关医学研究的重要依据。

基于实验的科学研究是科学研究的重要路径。这条路径的本质特征是注重客观存在的实体或实证，通过实际观察、剖析、验证来获取科学结果。居里夫人在实验中证明了放射性元素的存在、发现了镭，奠基了核科学的发展；弗莱明在实验中发现了青霉素，开启了人类应用抗生素的历史，这样的例子不胜枚举。通过实验，人们获取了对于大千世界的丰厚认识；通过实验，构建起了现代科学技术的大厦。可以说：科学实验是推动科学技术发展的强大动力。

科学实验对于基础理论研究和应用研究都具有重要意义。而对于应用研究，实验的作用更为重要。鉴于应用科学在现代科学研究中拥有绝对优势的份额，所以，实际上当今科研机构中大多数研究者是在经由实验的路径进行着他们的研究：从实验中获取数据和实证，加以分析和解读，从中总结出规律性，乃至提出新的理论。而后面的这些工作，已进入了思辨的范畴。关于科学研究中的思辨，将在下面一节中探讨。

人们承认实验对于科学研究（特别是应用科学研究）的重要性，但实验并不能代替全部实践。在实验取得成果之后，仍然要经由不同的路径，直接或间接地到实际应用中接受检验、加以完善。这就是实验向完整意义的实践的回归。

1.2.2 基于思辨的科学路径

对于基础理论研究，思辨的作用显然是第一位的。在这里，思辨的力量是科学发展的强大动力。例如，爱因斯坦创立的相对论，颠覆了人类对宇宙和自然的常识性观念，提出了"时间和空间的相对性"、"四维时空"、"弯曲空间"等全新的概念，极大地拓展了人类对物质世界的理解和认知。相对论是现代物理学的基本支柱之一。爱因斯坦的相对论，洋溢着卓越的思辨光彩。其中，最明亮的一道思辨光彩，是爱因斯坦对于牛顿经典的"绝对时间观念"的质疑和委弃。这是极具睿智与勇气的。

在基础科学中，人们熟知的数学、物理、化学的一系列公式、定律和原理，都是思辨的产物。

进一步的考察不难发现，思辨的作用不仅局限于基础科学，即使是应用科学的体系，也植根于通过思辨所创立的理论体系的基础之上。譬如电磁学理论的创立，是麦克斯韦在前人对电磁现象研究的基础上，通过一系列极具思辨光彩的创新性研究而结出的硕果。他建立了电磁场的基本方程（即麦克斯韦方程组），并提出电磁过程在空间以光速传播的创见，这些成果奠定了电磁学的理论基础，并为电磁学在后世的广泛应用开辟了道路。

在中国古代，学术典籍中充满了思辨的意味，这集中体现在中医学经典巨著《黄帝内经》中。《黄帝内经》产生于春秋战国至汉代中期，远远早于现代科学的萌发。但是，《黄帝内经》对于人类生命过程内在规律的理解、对于人体与自然关系的阐释却极为精深，乃至这部著作今天仍是中医学的宝典，并指导着大众的养生保健。《黄帝内经》是古人智慧与思辨的结晶。

思辨是科技发展的强大动力，富于思辨性是科技工作者不可或缺的基本素质。恰如笛卡儿所言："我思故我在。"

1.2.3 实践与思辨的相互促进

在分别强调了实践与思辨的重要性之后,必须指出,实践与思辨绝不是彼此独立的,而是密切关联、相互促进的。

爱因斯坦的相对论是在 19 世纪末 20 世纪初一系列新发现的基础上提出的。其中包括麦克斯韦建立的电磁场理论、洛伦兹提出的"洛伦兹变换",等等。而爱因斯坦的相对论创立之后,对核科学等科学领域的发展起了推动作用。例如,狭义相对论最著名的推论是质能公式,该公式阐明了质量随能量的增加而增加,可以用来解释核反应所释放的巨大能量。

中国古代《黄帝内经》的产生,也是基于古人对于人体及人与自然关系的观察与体验。《黄帝内经》问世之后,对历代医家的临床实践起了重要的指导作用。

本章 1.2.1 节曾指出:"在实验取得成果之后,仍然要经由不同的路径,直接或间接地到实际应用中接受检验、加以完善。这就是实验向完整意义的实践的回归。"其实,不仅实验研究需要向实践回归,即使是理论研究的成果,倘若能够得到实际的验证,对于证实理论成果也极具意义。

让我们来回顾一段史实。1915 年,爱因斯坦将一篇论述广义相对论的论文提交给普鲁士科学院,他在论文中依据广义相对论提出预言:星光经过太阳会发生偏折,偏折角度相当于牛顿理论所计算的数值的两倍。人们在日全食的条件下可以验证这个预言,而第一次世界大战延误了对这个数值的测定。1919 年 5 月 25 日的日全食,提供了大战后的第一次观测机会。英国人爱丁顿奔赴非洲西海岸的普林西比岛,进行了观测。同年 11 月 6 日,英国皇家学会主席汤姆逊在皇家学会和皇家天文学会联席会议上郑重宣布:爱因斯坦所预言的结果得到了证实。汤姆逊称赞道:"这是人类思想史上最伟大的成就之一。爱因斯坦发现的是一个科学思想的新大陆。"《泰晤士报》以"科学上的革命"为题对这一重大新闻事件做了报道。消息传遍了全世界,也震撼了全世界。

人们推崇天才的思辨,但更相信实践的验证。当实践与思辨相融合的时候,就会迸发出耀眼的光芒。

实践与思辨,二者在科学研究中都不可或缺。尽管在基础研究和应用研究中，对实验与思辨各自有所倚重，但却不可偏废。

在应用技术开发中，既要注重实验，也要注重思辨。譬如，在科研方向的选择、技术路线的设计、具体研究方案的确定等方面，都要有缜密的思辨。特别是科研方向的选择，更需要战略角度的远见，而这正是学术带头人应有的素质。在应用研究中，过分注重具体的实验步骤和实验现象，而忽视理论高度的总体认知，就会使实验具有盲目性。这样的实验，很难取得突破性的成果。在实验过程中，要密切关注实验现象所反映的内在规律和机理，加以总结和升华，这对提高科研水平和指导进一步的工作，乃至高质量论文的撰写，都有莫大的裨益。

在基础研究领域，特别在应用基础研究中，则要在可能的条件下通过实验或实证来验证研究结果。一个负责任的科技工作者，应该尽可能地为自己的研究结果提供实证，而不是故弄玄虚，把研究结果搞得云山雾罩。此外，在应用基础研究中，偏重理论研究结果而忽视实际应用的前景，也是不可取的。

在科学研究中，常常需要建立一些公式，对研究对象的内在规律加以量化的表述。建立的公式可以分为两大类：理论公式和经验公式。理论公式是基于思辨而提出的，是某种理论模型的量化表征，或是从实验现象升华为理论后产生的。经验公式则是基于实践而产生，是实验数据的公式化模拟。然而，理论公式提出后，需要与实验中获得的数据相对照，能够得到实验数据支持的理论公式才是有实际价值的。同样，经验公式中设定的参数如果能够有一定的理论意义，那么，该经验公式的科学价值就会大大提升。由此，也可以印证科学研究中实践与思辨之间互相促进的作用。

在科学史上，许多著名科学家对理论与实践的关系极为重视。1871年，卡文迪许实验室建成之际，首任"掌门人"麦克斯韦发表了就职演说，对理论与实践的关系作了精辟的论述，参见本书第6章6.1.1节。

对于科技工作者，特别是学术带头人来说，人文理念也很重要。从战略高度进行的思辨，既包括科学层面的思辨，也包括人文层面的思辨。例如，在医学领域，既要进行医学研究，也要关注医学伦理学，注重人文关怀。

科学研究还要兼顾近期利益与长远利益，不可以急功近利、饮鸩止渴。像因发展工业而污染环境这样的事情，再也不能继续了。在科研立项时，就要对环境影响作出全面评估，防患于未然。对于其他可能造成的不良社会影响，也要加以充分考虑，要防微杜渐。

实践与思辨是科技发展的内在动力。实践与思辨互相促进的作用，将作为本书的又一条主线，贯穿于全书之中。

1.3 支持系统：科技发展的催化动力

"支持系统"这一术语出自心理学。在心理学中，把能够向人们提供物质援助和精神慰藉的人群，称为支持系统，包括亲人、朋友、同事、社会救援组织等。这里借用这个术语，是因为科技的发展也需要"支持系统"。

科技发展的"支持系统"是指支持科技发展的条件，包括社会心态、国家投入和教育水准等。

1.3.1 社会心态

为阐释社会心态与科技发展的关系，先来看一段李时珍的故事。

明代杰出的医药学家李时珍出身于医学世家，他的祖父以行医为业，父亲李言闻是当地名医。李时珍幼年体弱多病，对医学颇感兴趣，喜欢阅读医药书籍。但是，由于当时医生社会地位低下，李言闻不愿儿子当医生，而希望他走科举道路，跻身仕途。1532年，14岁的李时珍考中了秀才。但接下来，他在17岁、20岁、23岁，三次参加遴选"举人"的考试，都没有考中。屡试不中之后，李时珍潜心于医药学，成为一代名医，并以毕生精力撰写了《本草纲目》这部辉煌的著作。

李时珍的父亲不愿让儿子学医，并非个例。在古代的医家中，有许多人早年曾希望通过科举走上仕途，只因屡屡受挫，才转而学医。这一普遍存在的现象，从一个侧面反映了古代医生社会地位的低下，也反映了当时的社会心态。我国封建社会的历史上，向来有重文轻工的传统。诸子百家，代代相传地做着道德文章，而研究科学的人们则难登大雅之堂。这种状况，直接导致了我国古代科学技术发展缓慢。这种状况在工业化之前的西方国家也有过之而无不及，科学被神学所排挤，甚至迫害。例如，著名科学家伽利略因为反对"地心说"，支持和发展"地动说"，被宗教统治者判罪。

现代科学的昌明发达，与社会心态对于科学的推崇有密切关系。在我国，20世纪50年代成长起来的一代人，童年时代大都有将来做科学家或工程师的理想，这是当时的社会心态普遍尊崇科学的体现。

1978年，作家徐迟写的报告文学作品《哥德巴赫猜想》记述了数学家陈景润的事业与追求，产生了巨大的社会反响。许多青少年看了之后，决心攻读数学专业，献身于数学领域的研究。这篇作品展示的陈景润精神，推动整个社会涌起了学科学、爱科学的热潮。

社会心态对于科学的推崇，促进了科学的发展。20世纪80年代以来，我国实行的改革开放政策与社会心态对于科学的推崇相辅相成，取得的成果是有目共睹的。

除了普遍存在的社会大众心态之外，科学家本人的品格与心态，以及科学界内部的社会小环境，对于科学发展也是有重要影响的。

科学家对科学事业的执著追求，他的献身精神和睿智的思想，亦可成为科技发展的巨大动力。例如，牛顿对于经典物理学的贡献、爱因斯坦对于现代物理学的贡献；等等。作为科学家，还要淡泊名利，能够耐得住寂寞，有坚忍不拔的意志。

而这些杰出科学家的出现，除了个人因素之外，还需要社会土壤的滋养，特别是科学家周边的小环境。牛顿和爱因斯坦的周围，都有一个从事相关研究的科学家群体，而社会上也有适合这些研究的支撑氛围。即使在李时珍生活的那个不重视科学技术的时代，尽管他从事医药学研究的志向得不到主流社会的认可，但他潜心专一的治学风范、博览群书的求学态度、矢志不渝的求索精神，仍然体现了那个时代知识阶层的文化积淀。

牛顿和爱因斯坦的时代已经成为历史，李时珍生活的时代更是早已远去。而对于今天的科技工作者来说，注重个人的品格修养和心态调节，注重科学群体的建设（包括学科建设、科研团队建设，以及科技成果的评价体系与展示平台的建设），依然至关重要。把现实的科学风尚与历史长河中有益的文化积淀结合起来，亦是最明智的做法。

科技创新思路与方法
——兼议未来50年科技发展热点

关注社会心态对科技进步的影响，就不能不注意到，近年来社会心态对于科学的态度发生了一些令人忧虑的变化。

2011年央视春晚上，有一个讽刺"专家"的相声。平心而论，这个相声表达的意见有些偏颇，但是无可厚非。最近这些年来，受到社会上浮躁心态的影响，确实有一小部分专家在大众媒体上对科学问题发表了表面上通俗易懂但其实又似是而非的言论，让受众颇多微词。笔者在此要申明：科普宣传无疑是极为重要的事业，在本章后面还要专门讨论。问题在于，进行科普宣传的专家们是否都在以很负责任的态度来进行这项事业。

试举两个例子。

其一，在各种媒体上曾经广泛宣传过南瓜可以防治糖尿病，群众也对此确信不移，南瓜成了餐桌上的宠物。后来才知道，对糖尿病"有效"的南瓜是一种国外的品种，而不是中国的南瓜。而且，即使是这种国外的南瓜，也只是有益健康，而不能治疗糖尿病。南瓜的神话烟消云散之后，却没有任何人站出来为当年的南瓜神话向公众道歉。

其二，是目前还在风行的"全民补钙"。特别是母乳喂养的婴儿是否需要补钙，有关各方的意见竟大相径庭，以致专业人士都不禁叹息："营养学搞得太玄虚，总是把简单的问题复杂化。"（参见2012年3月7日《健康报》"别让'补'打乱自然规律"一文）

除了个别专家不太负责任的言论之外，更有一些根本不是专家的人，冒充专家、夸夸其谈、蛊惑人心。这些情况，直接导致了社会心态对于"专家"的质疑。而专家在人们心目中历来是科学的化身。公众对于"专家"的质疑，正在演化为对于科学的质疑。这是非常令人忧虑的。

与此同时，在科学昌明的今天，令人遗憾地出现了迷信泛起的现象，烧香拜神达到了空前的鼎盛。

前不久，又传来一条消息：国内某知名大学，准备从2012年开始对医学专业的学生免收学费。如果学生们对医学专业趋之若鹜，那当然是不需要免收学费的。免收学费的背后，隐藏的恐怕正是许多家长不愿让子女学医的现实。

由徐迟的《哥德巴赫猜想》，到央视春晚讽刺"专家"的相声，社会心态经历了怎样的起落？从李时珍的父亲不愿让儿子学医，到国内某知名大学对医学专业学生免收学费，社会心态为什么会出现如此令人难堪的回归？这些，都需要认真对待。在网络时代，特别是微博时代，社会心态的传播是极为迅速的。所以，更不可掉以轻心。

我们也应该看到，社会上对于科学的某些消极心态，预示的并不一定是负面的趋向。譬如，公众对于专家的质疑，其大背景是网络时代人们很容易从网上搜索到科学信息，受过高等教育的人也愈来愈多，一般的科学知识不再是少数专家的掌中之物；另一方面，公众的自主意识越来越强，不再轻信也不再盲从。因而，公众对专家的质疑，或许正是在孕育着全新的科学精神。而国内某知名大学免收医学专业学生学费所反映的医疗领域的问题，则督促着医改的深化。即便是迷信泛起的社会现象，也需要人们认真考虑大众在心理层面的需求……

关键是对社会心态的因势利导。从景仰科学的光环，到寻求、尊重科学的本原与真相，我们看到的应是社会进步的大趋势。

1.3.2 国家投入

讨论国家投入，让我们从唐诗谈起。

唐代是诗歌的黄金时代，产生了无数瑰丽的诗篇，令今人叹为观止。我们朗读李白、杜甫、李商隐、白居易等名家的诗作，依然会有余音袅袅、绕梁三日的感觉。这个诗歌的黄金时代是怎样形成的呢？原因之一是唐代推行科举制度，其中以"进士"最为显耀，而"进士"的选拔方式是"以声律取士"，于是诗歌写作就成了当时士子们的必修课程。"以声律取士"的科举制度，在促进诗歌技巧的提高方面"客观上起到了很大的促进作用"。〔参见《中国文学史》（上册），江西人民出版社，1979年版，211页〕

科举制度体现了国家的投入。换言之，是国家投入促进了唐诗的兴盛。本来，写诗需要投入的主要是情感，而不是经费。然而，还是出现了国家投入促进诗歌兴盛的客观事实。那么，对于更依赖于经费投入的现代科学研究，国家投入的作用就愈发不可或缺了。

在我国，有863、973、国家自然科学基金等由国家提供资助的科研项目。在科技进步的历程中，国家投入发挥了巨大的作用。还有各个研究领域的国家重点实验室，以及省部级重点实验室，成为促动科技进步的专业平台。

仅以国家自然科学基金为例。20世纪80年代，中国科学院89位院士致函党中央、国务院，建议设立面向全国的自然科学基金。国务院于1986年2月14日批准成立了国家自然科学基金委员会。中国理论化学研究的开拓者唐敖庆院士，担任了国家自然科学基金委员会首届主任。二十多年来，国家自然科学基金在推动我国自然科学基础研究的发展，促进基础学科建设，发现、培养优秀科技人才等方面取得了令世人瞩目的成绩。

笔者在90年代初曾承担过一个国家自然科学基金项目。当时，笔者还是青年教师，切身感受到国家自然科学基金在培养科技新人方面所起到的作用。这个项目在促进相关领域的基础研究和应用基础研究方面，也产生了重要的成效。如本章1.2.3节所述，实践与思辨是相互促进的。对于青年科技工作者来说，最好是基础研究与应用研究都能够有所参与，让实践与思辨的能力都得到提高。然而，现实情况却往往是"一边倒"，要么是主要从事基础研究，要么是主要从事应用研究，难以兼顾。假如我没有参与这个国家自然科学基金项目，那么，自己的科研轨迹就很可能基本上以应用研究为主了。恰恰是这个项目使我介入了基础研究领域，在理论研究和思辨能力上获得了长进，并影响了后来的科研历程。回忆当年，我在该项目研究中倾注了巨大的心血。这个项目的基础研究成果促进了相关工业领域的应用研究与生产实践。笔者在此项目完成之后，曾数次应邀在相关工业领域的全国会议上作专家报告，为该领域的技术进步作出了一定贡献。我所参与的项目，不过浩瀚大海中的一滴水而已。但一滴水也可以折射出阳光的璀璨，体现出国家项目对科技新人的提携。

国家对于科学研究的投入，依赖于综合国力。近年来，我国在科研方面的投入不断增加，正是以综合国力提高为基础的。科技进步又会进一步促进综合国力的提高，由此步入可持续发展的轨道。

随着国家科技投入的不断增加，在科研经费使用的监管、科研项目的评价与考核，以及科研成果的推广应用等方面，也有许多问题需要解决。科研项目要讲求实效，这将使国家投入的经费在促进科技进步上发挥更大的作用。

1.3.3 教育水准

教育，特别是高等教育，是为科研领域输送新生力量的基地。因而，教育水准对于科技发展的影响是毋庸讳言的。

随着"211工程"等国家项目的进行，我国高等院校的教育设施和科研装备水平得到了大幅度的提升，促进了高等教育水平的提高。在初等教育方面，九年制免费义务教育的普遍实施，也为教育水平的提高增添了后劲。然而，令人遗憾的是，当今的教育体制仍然多有弊端，在一定程度上耗散了教育对科技发展的支撑作用。这可从以下几个方面加以讨论。

(1) 从应试教育向素质教育的转变

我们的教育体制本应注重创新型人才的培养，以利于科技创新的进程。然而，实际情况却似乎刚好相反。

现行的教学体制和考试制度把学生引入了一个既定的框架。学生们从小就只会在这个框架中认知和思考。这样的教学体制，在向学生传授知识的同时，也在压抑学生的创造力。改变这一状况就要变应试教育为素质教育，这一呼声已喊了多年，但就整个教育体系而言至今仍是雷声大雨点小。很显然，这样的现状对于创新型人才的培养是非常不利的。

另外，我国教育长期以来实施的文理之间泾渭分明的分科，孕育出了缺乏人文内涵的科技教育体制。一批又一批知识结构褊狭的毕业生被培养出来。他们中的许多人对本专业的知识很精通，对本专业以外的更为重要的社会、伦理、文化等方面却知之甚少。

看来，对教育体制和教学理念进行变革，已是当务之急。

令人鼓舞的是，教学理念的变革和创新型人才培养问题已在许多高等学校得到重视。笔者所在的北京化工大学对此就很重视。早在1999年，王子镐校长在《北京化工大学学报（社会科学版）》上发表了题为《深化教学改革 培养创新型人才》的专论。校党委王芳书记在2010年本校教育教学工作会议上指出："教育思想和观念的转变是教育教学改革的关键。创新人才培养是学校的根本工作，是带有长期性和复杂性的工作，是牵一发而动全身的工作，是标志着办学水平的工作。广大教师要转变教育思想和教育观念，管理人员也要转变教育思想和教育观念，要有一个宽广的视野和先进的教育教学理念。"

在具体工作中,北京化工大学历来注重创新型人才的培养。例如,北京化工大学是首批实施"卓越工程师教育培养计划"的高校之一,为设立"卓越工程师班"进行了许多有益的探索,目的也是为了全面提高学生的素质。

2012年6月,谭天伟校长与学生们座谈,就如何求知、如何做人和如何合作等方面进行了探讨,他指出:大学不仅是传授知识的殿堂,更是培养健全人格的地方。他勉励学生们在交流中学习,在研究中成长。(参见2012年6月25日《北京化工大学校报》)

北京化工大学校园景观

国内其他高校在创新人才培养上也做了许多有益的探索。可以预见,这些探索的成果累积起来,并认真加以总结和改进,假以时日,将逐步改变我国教育的现状。

离开创新型人才培养,科技创新就无从谈起。因而,创新型人才的培养是本书关注的重点,将在第2章详细探讨。

(2) 继续教育问题

青年学生在结束学业、参加工作之后,继续教育的问题就摆到日程上来了。多年以来,一些领域(特别是医学领域)实行继续教育的学分制。这对促进继续教育是可以发挥一定作用的。但是,如果流于形式,参与者只关注学分,不关注知识的更新与技能的提高,那就事与愿违了。

笔者于 1982 年在北京化工大学本科毕业后留校任教,不久就参加了本校举办的"助教进修班"学习。在助教进修班上,聆听了金日光等多位知名教授的授课,获益良多。

集中办班的形式与积累学分的形式各有所长,在继续教育中可以酌情选用。

青年科技工作者向名师学习的方式,也很重要。笔者在大学毕业后,参加了陈耀庭教授领导的科研团队。陈耀庭教授自 20 世纪 70 年代起就是我国高分子材料领域的知名学者。参加工作后,陈老师督促我经常到企业去,熟悉与本专业相关的生产实际,并安排我独立承担科研项目。这使我积累了较为丰富的生产实际经验和科研经验,为后来进一步从事科学研究奠定了基础。

陈耀庭教授的学术造诣和风范对我产生了很大影响。20 世纪 80 年代中期,有一天,陈老师和我一起到北京南郊的某企业去。我们往返都乘公共汽车。返回时,离公共汽车站还有一段路,就看见公共汽车已经开过来了。那时,郊区的公共汽车来车间隔很大,错过这一辆,再等下一辆就不知是什么时候了。但如果追车,又似乎没有多大希望。陈老师说:"咱们跑几步,赶上去!"我们跑了起来,竟然追上了。陈老师在车上对我说:"搞科研,其实也是一样的。抓紧一下,努力一下,就可能搞成了。"这段话给我留下了深刻印象,在此后的科研中,我绝不轻言放弃。

现在高等院校的"新人"大多是博士,或者博士后,当然不再需要"助教进修班"了。但继续教育依然是必要的。据 2012 年 3 月 12 日《健康报》载文,在医疗领域,存在医学博士的学历与能力不成正比、临床能力不强的情况,而且并非个例,其根本问题是临床实践不足。这样的现象,也见于其他领域。

对于高学历的青年科技工作者的继续教育,增加实践活动是一个重要的努力方向。本书在相关章节中将对这个问题作进一步探讨。

（3）进行科普教育以提高国民的科学素质

一个国家科技水平的提高，要依赖于国民科学素质的普遍提高。试想，为什么南美国家的足球运动水平那么高？其原因之一就是足球运动在这些国家得到了普及。

提高全民科学素质的重要途径是进行科普教育。在信息时代，进行科普教育的方式多种多样，网络、电视、广播以及各种出版物，都是科普教育的平台。而进行科普教育，需要一批热心于科普事业的专家学者。像高士奇先生那样杰出的科普作家，能够把深奥的科学知识用通俗易懂的方式传递给普通读者，对科普事业产生了深远的影响。

当然，在进行科普宣传时，一定要避免前面提及的不负责任的做法，而要以高度的责任心去做。

笔者在大学期间，阅读过一本介绍相对论的科普书籍。其中的一段文字给我留下清晰的记忆，其大意是：按相对论，人们对于"同时"这一概念有了新的理解。譬如有甲乙二人各持一面旗帜分别站在遥遥相望的两座山顶上，乙方看着甲方，在甲方举起旗帜的同时也举起了自己的旗帜。这其中，"同时"的概念就有了问题。因为光线的传播需要时间，乙方看到甲方举旗之时，应该是在甲方举旗之后。爱因斯坦的相对论建立了新的时间观，而这部科普书籍对此做了通俗易懂的介绍。

两个人在遥遥相望的山顶上"同时"举起小旗

第 1 章
引言：科技发展的动力

笔者在初中时读过的《十万个为什么》，则更是向青少年进行科普教育的佳作了。

综上所述，社会心态对科学的尊重与求真、讲求实效的国家科技投入、注重提高素质的教育机制，可以构成科技发展的"支持系统"。

学过化学的人都知道催化剂。催化剂是改变化学反应速度的物质，这种作用称为催化作用。"支持系统"对于科技发展的作用，亦可看做是一种催化作用。

本章小结如下：

社会需求是科技发展的第一动力，这是毋庸置疑的事实。

直接的民生需求加上国家需求、企业需求中直接或间接为民生服务的部分，就构成了广义的民生需求。社会需求是科技发展的第一动力，而广义的民生需求应在其中占据重要的份额。

社会需求是科技发展的第一动力，但绝非唯一动力。当科学的种子从社会需求的土壤中萌生之后，内在的动力将发挥决定性作用。

实践与思辨是科技发展的内在动力。但实践与思辨绝不是彼此独立的，而是密切关联、互相促进的。当实践与思辨相融合的时候，就会迸发出耀眼的光芒。实践与思辨，二者在科学研究中都不可或缺。尽管在基础研究和应用研究中，对实验与思辨各自有所倚重，但却不可偏废。

科技发展需要"支持系统"。社会心态对科学的尊重与求真、讲求实效的国家科技投入、注重提高素质的教育机制，可以构成科技发展的"支持系统"。

本章思考题

1. 前瞻性对于科技发展有何重要意义？
2. 你是否赞同"社会需求是科技发展第一动力"的提法？对此你有何见解？
3. 怎样理解广义的民生需求与科技发展的关系？
4. 试以实例说明实践与思辨的相互促进。
5. 怎样看待社会上对于科学的某些消极心态？

独立精神和谦逊品格共生

科学素养与人文情怀兼备

第 2 章 创新型人才应具备的素质及其培养途径

为了实现科技进步,需要大量创新型的科技人才。创新型人才应该具备怎样的素质,这些素质又是怎样培养出来的呢?本章将重点讨论这些问题。

人们爱好一件事物,往往起因于好奇。好奇心发源于童年,对于成年后的人生态度、思维与行为方式也有一定影响。甚至可以说,好奇的心理在科技人才素质中占有重要位置。那么,就让我们从好奇心开始说起吧。

2.1 好奇心

记得上大学时有一门"科技英语"课程,第一篇课文的题目是"The attitude of science"(科学的态度),课文中的第一个单词就是"curiosity"(好奇心)。

第 2 章
创新型人才应具备的素质及其培养途径

将好奇心与"科学的态度"关联起来,进而与创新能力关联起来,并非牵强附会。好奇心可以诱发人们的兴趣,吸引人们关注某一事物,唤起人们进一步的垂顾与探求。有强烈好奇心的人往往较为敏感,富于探索的精神和发现的能力。反之,对周边事物都熟视无睹、麻木不仁的人,很难会有创新的冲动与才思。由此可见,拥有好奇心是一种颇为可贵的素质。

怎样才能让好奇心充分发挥其作用呢?这就关系到好奇心的培养与好奇心的延续两个方面。

2.1.1 好奇心的培养

好奇心是要从小培养的。小孩子往往遇到什么事情都要问一个为什么,这就是好奇心。对少年儿童的好奇心给予关注和扶持,而不是漠视和搪塞,就能让这一美好的品格素质在少儿内心发生潜移默化的影响。

20 世纪 60 年代有一套少儿读物《十万个为什么》,是针对少年儿童爱问为什么的特点而编写的。这套丛书在引发孩子们的好奇心、科学知识启蒙、培养科学素养方面发挥了巨大作用。笔者本人是这套书的千千万万个受益者之一。我至今还清楚地记得,书中有一幅插图:一只小蚂蚁,在一个圆环形的纸圈上爬行,纸圈有黑白两面,小蚂蚁不需要翻越纸圈的边缘,只要一直向前行走,就可以走遍纸圈的两面。这只小蚂蚁的有趣故事,使我对拓扑学有了最初的认知,唤起了我的好奇和进一步探求的愿望。让少年儿童的好奇心得到充分的满足和正确的引导,好奇心就会在他们心里深深地扎下根。

在科学名人的成长过程中,也能看到好奇心的影子。让我们来看爱因斯坦童年的故事。爱因斯坦 5 岁的时候,对袖珍罗盘着迷;6 岁时,他开始练习小提琴;10 岁,阅读通俗科学读物和哲学书籍;11 岁,自学欧几里得几何学,感到狂热的喜爱,同时开始自学高等数学。在网上,可以看到一幅爱因斯坦 4 岁时的照片,幼年时的爱因斯坦天真、聪慧、可爱……

本书写到这里的时候,笔者刚好读到《健康报》上刊载的中国工程院盛志勇院士写的一篇文章。盛志勇院士是我国现代烧伤医学的奠基人之一,今年 92 岁高龄,他在文章中饶有兴味地谈起了自己童年的故事。他少儿时代好奇心很强,什么事情都喜欢自己动手试一试。小时候,听到一个

"头骨与黄豆"的传说,他就亲手验证,结果发现那是"大人骗小孩子的"。上中学时,他对化学非常感兴趣,还在家里做过电解实验。(见2012年3月28日《健康报》)

拓扑圈

少年儿童的好奇心需要呵护。如果对少年儿童的好奇心持漠视的态度,不予扶持,好奇心可能就会夭折。笔者在这里大声呼吁,千万不要把少年儿童的好奇心扼杀在萌芽之中!

步入青春期,年轻人对身边的世界依然是满怀好奇的。年轻人的好奇心也需要正确引导。大千世界里,新奇的事情很多。特别是在网络时代,信息的洪流如潮水般涌来,其中就充满了新奇的东西。但新奇的东西不见得有意义、有价值。要培养好奇心,但也要避免猎奇心理。在信息的大潮中要注意识别:哪些信息有科学内涵或文化内涵,有实用价值、审美价值或者至少有商业价值,如果什么内涵、价值都没有,这样的信息就是垃圾信息,不值得理睬。

一些年轻人沉溺于网络,不能自拔,其原因之一是好奇心没能得到正确引导。此类情况在大专院校的莘莘学子中也不乏存在。这些学子本是创新人才的备选成员,却迷失于网络,实在令人惋惜。水可以载舟,也可以覆舟。好奇心也是如此,正确引导是不可或缺的。

2.1.2 好奇心的延续

一般认为,好奇心属于少儿,属于青年。随着岁月的流逝和生活的消磨,好奇心会逐步淡化。特别是当人们长期工作、生活在一个固定模式中的时候,对周边事物的感觉就会钝化,好奇与求新的心思会远离我们而去,创新的冲动也会随之漠然。

为了保持对新事物的敏感和创新的冲动,人们应该设法延续自己的好奇心。具体可以采用以下几种方法:

其一,不断学习新知识。宋代思想家朱熹有诗云:"问渠哪得清如许,为有源头活水来。"人的内心世界也需要"源头活水",而不断更新的知识就是很有效用的"源头活水"。知识结构的老化和僵化,是思想僵化的起因。知识结构的不断更新,可以让思想的源泉长流不息。到了中年乃至老年,仍然可以涉足和钻研新的知识领域。著名语言文字学家周有光先生在50岁之后转而研究文字改革并创造了汉语拼音,就是一个典范:周有光先生早年在经济学界很有名气,曾经是上海复旦大学的经济学教授。新中国成立后,他在50岁时开始从事文字改革工作,和同事们一起创造了中国的汉语拼音,被誉为"汉语拼音之父"。

其二,培养新的兴趣爱好。人们最好是在自己的专业范围之外培养兴趣爱好。譬如,搞科学研究的人可以在文学、历史、书画、摄影、运动等方面培养爱好。由于兴趣爱好与本职工作之间差异较大,有益于调节心态,并保持对客观事物的敏感。许多杰出的科学家都兴趣广泛。唐代著名医家孙思邈主张,医生要博览各个领域的典籍,除医学书外,史学、哲学、天文、地理等书籍,都要阅读。历史上相当多的医家,都兼通文史。有许多医家同时还是文学家、诗人、书画家……

其三,适当变换环境。当人们长期工作、生活在一个固定的模式中的时候,对周边事物的感觉就会钝化。所以,适当变换环境,改变生活模式,可以让新鲜的感觉复苏。短期的,可以去旅游度假;长期的,可以改变生活或工作的模式。举例来说,长期在科研单位工作的人,如果有机会转移到企业,就是工作模式的转变。由此而获得成功者,不乏实例。

人到中年之后,经验和学识都丰厚起来,思想也臻于成熟,如果这时依然能够保留对于新鲜事物的兴致、敏感和接纳能力，那就如虎添翼了。

在这里，笔者还要继续引述中国工程院盛志勇院士发表在《健康报》的文章，这篇文章在回忆了他童年的好奇心之后，介绍了他的养生之道。盛志勇院士今年92岁高龄，精神矍铄，热情开朗，思维敏捷。他的养生之道就包括保持一颗好奇之心。他现在每天晚上临睡前都要看一段英文小说，各种各样的小说都爱看，尤其爱看侦探小说。这样可以保持一颗好奇心，使自己心态不老。

除了好奇心之外，拥有自信心也是科技创新人才的基本素质之一。

拥有自信心的人，对自己的能力有充分的认可，在科研工作中对于研究方向也有充分的信心，因而有克服困难的勇气和力量，敢于提出新的构想，作出开拓性的贡献。

有的人缺乏自信，表现为没有主见、人云亦云，易于动摇，易于受到表面现象的迷惑，易于在遇到挫折时气馁；也有的人属于另一个极端：刚愎自用、独断专行，连别人的正确意见也听不进去。而具有良好素质的人，首先应该是自信的，遇事有自己的主见，同时又乐于接受别人的正确意见，及时修正自己的错误。对工作和生活的态度是积极主动的，既不优柔寡断，也不独断专行。

自信心不是盲目的。应该承认，人的能力有高低之分，但无论能力高低，人们都应该自信自强。每个人也会有自己的所长和所短、优势和劣势，要对自己的能力和特长有适当的估价，确定适合自己的努力方向，这样才能发挥自己的最大潜力。

自信心的培养也要从小开始。各个层次的教育，都应该以鼓励和引导为主，不要用生硬、刻板的教育方式挫伤学生的自信心。

2.2 实践的精神

如本书第1章所述，实践是科技发展的内在动力之一。鉴于实践在科技发展中的重要作用，能否认真而深入地投入实践，是科技创新人才素质

第 2 章
创新型人才应具备的素质及其培养途径

的重要表现。对于科技工作者,实践与其说是一种能力,毋宁说是一种精神。或者说,实践首先是一种精神,然后才是一种能力。所以,这里首先叙写实践精神的典范,然后再讨论实践能力的内涵与培养。

科技创新人才应该而且必须是实干家。满口空谈的人不可能从事科技创新。不进行脚踏实地的工作,所谓科技创新只能是海市蜃楼。

2.2.1 实践精神的典范

我们在这里先重温那些富于实践精神的杰出科学家的事迹。

为了证实镭的存在,居里夫妇在一间破旧的棚屋内从事繁重艰辛的劳作。从1898年到1902年的四年时间里,他们不畏酷暑严寒,坚持不懈,终于从几十吨铀沥青矿废渣中提炼出0.1克纯镭盐,并测定了镭的原子量。这是何等艰难的历程,需要多么坚强的毅力。

李时珍从34岁开始重修《本草》。他广泛阅读医书,认真吸取前人的经验;他不畏艰难,长途跋涉,深入深山峡谷,走遍了大江南北,收集标本,向有经验的民众请教,还亲自栽培一些药材、亲口试服。经过近30年的努力,到60岁时,李时珍完成了《本草纲目》这一恢弘著作。

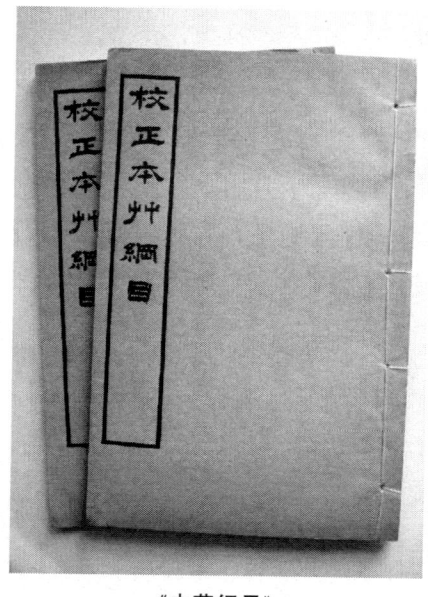

《本草纲目》

科技创新思路与方法
——兼议未来50年科技发展热点

在当代,"杂交水稻之父"袁隆平院士的奋斗历程,尤为感人。袁隆平自1964年开始研究杂交水稻。在1964年到1965年两年的水稻开花季节里,他与科研小组成员每天头顶烈日,脚踩烂泥,低头弯腰地苦苦寻觅,在稻田里找到了6株天然雄性不育的植株。此后,又经过10年坚持不懈的努力,在1975年研制成功杂交水稻种植技术,为大面积推广杂交水稻奠定了基础。

这些科学家以他们的实践精神在科技发展史上创立了非凡的业绩,为我们树立了楷模。

在我们身边也有许多富于实践精神的科技工作者,他们在具体的科研工作中,通过扎扎实实的努力为科技进步作出了自己的一份贡献。

给我印象深刻的,是北京橡胶工业研究设计院谢忠麟教授级高工。谢工是国内橡胶工业领域的知名专家。在20世纪90年代中期,有一天,我到橡胶制品研究院找谢工办一件事,路途不近,我到达时已是上午10点。谢工在他简朴的办公室接待了我。他告诉我,他今天下午要出差,在出差之前还要做两个实验,而在此之前,他刚好还有一点时间办理我的事情。寥寥数语,一位实干家的风采溢于言表。关于谢工,还有一段逸事。也是90年代中期,某日,谢工到化工大学来,从我这里取走一袋弹性体原料,25公斤重。已经50多岁的谢工,国内知名的学者,竟把这袋原料绑在自行车的后架上,骑走了。我感到很震惊。谢工这一代科技工作者,都具有这样质朴的实干精神。

笔者所在的北京化工大学也有不少这样的范例。

还是20世纪90年代中期,我从北京乘飞机到杭州开会。在杭州,遇到了也来参加这个会议的张丽叶老师。我当时觉得自己风尘仆仆不远千里从北京赶来,该说是很辛苦了。然而,一打听,张丽叶老师是去了好几个城市出差办事,几乎途经了半个中国,才辗转来到杭州的。与张丽叶老师这样一位女教师相比,我实在有点自愧不如了。

像张丽叶老师这样富于实干精神的女教师,在北京化工大学还有很多。譬如武德珍、吴一弦教授,还有赵素合、周淑琴、黄丽等教授。此外,还有笔者的大学同学、现任色母粒专业委员会秘书长的乔辉老师,与笔者共同编写《聚合物改性》教材的王秀芬老师,与笔者长期合作科研项目的曾晓飞老师等。

我又想起前不久的一件事，那天，杨万泰教授请我到他的办公室，和我讨论一个研究生的论文选题。杨万泰教授担任材料科学与工程学院院长，行政事务繁多；他带领着自己的科研团队，在把握总体研究方向上有大量的工作；他是长江学者特聘教授，学术活动也很多，但他仍然直接参与科研实验，包括考虑学生的论文选题，这是颇为可贵的。我注意到，杨老师不仅对研究方向有明晰的见解，而且对具体的技术细节也很熟知。这正是实践精神的体现。

在北京化工大学材料科学与工程学院，还有许多富于实干精神的教授，如王峰教授、徐梁华教授等；在笔者所在的聚合物工程系，也有不少这样富于实干精神的教授，像于中振、苑会林、张胜教授等。

笔者在这里列举出了自己所熟悉的科技、教育工作者，读者一定会由此而想到，你自己的周围也有许多富于实干精神的人们，值得大家敬重。笔者的目的，就在于给予读者这样的启示。笔者在后面章节中还要列举一些亲历、亲睹的实例，也是出于同样的目的。

那么，投身于科研实践的精神是怎样培养出来的呢？

笔者认为：从科学技术发展的历史来看，实践精神是科技工作者在长期艰苦卓绝的探索与开拓的过程中逐步形成的，是极为宝贵的精神文化积淀。光阴荏苒，实践精神作为一种宝贵的精神财富，像接力棒一样在一代又一代科技工作者中传承。这个传承的过程，就是新一代科技工作者实践精神的培养过程。

此外，在同一个科研团队中，实践精神也可以互相影响，"横向"传播。试想，别人都在埋头苦干，某个人却当"甩手大爷"，于情于理都说不过去吧。一个科研团队中形成了良好的风气，就会带动总体工作的进展。由此，可见科研团队建设的重要性。

2.2.2 实践能力的内涵

在大学里指导过学生毕业论文或教学实验的老师大都会有这样的感触：学生的实验动手能力差别甚大。再进一步考察，青年学子在步入工作岗位之后，在从事实际工作的能力上差异就更为明显了。

通常所说的动手能力是实践能力的一部分。除了动手能力之外，实践能力的内涵还应该包括观察力、运作能力、拓展能力等。分述如下。

其一，动手能力。

动手能力的涵盖是宽泛的。除了直接用手来做的简单实验之外，如果要采用仪器来做，动手能力就要包括操作仪器的能力。如果实验装置不是现成的，需要自己组装，那么，动手能力就要包括组装仪器的能力。如果还需要画出图纸，那画图就是动手能力。实验之后的数据处理，也是动手能力的一部分。对于从事应用技术开发的科技人员，还要与工业应用相衔接，动手能力的范围就更广了。

其二，观察力。

在科学研究中，观察力的作用是颇为重要的，许多实验现象都要靠细心的观察才能发现。现代的实验室里都有精密的科学仪器，实验结果通常不再需要直接用眼睛观测。而对于仪器测试的结果，也一样需要敏锐的观察力，以洞悉其内在的规律。

观察力还与分析、判断能力密切相关。通过观察而捕捉到的"蛛丝马迹"，要经过缜密的分析、判断，得出有价值的结论。而分析与判断是属于思辨的范畴。由此可见实践与思辨之间密不可分的关系。

其三，运作能力。

动手能力和观察力对于具体的实验过程是很重要的。但是，科学研究不是简单地进行实验，因而也不是仅靠实验动手能力或观察力就可以完成。科学研究是一个复杂的系统工程，最起码要包括实验方案的制订、原材料采购、实验装置的定制、与合作研究者的协调沟通等诸多方面的内容，这些都要考验科研工作者（特别是刚刚踏入科研门槛的年轻人）的运作能力。

笔者在自己指导的研究生开始课题研究之后，让他们做的第一件事通常就是去采购原料。看似简单的事情，办起来却困难重重。等到他们历经辛苦，终于把原材料买到手时，实际工作能力就不期而然地提高了。

其四，拓展能力。

在获取了初步的研究结果之后，怎样把成果加以扩展，以便使成果的作用和效益得到最大化，这也是对实践能力的考评。

论文撰写、专利申报，都是科技工作者必须具备的本领。其中，专利申报的"学问"就很大。本书第5章专门讨论了与专利技术研发相关的问题。

应用研究的科研课题大都要求实现工业化,从实验室小试到中试,再到工业化,更要求科技工作者具有较强的拓展能力了。

2.2.3 实践能力的培养

实践能力是怎样培养出来的呢?大体包括以下几个阶段。

第一阶段,从学龄前到中学。

实践能力应该从小培养,学校和家庭都要负起重要的责任。其中,家庭的影响不可忽视,家长可以起示范、表率和督促的作用。有的年轻人,上了大学之后还不会自己叠被子、洗衣服,等到他们进入实验室之后,怎么可能有较强的实验动手能力呢?

让孩子从小就接触一些需要动手的活动,如手工模型的制作,对培养动手能力很有好处。精美的模型在自己手里制作成功,能让孩子享受到成就感,培养出自信心。让孩子适当做一些家务,除了培养动手能力之外,还能让孩子体会家长的辛苦,有利于父母与子女的互相理解沟通,也是颇有裨益的。

第二阶段,高等教育阶段。

在高校学习期间,学校和老师都要着力培养学生的实践能力。前面曾提到,笔者让学生去采购原材料,是可供选择的方法之一。

在培养学生的实践能力方面,导师一定要放手让学生自己去干,不可以越俎代庖、大包大揽。仍以采购原料为例,老师很有可能知道到哪里去采购原料,甚至知道联系人的姓名、电话。但是,还是应该让学生自己去查询、联系,这样有利于提高学生的能力。再举一个例子:有一位研究生导师在一个学生开始课题研究时,给了学生一摞参考文献,其中包括了学生所需的大部分文献。老师是出于好心,想减轻学生的负担,但是却产生了意想不到的负面影响,这个学生毕业参加工作后,相当长一段时间里不会熟练地查阅文献。所以,老师还是应该留下让学生自己努力的空间。

需要指出的是,导师让学生自己去干,绝不意味着撒手不管。导师至少要做好以下几件事:在学生进实验室之前,进行安全教育;关于研究课题,给予必要的说明;关注学生的研究进展,进行必要的讨论与指导;学生在研究中遇到无法解决的难题时，导师要认真地答疑解惑。某些导师对学生完全撒手不管的态度，显然是不负责任的。

导师还必须因材施教。对富于创新精神的学生，要予以呵护，给他们提供适宜的条件，并加以引导；对缺乏创新精神的学生，则要设法启迪他们的思路，激发他们的创造力。

对于学生而言，也要发挥主动性，认识到学习机会的可贵，时不再来。同时应该知道，在做学生的阶段也有相当宽广的创新空间。历史上，一些杰出人物在学生阶段就取得了卓越的成就。譬如，车尔尼雪夫斯基的《生活与美学》一书奠定了美学的基础，而这部著作乃是作者的学位论文。再来看看爱因斯坦的业绩：1905年，26岁的爱因斯坦取得博士学位，并在科学领域取得划时代成就。就在这一年，他提出了光量子假说；同年，他提出了狭义相对论原理，开创物理学的新纪元。尽管我们不能把自己与这些伟人相比，但是，在学生阶段仅仅以获取文凭为努力方向，终归是舍本逐末。

第三阶段，投入科研工作之后。

已经在从事科研工作的人们，要在工作中提升实践能力。刚刚踏入科研工作门槛的年轻人，要尽快熟悉自己的工作。在学校学习的知识与工作中需要的学问技能之间往往有较大的缺口，要努力加以弥补。要让自己融入科研团队之中，向资深专家和同事们虚心学习。

在这个过程中，首先要克服依赖思想。能够自己做的事情，就不依赖别人，不要事事都等待别人的帮助。如英文论文的撰写，不要总是等待英语水平高的同事帮助自己纠正语法错误。自己动手改正论文，"折腾"过几回就熟悉了。科研中的其他环节也是一样。

科研机构和科研团队要尽可能为科技新人的成长创造条件。对于年轻一代科技工作者的成长来说，科研项目的支撑是必不可少的。令人欣慰的是，有不少专门为年轻人设立的科研基金项目，意在扶持新生力量。青年科技工作者则要积极申请项目，为自己在专业领域的发展开辟道路。

青年科技工作者在参加工作之初，要注重积累经验、丰富学识。待到有一定积累之后，则要审慎地选择一个适合自己的研究方向。如果研究方向不能自己选择的话，那么，就要选择一个适宜的切入点……

老子说："合抱之木，生于毫末；九层之台，起于累土；千里之行，始于足下。"意思是说：双手合抱的大树，是从幼苗长起来的；九层高的楼台，是从累积土石开始修建的；千里的行程，是从脚下起步的。深刻理解这段话的含义，对青年科技工作者是颇为重要的。

2.2.4 走向社会的大舞台

有作为的科技工作者不仅要有埋头苦干的精神，而且要有开阔的视野。不能把注意力仅仅局限在自己的实验室里。实验室再大，也只是一个小小的舞台，是有限的空间，而社会才是大舞台。恰如本书第1章所述，社会需求是科技发展的第一动力。特别是应用研究的成果，一定要致力于工业化。从事应用研究的科技工作者要与工业化应用密切结合，不可以闭门造车。

科技工作者要开拓自己的运作空间，走向社会的大舞台。海阔凭鱼跃，天高任鸟飞。在研究方向的选取、研究工作的进程等诸多方面，都要考虑与社会需求相衔接、相适应的问题。

为了与社会需求相适应，需要科研团队的集体力量，团队建设是非常重要的。以笔者所在的北京化工大学为例，本校很重视科研团队建设，例如，谭天伟、陈建峰、张立群等教授分别带领着科研团队，在各自的研究领域中取得了卓著的成就，包括工业化应用方面也成果累累。

需要指出的是，在注重科研成果工业化推广应用的同时，对于基础研究（包括应用基础研究）也要充分重视，不可以偏废。

对于纯理论的研究成果，也要以论文、专著的形式发表出来，接受同行的评价，要在社会的大舞台上经受公开的检验，得到社会的认可。

记得 20 世纪 90 年代末，笔者曾在清华大学聆听了王选院士的一次报告。王选院士说，科研成果的工业应用转化率过低是不行的。但是，转化率过高也不一定是好事。那样，科研就没有了后劲。所以，对基础研究要抓紧，不能放松。

实验室研究是"源"，工业化应用是"流"。有了源，才会有流。

2.3 思辨的能力

遥想当年，许多科学家同时也是思想家。譬如笛卡儿，17 世纪法国哲学家、物理学家、数学家，解析几何的创始人，他集思想家与科学家于一身，留下了"我思故我在"的名言。

此一时，彼一时。当今时代，要求科技专家同时也是思想家，恐怕不大现实。但是，作为科技创新人才，应该有思想，或者至少要有想法，这绝非苛求。很难想像，一个思想贫乏的人能够有创新能力。

思想，是一个非常宽泛的概念，涉及社会文化的复杂背景，不可能在这里讨论清楚。本书把问题加以简化，仅讨论思辨能力的培养，这对于科技创新人才的培养是至关重要的。

2.3.1 思辨能力的内涵

按照《现代汉语词典》的解释，"思辨"有两层含义：其一属于哲学范畴，是指用逻辑推理进行纯理论、纯概念的思考；其二是指思考辨析。前者为狭义，后者为广义。对于科技工作者而言，思辨能力是指广义的思考辨析能力。当然，在思考辨析过程中，逻辑推理也是必不可少的。

具体地讲，思辨能力主要包括分析、判断与决策能力等。

先说分析能力。

例如，对于实验数据的分析，除了专业技术、技巧之外，还需要有较强的逻辑推理能力、归纳汇总能力等。而实验数据的分析，是建立在实验观察、测定、获取数据的基础上的。这些属于实践的范畴。由此可见，思辨能力与实践能力是密不可分的。

作为科研工作者，特别是经验尚浅的青年科技工作者，要尽可能地参与具体的科研实验等实践过程，不可以只看实验汇报。这是因为实验过程中的影响因素甚多，实验现象又错综复杂，不一定都能通过实验报告（特别是经过整理汇总的报告）反映出来。

第 2 章
创新型人才应具备的素质及其培养途径

在实验结果出来之后，对结果进行分析的能力就很重要了。如果只是把实验数据摆在那里，或者进行简单的汇总整理，这样的研究结果无论对于应用研究还是理论研究，其科学价值都是要大打折扣的。把这样的研究结果写成论文，即使是投稿到工业应用类型的期刊，都有可能被拒绝；理论型的期刊，就更不会接受了。要对结果进行深入的分析，发现内在的规律，加以探讨和总结，这样的研究结果才更有意义。

除了实验数据的分析之外，在研究工作之初要查阅文献，需要对文献资料进行分析；立足于工业化的应用研究要做市场调研，需要进行市场分析；等等。这些，也都在考验参与者的分析能力。

判断力也很重要。

在分析的过程中，经常需要做出判断。而我们面对的实验现象（或其他信息源）往往是真相与假象互相掺混，表象与实质若隐若现，如何去伪存真、透过表象抓住实质，就要考验判断力了。

决策能力更是至关重要。

对于具体的科研项目来说，从选题开始，到研究方案的制订，都需要考验决策能力。有的时候，我们拥有多种选择余地。例如，从甲地到乙地，有多条路径，只是长短略有不同，可以随意选择其中的一条，即使走错了，也较易更正。这时我们的选择空间是较为宽松的。但在相当多的场合，可能只有唯一的选择。例如，医生给病人动手术，只能选择唯一的方案；对于某些大手术，如果错了，也无法重新去做。这时，决策就相当严峻了。

对于一个科研团队，总体研究方向的选择是重要的决策；对于研究者个人，具体研究方案的选择也是重要的决策。

具有较强的思辨能力是科技创新人才的必要条件，而不是充分条件。从总体来说，科技创新人才无疑应该拥有前瞻性和创新性思维，要有新视野、新思路、新构想、新创意。但是，创新思维不是无源之水、无本之木，一定要建立在基本的思辨能力的基础之上。由此可见，思辨能力的培养是非常重要的。

那么，思辨能力该如何培养呢？

2.3.2 关于当代教育的思考

接下来，本该讨论思辨能力的培养方法了。但是，且慢！在讨论思辨能力的培养方法之前，让我们先"跑一下题"，对当代教育作一次冷静的思考。不进行这样的思考，讨论思辨能力的培养就有点儿像缘木求鱼。

在当代的初等、中等和高等教育中，普遍存在着一个颇为严峻的问题，那就是学习的内容是否真的有用。每一个大学本科或研究生毕业的学生，在参加工作一段时间之后，都有可能扪心自问：我从小学到大学乃至研究生毕业，这十几年甚至二十几年中学习的东西，有多少是真正有用的呢？那些没用的东西，我为什么要花费时间去学习呢？

这样的思考作为一种思潮扩散到在校学生中间，必然会引出一个想法：既然是无用的东西，那就根本不必认真去学习，只要把考试应付下来、把分数拿到手就可以了。如此的想法，应该说正在相当多的一部分学生中蔓延。对于这个问题，充耳不闻、视而不见是不行的，必须予以正视。

笔者认为，对于现代教育的诸多内容是否有用的问题，简单肯定或简单否定都是不对的，需要作深入的分析。下边就是笔者尝试作出的分析。

科学发展的历史，包括自然科学与社会科学的历史，是一个漫长的进程。诸多科学原理的创立、科学规律的发现、自然奥秘的揭示、科学知识的积累，都是人类智慧的宝贵结晶。有些重要原理和重大发现，还在科学发展的历史上具有里程碑式的非凡意义。然而，到了今天，我们迈进了信息时代，这些在科学发展历史上具有里程碑意义的重要原理和重大发现，是否还依然具有现实的意义呢？假如已经没有多大现实意义，那么，我们现代教育中的这些内容，是在向学生讲述科学呢，还是在讲述科学史呢？科学史当然也很重要，但是，历史与现实之间毕竟不能画上等号。

基于上述见解，笔者认为可以对现代教育的内容加以解析，进而区别对待。现代教育体系尽管门类繁多，但其教学内容总体上可以分为四大类（其中涉及高等教育的部分，是指工科院校或综合性大学的工科学科）：

第一大类，直接介绍现代科学技术的教学内容。这大体相当于大学本科高年级以及研究生阶段的课程。这部分教学内容的特殊性在于，现代科学技术发展很快，知识体系的更新也很快。对于这部分课程来说，主要问题有两个：其一，课程内容的更新是否能够跟上科技发展的步伐？那些过时的内容是否已经及时淘汰了？其二，在信息时代，人们可以很方便地获取知识。在这样的情况下，高等教育的主要目的是向学生灌输知识，还是培养学生的认知能力、启迪学生的创新思维呢？

第二大类，有关现代科学的基础知识，这是为了获取现代科学知识而建立的重要通道，大体相当于大学本科低年级以及高中阶段的课程。这部分教学的内容相对来说较为稳定。但是，随着科学技术的进步，这部分教学内容与现代科学的关联度也在发生着变化。需要进行探讨：哪些知识应该让学生烂熟于胸？哪些知识只需一般了解就可以了？还有哪些知识甚至可以不讲了？

第三大类，是科学文化的基石，也是人类智慧的源头，是最基本的知识，这大体相当于初中和小学阶段的课程。这个层面的知识体系应该说是相当稳定的，其重要性也毋庸置疑。但是问题在于，我们如何去面对这个弥足珍贵的启蒙知识体系：是把它导入应试教育的轨道，成为获取考试分数的法宝；还是回归它的本真，把它真正当做人类智慧的源头，用它来启迪青少年的心智呢？

第四大类，指的是第一、第二大类中已经落后于时代，或者与时代脱节的内容。假如它们也不具备启迪心智的作用的话，这样的内容就应该退出讲坛了。这些教学内容所涉及的一部分科学原理或科学发现，在科技发展史上可能曾经有过里程碑式的意义，可在教科书的绪论或其他适当地方加以提及，但不必专门讲授了。那么，把这些内容弃之不讲，是否合乎情理呢？为回答这个问题，笔者想到了渡河者与竹筏的故事。故事说：有一个人，为了求生，必须要渡过一条湍急的河流。河上没有桥梁或渡船，这个人也不会游泳。情急之中，他砍下山坡上的竹子，绑制了一只竹筏，涉险渡过了河流。当这个人终于转危为安的时候，他想到，是竹筏救了他的命。于是，他下定决心，今后无论走到哪里，都要背负着这只竹筏。这个人的想法显然是不必要的。在科学发展的历史上，人们也要渡过"湍急的河流"，为此，人们会修桥、会造船，也可能会绑制竹筏。但是，人们没有必要永远背负着"竹筏"去行走。我们可以在内心深处，感恩地怀念那只"竹筏"。

2.3.3 思辨能力的培养

现在，我们可以讨论思辨能力的培养了。

思辨能力应该从小培养，从小学甚至学前就要培养。培养思辨能力的方法其实是多种多样的。譬如，要鼓励孩子的思考。这通常是与培养、保护孩子的好奇心联系在一起的。有了好奇心，就会进一步产生思考，思辨能力的萌芽就破土而生了。还要注意保护孩子的自信心。缺乏自信的孩子，往往也缺乏自主思考的能力。思辨能力是个人素质的一部分，所以，加强素质教育是培养思辨能力的必由之路。

在上述认识的基础上，要把思辨能力的培养与基础教育，特别是小学和初中的教育，密切结合起来。

笔者认为，初中和小学阶段所讲授的启蒙知识体系（特别是涉及自然科学的课程），在向学生进行基础知识教育的同时，其中一部分内容也可以发挥"头脑体操"的作用，用来锻炼学生的思辨能力。譬如数学习题的求解过程，如果站在素质教育的角度来看，刚好具有"头脑体操"的效用。

笔者本人在上初中时，曾经用半个月的时间求证了一道数学题，感觉思辨能力得到显著提高。这使我切身体会到"头脑体操"的灵验作用。初等教育的知识体系是人类智慧的源头，用智慧之源来启迪心智本该是顺理成章的事。

令人遗憾的是，在现实的教育体制中，"头脑体操"难以得到充分认可。问题还是要回到素质教育与应试教育之争。从素质教育的角度看，这种"头脑体操"的强度应该适度，应该能够带来愉悦感、畅快感，应该以兴趣为强大的内在动力，而不是屈从于外来的压力。而从应试教育的角度看，应试教育固然也注重提高学生的解题能力，但是题目的难度不可能适可而止，而必须不断加码。因为应试教育第一考虑的是分数，而分数必须拉开距离，所以，题目的难度要尽可能加大（或者通过限时解答大量试题来增加难度）。这给学生带来的是心理的沉重压力与情绪的郁闷寡欢，也就起不到"头脑体操"的作用了。

笔者深知，在现阶段，要用素质教育取代应试教育是不可能的。但不管怎么说,笔者依然执著地认为,初等教育其实可以发挥重要的"头脑体操"作用,这种作用在培养思辨能力方面几乎是不可替代的。如果弃之不用,那就太可惜了!

到了高等教育阶段,仍然要继续进行思辨能力的培养。但是,这在实际上具有"再接再厉"的意味。如果在初等教育阶段,思辨能力培养的基础没有打好,到高等教育阶段再补救是难有良效的。更何况,现行的高等教育也还没有完全挣脱应试教育的樊篱。本章在前面一节中关于高等教育的议论,也是为改革高等教育提出的建言。

笔者本来还想就应试教育向素质教育的转化谈一些意见,但这已经超出了本书的框架范围。我在此只能送给关心素质教育的教育工作者和莘莘学子四个字:标本兼治(治学之"治")。考试是标,素质是本。在满足考试需求的同时,不要忘记素质的培养与提高。

2.3.4 逻辑思维与形象思维

逻辑思维是借助于概念、判断、推理反映现实的思维方式,它以抽象为特征,反映的是事物的本质特征。

形象思维是文学艺术创作过程中主要采用的思维方式,借助于形象反映生活,运用典型化和想像的方式,表达作者的思想和情感。

一般认为,搞自然科学的人主要采用逻辑思维。这个观点大体上是对的,但不可一概而论。搞自然科学的人需要严谨的抽象思维能力,同时也需要想像力,需要开阔的想像空间。科技工作者也需要具备形象思维的能力。

科学与艺术之间,并没有泾渭分明的边界。

譬如数学,它的公式、定理都有极其抽象的内涵,但同时又具备形式上令人赞叹的完美。

再如建筑,建筑科学历来与建筑艺术融为一体。我们敬佩赵州桥精密的结构设计,同时被它美丽的弧线造型所折服。2008年北京奥运会开、闭幕式的举办场馆"鸟巢",是极富想像力的天才构思与高科技建筑技术的绝佳组合。

科学技术还是文化艺术的支撑条件。没有印刷术,文学作品何以流传于世？没有照相机，怎么会有摄影艺术？没有电视传播技术，电视连续剧焉能展现其绰约风采？

在当代，科学技术正以排山倒海之势大举向文化艺术的领地进军。电子制作与3D技术为电影大片注入了蓬勃的力量，数码照相机彻底改变了摄影方式，微博使每个人都拥有了自己的个人传媒，网络文学更是风靡于世……

鸟巢：天才构思与建筑技术的绝佳组合

科学技术与文化艺术彼此交融的例子还有很多，就不一一列举了。

既然科学技术与文化艺术是彼此交融的，这一客观存在的现实必然要反映到思维方式上来。科技工作者的思维方式既要有严谨性，又要有灵活性；既要有抽象性，又要有形象性。特别是对于科技创新而言，想像力是非常重要的。简而言之，创新思维需要兼有逻辑思维和形象思维的能力。关于创新思维，本书第3章会进一步讨论。

科技创新人才的培养，应该包括形象思维能力的培养。为了提高形象思维能力，科技工作者可以根据自己的兴趣，发展一些文化艺术方面的业余爱好，如书法、绘画、文学、摄影、舞蹈等。持之以恒，必能有所收益。

2.4 傲然独立的个性

读过一篇文章，题目是"从众者不可能获得真正的成功"。确实，在任何一个领域，唯唯诺诺、随波逐流的人都不可能是成功者。要在科学领域取得卓越成就，必备的条件之一是具有傲然独立的个性。傲然独立的个性具体表现在两个方面：一是不迷信权威，二是不随波逐流。

需要指出的是，本节讨论的内容是科技领域卓越人才的个性素质，所以，提出的标准要高一些。对于青年科技工作者，特别是未来的学术带头人，用高标准来要求也是必要的。

2.4.1 不迷信权威

在人类历史上，曾产生了许多科学伟人。他们以自己杰出的成就，揭开了历史的新篇章。譬如，达尔文用他的进化论，改变了人类对于自然史的蒙昧无知；爱因斯坦的相对论，则奠定了原子能时代的基础。然而，在科技高度发达的今天，却难再见到新的科学伟人惊世而立。人们能见到的，是一些专家或技师。诚然，专家和技师也是难能可贵的人才。但是，一个缺少科学伟人的时代，毕竟是令人遗憾的。

我们这个科技发达的时代却缺少科学伟人，原因是多方面的。首先，如前文所述，现行的教学体制和考试制度把学生引入了一个既定的框架。学生们从小就只会在这个框架中认知和思考。越过雷池一步，就可能在考试中被无情地淘汰。这样的教学体制，在向学生传授知识的同时，也在压抑学生的创造力。创造，是人的天性。这个天性被压抑、被遏止，该是多么令人惋惜的损失。

科学伟人，像其他领域的伟人一样，应该有傲然独立的精神。不迷信权威，不受现有框架的约束。像哥白尼否定了神圣的地心说，提出了日心说；伽利略推翻了权威的亚里士多德学说，建立了落体定律；法拉第和麦克斯韦则否定了"超距作用"，创立了电磁学。这样的科学伟人还有很多，包括居里夫人、门捷列夫、惠更斯、罗蒙诺索夫，等等。

科学伟人还要有其他品格，如终生奋斗的毅力、严谨的科学态度。对于当代的学人而言，最缺乏的恐怕还是傲然独立、不迷信权威的精神。一个学者如果终日唯唯诺诺、循规蹈矩，那他非但成不了科学伟人，就是做一个出色的科技工作者也是不大可能的。要在科技创新方面有所作为，也很需要傲然独立、不迷信权威的精神。

就人的本性而言，谁也不愿唯唯诺诺地过日子。但当代学子和学者们受到的束缚实在太多。在学校要受教育体制的约束；参加工作后，举目四顾，迷信权威和迷信外国的思潮几乎随处可见。还有滚滚而来的商海大潮和商业行为对科研的导向与掣肘……

在每一个领域，都有一些观念或准则得到人们的公认，这就是权威。没有权威显然是不行的。没有权威，世界会陷入混乱。但是，物极必反。在科技领域，当人们对权威的认识达到迷信的程度时，创新就无从谈起了。

认为权威观念必定是一成不变的，或者把权威言论当做金科玉律，都是迷信权威的具体表现。对于权威的迷信，从心态上讲是一种盲目的从众心理，从思维方式上讲是一种刻板的思维定势，从行为模式上讲具有因循守旧的特征。而有抱负的科技工作者应该具有独立思考的能力，避免墨守成规，善于用自己的头脑去思考问题、开拓创新。

一场缺少球星的球赛，是索然无味的球赛。同样，缺少科技伟人也使当代科技界虽然成果多多，却失去了璀璨的光彩。是科学技术已经研究得差不多了，再也无法产生伟人了吗？当然不是。现有的科技成果与尚待认识的自然相比不过是冰山的一角。更何况人类在能源与环保等方面，诸多问题正火烧眉睫。

寄希望于当代青年学子。希望你们高举独立精神的火炬，照亮科学的领地，照亮人类的未来。你们也许不能成为科学伟人，但每个人都为科技创新作出一份贡献，千百万人的努力汇聚在一起，集腋成裘、涓涓细流汇成江河大海，同样可以成就辉煌的事业。

2.4.2 不随波逐流

当某种潮流滚滚而来的时候，是盲目地随波逐流，还是保持清醒的头

第 2 章　创新型人才应具备的素质及其培养途径

脑、进行独立思考和抉择，这是对于人们的重大考验。

一拥而上，千军万马走独木桥，是人们容易犯的一种通病。笔者这一代人经历的事情中，有许多"热潮"，像出国热、文凭热、经商热、股票热，一潮未平，一潮又起，总能搞得沸沸扬扬。然而，从社会发展的大视野来看，潮流并不一定能代表社会发展的大趋势；从人生运筹的小视野来看，明智的人生选择也并不一定要跟着别人后面追赶潮流。

譬如在知识阶层中影响颇深的职称问题，就不知使多少人进入误区。不少人为追求职称，花费了大量的时间和心血，评完了"初级"就想着"中级"，"中级"评上了又朝着"高级"努力。等拿到了高级职称的小本本，回首往事，却不过只是一连串的职称奋斗史而已。难免要问自己一句：这到底值不值呢？后悔吧，怎奈光阴不能倒流。

职称应该是学术水平、业绩的认定和标志，但不应该是奋斗的目标。

尽管笔者不主张人们把职称作为奋斗目标，但对于科技、教育界人士，职称又是不可或缺的。所以，需要正视，需要妥善对待。仅以论文、著作为例。善于运筹者，会及早着手准备论文、专著等。论文的相关研究工作和写作、发表都有一定的周期，不能"临渴掘井"。特别需要指出的是，学术论文或专著都是研究成果的结晶，而不应该是评职称的敲门砖。如果平时注意对研究成果的积累和总结，及时地发表出来，则既可为本学科的发展作出实实在在的贡献，同时在学术领域占有自己的一席之地，又为评职称创造了条件，一举多得，有名有实，这才是明智之举。反之，单纯为评职称而写论文，职称评上后论文就成了废纸，这样耗费时间和精力，岂不可惜！

诚然，对于笔者这一代人，"评职称"已经是一段历史旧话。而新一代科技、教育工作者所处的境遇，比笔者这一代人要优越。博士毕业生，参加工作后就有中级职称。而且，现在普遍实行的聘任制，为青年人才的脱颖而出创造了有利条件。笔者在这里旧话重提，目的只是让大家吸取往昔的教训，举一反三，不要重蹈覆辙。

不随波逐流，还体现在其他诸多方面。譬如，当某一个研究领域成为热门领域的时候，大家往往会一拥而上，都来进行这个领域的研究。这就会造成科研资源的浪费和研究项目的重复。如果研究方法也大同小异，研究水平彼此接近，对科技进步就非常不利了。有见地的科技工作者可以独辟蹊径，选择较为"冷门"的领域。如果选择热门领域，也要有自己独到的切入点、独具特色的研究方法。

寻找"冷门"的人，可能会在一段时间内有某种寂寞孤独的感觉。有意另辟蹊径者，应能忍受这种寂寞和孤独。

综上所述，傲然独立的个性是科技创新人才，特别是高层次科技创新人才很重要的品格。不能做到傲然独立，起码也要做到独立自主、独立思考，不能人云亦云。那么，独立自主的个性应该怎样培养呢？这涉及到个性问题，是与心理学相关的。按心理学理论，人的个性是指比较稳定地存在于某个人身上的心理特征，如性格、气质、能力等。性格是个性心理中最突出的方面，是一个人在社会实践中形成的稳固的态度特征，以及习惯化的行为方式。

人的个性品格与从小成长的环境密切相关，应该自童年时代开始培养。笔者在这里引用报刊上摘录的一段话：

"当孩子获得了充分的依恋和安全感之后，就会对外部世界更有兴趣，愿意去积极探索，扩展自己的认知范围，发展自己的独立能力，逐渐树立自信，形成独立的精神世界。"（引自2012年3月30日《健康报》心理导刊）

这段话是相当精辟的。

除了童年的成长环境之外，人的个性品格还与日后的人生经历以及接受的各个层次的教育有重要关联。从应试教育向素质教育的转化，是必须落实的。此外，个性与人的气质也有一定关联，而气质是与禀赋有关的。

应该看到：在信息时代，借助于论坛、QQ、微博等网络交流平台的作用，一代年轻人的思想是颇为活跃的，自我意识正在空前地觉醒。但是，这样的自我意识与科学研究中的创新能力之间，还有相当大的距离。如何把自我意识转化为科技工作中的独立思考、自主创新的能力，需要青年学子自身的刻苦努力，也需要师长的正确引导。

2.5 学者风范

科技创新人才应该具备学者风范。学者风范的涵盖很宽，这里只择其要点而述之，包括一丝不苟的治学态度、百折不挠的奋斗精神，等等。

2.5.1 一丝不苟

作为学者，要有严谨的治学态度。科学是极其严肃的学问，来不得半点敷衍和搪塞。譬如一本学术著作，数十万字甚至上百万字，能够做到没有一处疏漏吗？在严谨认真的学者笔下，这是能够实现的。

学术著作有个别疏漏还是允许的。但在有些事情上，就不允许一丝一毫的疏忽。譬如宇宙飞船、核电站、高速列车或者医生实施的手术。

关于一丝不苟的态度，有一件往事让我印象颇为深刻。那是上世纪80年代，我参与了一部材料科学大辞典的编写，撰写了其中的两个词条。这一部分由著名高分子物理学家冯之榴教授负责。辞典付梓后，我收到了稿费和冯之榴教授的一封亲笔信。信中写道，此次编写大辞典所得稿费共计多少元，每人按工作量，各自分得多少元、角、分。还剩余一分钱，无法分配，将其分到王国全名下，这样就分清了全部稿费。读了此信，我很受感动。冯之榴教授在一件小事上表现出的一丝不苟，折射出一代学者的严谨风范。

2000年，笔者主编的《聚合物改性》一书完稿，由华幼卿教授审阅。华教授以极其认真的态度审阅了全书，提出了中肯的修改意见。2006年，笔者编著了《聚合物共混改性原理与应用》一书，由励杭泉教授审阅。励教授也以极认真的态度通读全书，指出了书稿中的纰漏，提出了建设性的意见。这样一丝不苟的学者风范，让笔者感受到鼓励与鞭策。

关于严谨治学态度的培养，导师和前辈学者的言传身教会起重要作用，同一个科研群体成员之间的彼此影响也很重要，更重要的是科技工作者本人要严以律己。

严谨的治学态度是实事求是学风的具体体现，而实事求是学风的道德基石是学术诚信。与学术诚信背道而驰的，是学术造假之风。

近年来，学术造假之风时而见诸新闻。韩国某科学家造假，曾令舆论为之鼎沸。最近，西方某国的一位部长因博士论文涉嫌抄袭而辞职；另一个国家的总统也因为博士论文涉嫌抄袭而辞职。看来，学术造假是个全球性的问题。

尽管造假之风难以禁绝，有良知的科技工作者仍然应该奋力与之抗争。即使无力抗争，至少也要独善其身，守住自己的道德底线。

2.5.2 百折不挠

任何有价值的科研成果都不可能一蹴而就。在许多科技成就的背后，大多会有一段坎坷不平、跌宕起伏的研发历程。有志于科技研发工作的人们，必须具有百折不挠的奋斗精神。

在科学发展史上，这样的实例举不胜举。

居里夫妇艰辛而卓越的奋斗历程是举世皆知的，他们共同获得了1903年诺贝尔物理学奖。1906年，皮埃尔·居里不幸因车祸去世，居里夫人承受着巨大的痛苦，决心加倍努力，完成两个人共同的科学志愿。她应邀接替居里先生讲授物理课，成为巴黎大学有史以来第一位女教授。1910年，居里夫人完成了《放射性专论》一书。1911年，居里夫人又因发现放射性元素钋获得诺贝尔化学奖。1914年，巴黎建成了镭学研究院，居里夫人担任了学院的研究指导，她毫不吝啬地把科学知识传播给学生。居里夫人长期在简陋的条件下从事放射性物质研究，患上白血病，还患有其他多种疾病。在居里夫人看来，科学研究要比自己的生命更重要。她忍受着病痛，顽强地进行科学研究，直到生命的最后一息。

再让我们读一段清代医家费伯雄的故事。

费伯雄（1800—1879），江苏武进县孟河镇人，为孟河四大名医之一。他博采古今各家精华，结合自己几十年行医经验，写成了《医醇》书稿（共24卷）。书稿是他殚精竭虑写成的，倾注了多少心血啊。然而，咸丰年间的一场战火，竟使此书文稿化作了灰烬。几十年的心血毁于一旦，这样的厄运，对于费伯雄是很深重的人生不幸。但是，费伯雄并没有屈服于命运,他追忆《医醇》的内容,撰成了《医醇賸义》4卷,终于在同治二年(1863)付梓印行。该书对后世医家产生一定的影响。费伯雄在厄运面前自强不息,靠追忆撰成《医醇賸义》,其百折不挠的精神令人感叹。

费伯雄家乡——孟河春色

人生的曲折经历,有助于百折不挠精神的培养。让年轻人经受一些生活历练,体验挫折甚至磨难,对于他们的成长是颇为有益的。

需要指出的是,一个有作为的科技创新人才,既要在漫长的科研历程中有持之以恒的耐久力,又要在条件成熟的时候有脱颖而出的爆发力。

以体育竞赛作为对比。长跑运动需要的是耐久力,短跑运动需要的是爆发力,而足球运动则需要兼有耐久力和爆发力。

科学研究工作也需要兼有耐久力和爆发力。在长达数年甚至数十年的研究中,研究者可能会苦苦求索、默默耕耘,这时要有耐性,要耐得住寂寞,不可以急于求成。但当研究中出现突破性进展的时候,也要有迅速扩展成果的爆发力。要敏感地抓住机遇,要有时不我待、只争朝夕的精神。科学史上许多辉煌的成果,都要借助于研究者对于机缘的敏感,以及他们的爆发力。

那么,爆发力的来源是什么呢?一是平时的积累,即人们常说的蓄之已久,其发必速;二是对于事业的全身心投入与充沛的热情。

笔者平生最喜欢两句话："面壁十年图破壁"，"迅雷不及掩耳"。前者与耐久力相关，后者则体现了爆发力。

2.5.3 博学真知

博览群书，是一个学者最基本的素养。

还是举一些医学史上的例子。明代著名医家、温病学的奠基人叶天士（1667—1746）在去世前，曾留下警醒后人的遗言："医可为而不可为。必天资敏悟，读万卷书，而后可以济世……"叶天士所说的"读万卷书，而后可以济世"，对于其他领域的学者也是同样适用的。

李时珍以学习作为生活的最大乐趣，他"长耽典籍，若啖蔗饴"，意思是说：自己读书时的感觉就像吃饴糖一样。

要勤于读书，也要善于读书。有学者指出，读书开始阶段，要"越读越厚"；到后来，则要"越读越薄"。这里，"越读越薄"就是所谓"由博转约"，就是要对知识加以消化吸收，抓住其精髓，在自己头脑中形成一个疏密有致、简约有序的知识体系，而不是杂乱无章的大杂烩。

仅仅拥有渊博的知识是不够的。有作为的学者应该对前人构建的知识体系有自己的认识和见解。有知识，还要有自己的理解和见地，让博学与真知相融合，这才是合格的学者。

我们生活在信息时代。在信息时代，知识的获取已经不是难事。但是，我们也面临着一些新的问题。

其一，就是前边提到的，有知识也要有见地的问题。当知识的获取变得很容易的时候，见地的问题就更为突出了。对于当代教育体制，这也是一个需要研究的课题，再继续一味地灌输书本知识，已经非常不合时宜、落伍于时代了。培养学生的认知、思辨能力和实践能力，将是当务之急。

其二，当知识的获取变得极为容易的时候，人们还要像古人那样读书吗？还要把学习的知识烂熟于胸吗？既然我们已经进入信息时代，许多知识都储存在电脑里，在需要时可以非常方便地检索出来，那么，我们何必再去记忆它们呢？这样的想法，似乎有一定道理。但是，这样的想法带来的后果，却很可能是消极、负面的。当今，许多学生平时不认真学习，仅在考试的前几天突击,强记一些课程内容,考试结束就一切都烟消云散。在科研工作中,一些青年科研工作者也已经习惯于依赖电脑,自己的脑子中不再记忆很多东西。长此以往,我们的脑海中就会形成一片真空状态。那时的情况将是:电脑中什么都应有尽有,可以随时取用,而我们自己的脑子中却空空如也。

笔者认为,上述这种情况是不容乐观的。电脑不能替代人脑。人要思考,要判断,要提出自己的见解,要做出创新性的构想,这些,都需要在头脑中有一个基本的知识体系。电脑的"博学"不能替代人的博学。

博学真知,对于信息时代的学子依然是不可或缺的。

与博学真知的要求很不相称的,是目前在一部分学生中存在的厌学情绪。为了说明这个问题,让我们来读两个段子。时下风行各种段子,笔者也赶一回"时髦"吧。

第一个段子,标题是"考试":熬夜复习,泡面没泡开,第二天考试时一直胃疼,想吐。没想到考到一半,就忍不住吐了。老师走过来关切地问:"怎么,题出得太恶心了?"

上面这个段子是笔者读过的对应试教育最辛辣的讽刺。再看一个段子《老师和手表的故事》:讲台上,老师的课还没有讲完,而下面的学生已经听得不耐烦了。老师也发觉了,就对学生们说:"我并不在意你们在我讲课的时候不断地看手表,但是,我非常反感你们为了检查手表是不是停止不走了,而拿手表在桌子上敲!"

这两个段子显然都纯属杜撰,第二个段子还是"舶来品"。段子中流露出对老师的揶揄,笔者是完全不能赞同的。但是,两个段子所表现的厌学情绪,却是无法回避的现实。前边提到的"许多学生平时不认真学习,仅在考试的前几天突击,强记一些课程内容,考试结束就一切都烟消云散",是厌学情绪的具体表现。

厌学情绪与勤奋好学的精神,自古以来就是相互纠结而存在的。人们都熟知"映雪囊萤"的美丽故事,那位映雪囊萤的少年绝对不会有厌学情绪。然而,古时也有"思鸿鹄将至"的学生,显然是不够用功的。古人用"焚膏继晷"来形容刻苦学习的精神。"膏"是灯油,"晷"是日影,"焚膏

科技创新思路与方法
——兼议未来50年科技发展热点

继晷"是点亮灯烛以接续日光,也就是夜以继日地学习。另一方面,古代实行科举制度,要学习八股式的教条,也不能不令许多学子感到厌倦。

在当代教育中,曾有过好学精神占据主导地位的时期。笔者曾亲历过20世纪50年代末60年代初的教育,至今记忆犹新。那个时期的教育虽然也有缺陷,但学习氛围是宽松的,学生没有多少压力,自觉主动地学习,并没有厌学情绪。

后来,笔者经历了上山下乡。在那段含辛茹苦的岁月里,许多下乡知青以年轻人的勇气和毅力自学了文化知识。笔者也是其中之一。

再后来,1977年恢复高考,笔者有幸加入了77级大学生的行列。我们那时的学习条件远不像当今这样完备,没有正规的宿舍,挤住在大房间里;正式的教材尚未出版,使用的是粗糙的油印本。这一切丝毫没有削弱同学们的学习热忱,同学们以忘我的精神投入了学习,全身心地在久违了的知识海洋中探求着、汲取着。

本书作者大学同学合影(1980)

举一个小小的例子。当时,同学们的经济状况都不宽裕,能买个收录机,就是很不容易的事。笔者所在的班级有3个同学共用一台收录机,他们从这台收录机上接出3条线,这样就可以同时用各自的耳机听英语磁带了。

4年时间里,我和同学们居然连一次扑克牌都没有玩过。毕业的时候,大家都已经打起了行李卷,才忽然想到:同窗4年,还没有一起玩过扑克呢。于是,就在即将分手之际,在光光的床板上,我们玩了大学期间的第一次也是唯一的一次扑克。也许今天看来,这样的生活有些不可思议。但是,这就是77级大学生当年真实经历的学习生活。我们那时是绝对没有厌学情绪的。

那么,怎样克服当今学生中存在的厌学情绪呢?笔者有如下建议。

第一,学生们应该认识到:在信息时代,仍然需要在自己头脑中构筑一个完整的知识体系,"焚膏继晷"的学习精神并没有过时。同时要思考:怎样自觉主动地学习?怎样提高自己的认知能力、实践能力和思辨能力?怎样把博学与真知融合起来?

第二,学校和教师要探讨:在信息时代,应该采取怎样的教学方式?如何尽快实现从应试教育向素质教育的转化?课程应该怎样设置?教材应包括哪些内容?除了向学生传授知识之外,怎样培养学生的认知能力、实践能力和思辨能力?怎样培养学生的创新精神?相关的一些具体内容,在本章各节中已经有所述及,可供参考。

第三,一些沉溺于网络的学生要努力让自己获得解脱,要把网络真正作为获取新知和学术探索的工具,不要终日迷恋于网络游戏、视频聊天。在市场经济时代,不妨把智力的投入看做一种投资。如果把宝贵的智力大量地投入到"打游戏"中,经年累月之后回头看一看,没有获得任何有价值的回报,这样的智力投资显然是不可取的。

如果上述几点都得到重视的话,信息时代造就的一代具备博学真知而特色鲜明的学子,是可以脱颖而出的。

2.5.4 虚怀若谷

虚怀若谷是学者风范的重要内涵,而高傲自大、目中无人则是典型的市井作风。

《周易》的"卦十五"是"谦","谦"是谦逊、谦虚、谦让的意思。"满招损、谦受益"亦是流传久远的古训。

科技创新思路与方法
——兼议未来50年科技发展热点

提到谦虚的品格，提到虚怀若谷的风范，还要涉及对于"虚"的理解，而"虚"又是一个颇为玄妙的概念。我国古代思想家老子，为了使人们能够容易地理解"虚"的理念，作了许多生动而形象的比喻。老子举出若干实例，包括车轴、陶器和房屋，对"虚空"的作用进行诠释：比如，在车轮中央的虚空处穿入车轴，车轮就能转动；陶制器皿的内部是虚空的，才能存放物品；在房间的虚空处，人们才能得以居住。试想，如果车轮的中间没有孔洞，车轴何以穿过？如果陶器是实心的，何以贮存物品？如果房屋里塞满了东西，人还如何居住？所以，虚空的作用非常重要。老子还把天与地之间的广袤世界比喻成一个硕大无比而又运动不息的风箱（老子称之为橐籥），这"风箱"的内部是虚空的，但又可以包容万物，它的生息运动永远不会停止。这就把虚空的作用演绎到了极致。

有"虚空"，才有"实有"。从哲学的角度看，虚怀若谷的意义大概就在于此。

顾炎武是明末清初著名的思想家、史学家、语言学家。他晚年在《广师》一文中留下了一段名言，堪称是虚怀若谷风范的最佳诠释：

学究天人，确乎不拔，吾不如王寅旭；读书为己，探赜洞微，吾不如杨雪臣；独精三《礼》，卓然经师，吾不如张稷若；萧然物外，自得天机，吾不如傅青主；坚苦力学，无师而成，吾不如李中孚；险阻备尝，与时屈伸，吾不如路安卿；博闻强记，群书之府，吾不如吴任臣；文章尔雅，宅心和厚，吾不如朱锡鬯；好学不倦，笃于朋友，吾不如王山史；精心六书，信而好古，吾不如张力臣。

此文中提到的10个人都是当时的知名学者。顾炎武先生在经学、史学等诸多领域均有极高的成就，写下了《日知录》等影响深远的著作，成为一代学术宗师，与黄宗羲、王夫之并称为明末清初三大儒。而他对10位学友很敬重，连用10个"吾不如"，表达他的赞赏钦敬之情，体现了他的谦虚品格和宽广胸怀。

一个虚怀若谷的人，能够看到别人的长处和自己的不足，这是他前进的动力。虚心使人进步的道理，也就在于此。需要指出的是，谦虚的精神是建立在对于自己的恰如其分评价的基础上的，谦虚绝不意味着妄自菲薄。为了表示谦逊而无原则地贬低自己，那是一种很愚昧也很无聊的表现。

虚怀若谷的品格与前边所述的傲然独立的个性并不矛盾。一个真正学有所成的人，绝不避讳提及自己的不足。虚怀若谷与傲然独立，是光明磊落的内心世界的两个互相辉映的侧面。顾炎武先生兼有傲岸不逊的风骨和虚怀若谷的品格，就是一个杰出的典范。

2.5.5 团队精神

在当今的科研领域，任何重大科研成果都不可能由某个人独立完成，而是需要科研团队成员的共同努力。因而，团队精神就成为当今时代科技工作者的重要品格。

团队精神的内涵很丰富，包括互相配合、互相理解、互相包容的精神。每个人要做好自己的本职工作，还要有对于全局的关顾。同一个团队成员，要责任分担、信息共享，要同心同德、同舟共济。

一个科研团队应该像是一个大家庭。学术带头人、老一辈学者要关心青年科教工作者的成长，导师要关心自己的学生；学生和青年科教工作者则要尊重导师和老一辈学者。

学术带头人、老一辈学者对青年科教工作者的关心，导师对学生的关心，在他们的成长过程中会产生重大影响。

笔者大学本科毕业论文的导师是武荣瑞教授。武荣瑞教授曾任北京服装学院（原北京化纤工学院）副院长，是国内知名学者，而我只是个本科生，但她每周一上午必定要到我所在的实验室来，了解我的实验进展情况，解答我的问题。她手里拿着一个小本子，上面记着要向我说明的事情。武老师的风范给了我潜移默化的影响，后来，我也以同样认真的态度对待我的学生。

笔者参加工作后，加入了陈耀庭教授领导的科研团队。有一次，我们做一个实验，需要晚上通宵值夜班。大约到了夜里11点的时候，陈耀庭教授到实验室来了，还带来了饮料和点心。我们都很感动。团队的凝聚力，就是这样一点一滴地培养起来的。

学生尊重师长，亦是我国学界的悠久传统。有一个程门立雪的感人故事。据《宋史·扬时传》记载：扬时和他的同学去见他们的老师程颐，到老师家的时候，正值老师在打瞌睡，他们两人就站在门外等候。那天正下着大雪，一直等到程颐醒来，发觉他们两人站在门外雪中，地上已积雪盈尺。后人把"程门立雪"的典故，传为尊重师长的佳话。

我的一个学生王文一，来自山东沂蒙。记得他第一次到实验室见我，向我介绍了他的情况，我感觉很满意，当即同意接受他做我的研究生。他离开实验室的时候，走到门口，又回过身来，向我深深地鞠了一躬。我并不认为学生向老师鞠躬是必要的。但是，这一躬给我留下了深刻印象。王文一现在是天津工业大学副教授，兼系主任。我相信他会有远大的前程。我的其他学生，如胡佩国、曾芃、罗伟、俞江华、李海亮等，都在自己的工作中取得了优异的成绩，这让我颇为欣慰。还有一些学生，并不是我带的研究生，也愿意和我进行学术探讨，譬如焦红霞、常志宏。焦红霞出国深造，临行前携她的夫君来向我告辞；后来她在大洋彼岸喜得贵子，还发来了照片。常志宏与俞江华结为伉俪，一同赴沪发展，时有信息问候。

教师节前夕，学生们来看望导师

师长与学生的学术传承和相互关心是团队精神的重要组成，而尊重师长更是历史悠久的古朴风尚。

关于团队精神还有许多内容。譬如在遇到困难时，大家要争挑重担；在涉及荣誉、利益时，则要彼此谦让；等等。

关于团队建设的问题，本书第 6 章会进一步讨论。

2.6 人文情怀

优秀的科技创新人才不仅要有科学素养,而且要有人文情怀。

人文情怀,包括人文理念与人文素养两个方面。其中,人文理念的关键是要注重以人为本。分述如下。

2.6.1 注重以人为本

在北京协和医院,流传着林巧稚教授的一个故事。

林巧稚,著名医学家、中国妇产科学的主要开拓者之一。在一次考试中,林巧稚教授要求学生们观察一位孕妇的分娩过程,写出一份病历记录,以此来评定学生们的临床能力。由妇产科大名鼎鼎的专家做主考,学生们既兴奋又有些紧张。仔细观察并思索后,学生们写下了自己认为满意的记录。结果出乎意料,仅有一份病历记录被评为"优",其他都不及格。学生们大惑不解,向林巧稚教授请教。林巧稚严肃地说:"你们的记录没有错误,但不完整,漏掉了非常重要的东西。"学生们反复查看自己的记录,实在想不出漏掉了什么,只好偷偷看了一下那份优秀病历。他们发现,各项记录其实都没有区别,只是那份病历里多了一句话:"产妇的额头有豆大的汗珠……"

几十年后,这些学生中的很多人已经成为医学界的精英,但他们仍然记得那个阳光灿烂的午后,林巧稚教授对自己的庄严教诲。"产妇的额头有豆大的汗珠",这是一位从医50多年、桃李满天下的医学家的深刻感悟:医学不仅是科学,更是人学,医生必须有一颗仁爱慈悲的心。(引自2012年2月24日《健康报》人文视线专版)

生活中一些普普通通的事情,亦可唤起我们的人文情怀。

20世纪70年代中期,笔者在山西运城水利学校读中专。专业课实习期间,我和同学们到了晋南的一个偏远的山村。那时是初夏,天气已经很热。在野外忙碌了一天,我满身灰土,于是提了一只水桶,想打一桶水，洗个澡。来到井台上，打了满满的一桶水。这时，我听到了一个小孩子的声音："叔叔！"我看到，一个小女孩坐在井旁的土坡上，她对我说："叔叔，你真的需要这一桶水吗？如果你只需要半桶，那就打半桶吧！"我这才醒悟到，村里没有地下水，水井里的水是下雨时收集的雨水，这水极为珍贵。于是，我把多半桶水倒回了井里，只提走了少半桶水。那天，我用半瓢水（只能盖住脸盆底）洗了澡，包括洗头。我觉得自己已经很奢侈了，当地村民大概不会经常洗澡。类似这样事情还有许多，汇聚在一起，就成了难以泯灭的意念。

绿树掩映的北京协和医院是林巧稚大夫生前工作的地方

这样的往事回忆，让我们在内心对于生活在最底层的民众怀着深深的关切与挂牵。我们从事的每一项科学研究，都要审慎地考虑一下，研究成果产业化之后能否真正造福于民众，是否会对普通民众的生活产生某些不利影响？如果有不利影响，那就一定要防患于未然！

科学研究，绝不能漠视人文关怀。

2.6.2 提高人文素养

在许多人眼里，科学家终日埋头于研究之中，他们思维严谨，不苟言笑，当然更没有艺术家的浪漫激情。然而，这其实是一种误解。科学家在从事创造性的工作时，同样需要想像力和灵感。

在历史上，有许多科学家同时也兼有吟诗赋词的情致。例如，我国古代著名的医药学家李时珍，不仅撰著了名垂医史的《本草纲目》，还著有《迈所馆诗词》及《诗话》，留下这样美好的诗句：

> 白雪诗歌千古调，清溪日醉五湖船。
> 鲈鱼味美秋风起，好约同游访洞天。

在当代，也有许多卓有成就的学者兼具科学与人文素养。

然而令人遗憾的是，在人文素养与科学素质的关系上，当代教育走入了某种误区。长期以来，文理之间泾渭分明的分科，孕育出缺乏人文内涵的科技教育体制。在理工科院校，毕业生中的许多人对本专业的知识很精通，对本专业以外的更为重要的社会、伦理、文化等方面却知之甚少。

教育的失衡带来了负面的影响，最明显的是一部分学生文字表达能力低下。缺乏文字表达能力，这些学子何以展示自己的思想，何以与他人相互沟通呢？进一步而言，缺乏人文素养也会影响这些学子在科技创新中的想像力和创造力。

提高人文素养，对于科技人才综合素质的提高颇为重要，对于科技创新与人文关怀的结合也至关重要。

令人欣慰的是，许多高校已经在重视人文素养的培养。以笔者所在的北京化工大学为例，学生中有许多文化艺术社团，文艺活动搞得有声有色。教师中也有书画、舞蹈、体育等诸多协会组织。例如，张晓丰老师负责本校书法协会，定期组织书法授课。这些活动，对于提高人文素养将发挥重要作用。

人文素养的内涵很广泛。前不久，笔者听本校贾梦秋老师讲到她平等地对待中国和外国学生，关心外国留学生的故事，很受感动。人与人之间，无论国籍、肤色、种族、贫富，以及受教育的程度高低，都是平等的。平等地对待每一个人，也是人文素养的重要体现。

本章讨论科技创新人才的素质培养，包含了诸多方面的内容。看起来，这似乎是一件非常错综复杂的事情。十年树木，百年树人，人才培养绝非轻而易举。但是，如果我们从小注意保护孩子的创新意识，为少年儿童的成长创造一个良好的氛围，在各个层次的教育中注重素质教育，在科研领域为青年科技工作者提供充分的机会，那么，创新型人才的培养也是可以水到渠成的。

在本章即将结束的时候，让我们来读一个美国男孩的故事。

那是一位小学四年级的男生，小小年纪，却对图书馆有特殊的兴趣。他主动要求到图书馆来帮忙。图书馆的管理员很热情地接待了他，给他讲图书的分类方法，然后让他把读者已归还图书馆却放错了位置的图书放回原处。男孩儿对这个工作特别感兴趣，不遗余力地在书架之间穿来插去，不一会儿，他已经找出了三本放错地方的书。此后，男孩经常利用课余时间来图书馆帮助整理图书，图书馆管理员也非常喜欢这个孩子。

过了一段时间，男孩邀请图书馆管理员到他家做客。吃晚饭时，孩子的母亲告诉管理员，他们要搬家了，要搬到另一个住宅区。孩子听说要搬家，却闷闷不乐起来，他问道："我走了，谁来整理那些站错队的书呢？"

图书馆管理员以为男孩不会再来了。但是没过多久，男孩又出现在图书馆门口，并且欣喜地告诉管理员，由于新家那边的图书馆不让学生帮忙干活，妈妈把他重新转回到这边来上学，由他爸爸用车接送。男孩还说："如果爸爸不能带我，我就是自己走路也要来。"

后来，这个男孩长大成人，干出了一番令世人瞩目的辉煌事业，成为信息时代的巨擘、电脑软件行业的奠基人。

他是谁呢？相信你能够猜到。

本章思考题

1. 怎样保护和培养少年儿童的好奇心？
2. 你周围有哪些富于实干精神的科技、教育工作者？
3. 如何培养和提高思辨能力？
4. 科技创新人才应该具备哪些品格风范？
5. 怎样理解科学素养与人文情怀的关系？

当思维插上联想的翅膀，它将无所拘束地尽情飞翔

生活在信息时代，是跨越式思维大行其道的时代

第3章 科技创新的思维模式

进行科技创新，思维方式是很重要的。掌握一些行之有效的创新思维模式，可以使我们找准研究的方向，在面对科研难题时设法寻求解决之道，最大限度地发挥自己的优势，扬长避短，取得科学研究的优异成果。本章从创新思维的着眼点入手，继而介绍类比式、联想式、跨越式等思维模式，阐述科学思维的缜密性和前瞻性，然后介绍一些具体的思维方法。

3.1 创新思维的着眼点

我们做任何事情都要有一个着眼点，科学研究更是如此。着眼点是科技研发的出发点，是创新思维的基础。在选择研究方向或科研立项时，着眼点尤为重要。本节将就科技创新的基本着眼点进行探讨。

3.1.1 由总体到局部

首先着眼于总体,再从总体到局部的思维方法,就是我们通常所说的全局观念。任何科研领域或科研项目的研究,都必须有对于全局的总体思考与筹划。全局观念至少要包括两个层面:

第一个层面,是科研领域、科研项目内部的全局观念。

在某一科研领域内部,各个研究方向之间的彼此呼应,各个研究项目之间的互相协调,构成一个科研领域的总体框架,这是该科研领域的首席科学家以及科研团队负责人需要考虑的问题;在一个具体的科研项目里,各个子课题以及各个研究阶段的总体安排,是项目负责人需要考虑的问题。对于研究者个人来说,自己承担的研究工作也要有总体认识。有了总体框架、总体安排、总体认识,才可以大处着眼,小处着手,有条不紊地实现科研目标。当今时代,许多科学研究都是跨领域的合作。在这样的研究中,总体筹划和全局观念就更为重要了。

第二个层面,是科学研究与外部环境的总体思考。

其中,包括科技成果付诸实施的过程中对于环境的影响(要兼顾对自然大环境和人们日常生活小空间的影响),也包括对于社会人文环境的影响。前者主要是关乎是否有损于环境保护与环境安全,后者则关乎是否有悖于人文伦理观念。

在科技研发中,上述两个层面并非彼此独立,常常是交融在一起的。而第二个层面更为宏观,影响面更广,更需要引起关注。让我们来看看正反两个方面的实例。

反面的实例,如空调制冷技术的应用,因制冷剂氟利昂的释放(当然也有其他途径的含氟气体释放),造成了大气中臭氧层的空洞。如果当初设计者能够多一些对于环境保护的全面考虑,这样的后果或许是能够减免的。

人们也许会争辩,在制冷技术开发的时候,科学技术水平不足以预见到臭氧层空洞的形成,因而也无法采取预防的措施。那么,当今的科学技术水平已经足够先进了,不是仍然有各种污染物在危害环境吗?我们为什么还要听任其继续下去呢?

第 3 章
科技创新的思维模式

正面的实例令人略感欣慰，现在人们对于科技领域的一些重大进展，已经持审慎的态度了。譬如，对于克隆技术的研究就非常谨慎，各国都禁止对人类进行生殖性克隆的研究。人们已经懂得从整体的角度考查科技成果，从宽阔的视野去规范科技研发行为。

为了具体说明科学思维的全局观念，举一个例子：PVC 门窗异型材。笔者对该材料较为了解，所以这个例子较为完整而翔实。

PVC（聚氯乙烯）门窗是目前普遍应用的塑料门窗材料，专业人士称之为 PVC 门窗异型材（组成塑料门窗的长条状材料，因断面形状异样而被称为"异型材"），民间称之为"塑钢门窗"，早已不是什么新鲜事物。许多楼房的窗户和阳台用的是白色 PVC"塑钢窗"，大街上经营"塑钢"的店铺也随处可见，两者共同构成了一道独特的景观。

人们可能无法想像，在上世纪 80 年代，当 PVC 门窗异型材还是新型建材时，其推广应用竟经历了颇为艰难曲折的过程。笔者那时刚刚参加工作，对该材料的初期状况有所了解，并在此后对该材料的研发、应用过程给予了持续的关注。我认为这个过程是有一定启迪性的，所以回顾如下。该材料及其相关技术有三个特点：一是意义重大；二是涉及技术因素众多；三是推广过程曲折。

推广应用 PVC 门窗有两方面的重要意义：

其一，是取代传统的木质门窗以保护森林资源，这方面的意义是显而易见的。此外，传统的木质门窗需要油漆维护，还易于虫蛀、腐烂。在现代建筑中采用传统木质门窗几乎是不可能的。采用 PVC 门窗异型材，不仅可节约木材，而且可避免传统木质门窗的上述缺陷。另一种取代传统木质门窗的新型材料是铝合金门窗，但炼铝需要耗费大量的电力，成本较为昂贵。铝合金门窗适用于高档建筑，不可能全面推广。

其二，推广 PVC 门窗还关系到氯碱平衡。什么是"氯碱平衡"？化工行业以外的人士可能不太了解，需要介绍一下。大家知道，烧碱是极为重要、不可或缺的化工原料。烧碱的化学名称是氢氧化钠，它是通过电解食盐水的方法来制造的。食盐的化学名称是氯化钠。通过电解食盐水的方法制造烧碱，会同时产生烧碱（氢氧化钠）和氯气。在这个过程中产生的氯气，必须想办法把它用掉。这就是"氯碱平衡"。生产 PVC（聚氯乙烯）

是实现"氯碱平衡"最有效的途径。而推广 PVC 门窗异型材，又是 PVC 最具前景的应用领域。而且，PVC 是阻燃性能极佳的材料，强度较高，价格又较为低廉，是塑料门窗的理想原料。

就这样，在节约木材的环保需求、现代建筑的行业发展和化工领域的"氯碱平衡"的大背景之下，发展 PVC 门窗有了强大动力。然而，尽管有强大的动力，PVC 门窗的发展并非一帆风顺，反而是举步维艰。其中，成本偏高是早期制约该产品应用的主要因素，各种有待解决的生产技术问题亦是该产品大规模生产和应用的阻障。

PVC 门窗的开发应用经历了艰巨而复杂的嬗变，依赖于一系列新技术成果，政府的支持也发挥了作用。相关因素详述如下。

第一，PVC 加工工艺方面。

传统的 PVC 加工方法是分两步进行的，PVC 原料经过两次加工才能生产出产品，就要耗费双倍的电力，不仅增加了成本，而且 PVC 原料在两次加工中会发生分解，导致性能下降。因而，在相当长的一段时间里，PVC 加工行业及其相关领域的科技工作者们一直在孜孜追求着，力图实现 PVC 的一步法加工，终于在上世纪 80 年代达到了这一目标。这就为 PVC 异型材的生产开辟了一条通衢大道。

PVC 一步法加工得以完美实现，要归功于三个方面的科技成果。其一，是 PVC（聚氯乙烯）生产技术的创新，将传统的"紧密型"PVC 颗粒，变为新型的"疏松型"PVC 颗粒，后者更易于加工，这就为一步法加工奠定了基础。其二，PVC 加工中需要添加助剂，其中一些助剂起帮助加工的作用。一些新型高效的加工助剂被成功开发出来，为一步法加工创造了更为有利的条件。其三，是 PVC 的加工设备。俗话说，巧妇难为无米之炊。PVC 相当于是"米"，加工助剂是"佐料"，还需要一只合适的"锅"，这就是加工设备。一种"锥形双螺杆挤出机"，几乎可以说是为 PVC 一步法加工量身定做的。有了这种设备，加上疏松型 PVC 颗粒和新型高效的加工助剂，PVC 的一步法加工才大功告成。

第二，是 PVC 门窗异型材的生产技术。

PVC 一步法加工技术为 PVC 门窗异型材生产奠定了坚实的基础，但这并不意味着该产品的生产技术已经唾手可得。事实上，关于 PVC 门窗异型材的生产还有一系列颇为棘手的技术问题。

首先是配方问题。PVC门窗异型材在使用中要经受冲击、日晒、低温等严酷的条件，因而对力学性能（特别是抗低温冲击性能）、耐老化性能等都有较高的要求。这些，主要是通过配方设计来解决。配方设计是PVC门窗异型材生产技术的一大难点。

还有模具问题。模具设计关乎到PVC门窗异型材的断面结构，而断面结构对于异型材制成门窗后的功能实现、负荷承载乃至力学强度都有重要影响。模具设计还会影响异型材产品的成型加工过程、产品表面的光洁度等。

经过相关科技工作者的进一步努力，解决了产品配方、模具设计等一系列问题，PVC门窗异型材生产的条件就基本具备了。

但事情到这里并没有结束。为了获得规模化生产的效益，PVC门窗异型材生产企业需要设置数十条乃至上百条生产线。这时，传统的配料和供料方式不再适用了，要建立统一的配料装置和物料的自动传输系统。

此外，还要有完备的质量检测仪器装置和产品质量标准等。这些都具备了，PVC门窗异型材的生产才有了完备的条件。

第三，是建筑行业技术人员的参与。

PVC门窗的研制和推广应用不是仅仅依靠塑料行业的技术力量就能够完成的，需要建筑行业技术人员的参与。

传统的木制窗户是"平开"的（借助于"合页"的旋转而开闭），但这种方式并不太适合于塑料窗。为解决这个问题，建筑设计师设计了"推拉式"的塑料窗结构，为PVC门窗的推广应用创造了颇为有利的条件。后来，随着塑料门窗的技术进步，塑料"平开窗"技术也得到了开发。此外，塑料窗的断面结构和整体结构设计也需要建筑设计师的参与。还有边角焊接技术、配件与辅料的研发、现场施工方法的规范化，以及施工质量检测方法的制定，都是必不可少的环节。

第四，是政府的支持。

PVC门窗推广应用初期，由于成本偏高，遇到了较大的市场阻力。各国政府为此给予了政策支持。据报道，德国政府曾给予PVC门窗一定补贴。在政府的支持下，PVC门窗的推广应用度过了最初的"瓶颈期"，终于大行其道。

综上所述，看似简单的PVC门窗在开发过程中竟涉及如此广泛的领域。这提示我们，在科技创新工作中一定要有全局观念，要视野开阔，考虑问题全面，才能取得预期的成果。

相关链接：不久前，笔者在网上看到一篇写于2012年2月的市场分析文章，该文探讨了在刚刚过去的2011年，烧碱行情、聚氯乙烯行情、PVC门窗行情三者的关系。可见以氯碱平衡为背景的PVC门窗的传奇故事，至今仍在继续。

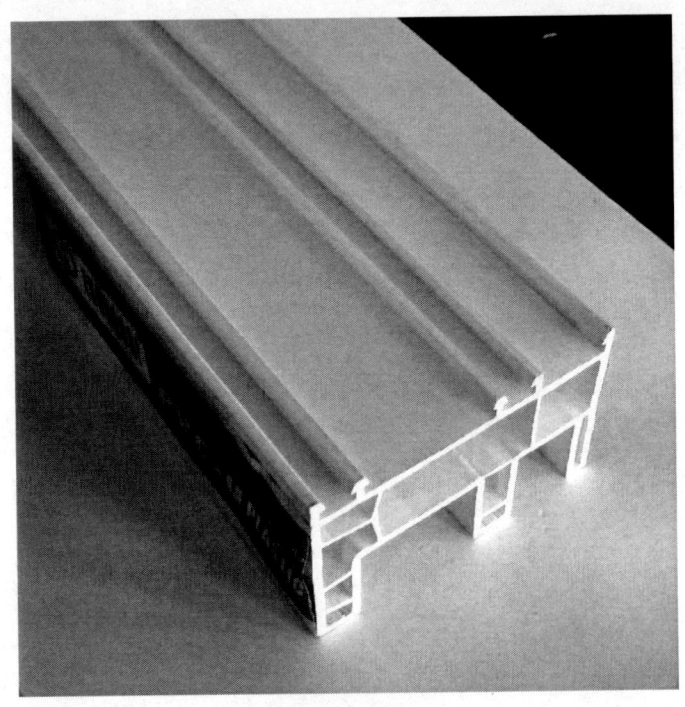

PVC门窗异型材

关于全局观念，还可引发更多思考。

人们熟知"盲人摸象"的典故。在这个典故中，几位盲人从自己对于大象的局部感觉中，得出了片面的结论。这个典故很有现实意义。

再来看一个例子。塑料杯与纸杯，哪一个更环保？如果只考虑塑料杯不能够在自然环境中分解，而纸杯可以分解，就会得出纸杯更环保的结论。但是，这样的结论忽视了造纸过程中的环境污染，因而是不全面的。

在科技研发中切忌"盲人摸象"。特别是在制定总体规划的时候，要考虑全局，不可以只盯住自己面前的一小块空间。

3.1.2 由局部到总体

在制订整体方案的时候，视野开阔，考虑全局，这无疑是必要的。但是，大处着眼，还要小处着手。在研发过程中，任何一个局部都不能忽视，要充分考虑局部对于总体的影响。

局部对于全局有强大的作用力，这就是人们常说的"牵一发而动全身"。例如，前面所举的PVC一步法加工技术中，疏松型PVC的研发、加工助剂的研发、锥形双螺杆挤出机的研制在整个技术开发中都属于"局部"，但这些"局部"又都非常重要，都有各自独立的研发过程，都不容忽视。

在具体的科研运作中，关注局部对于全局的作用，重视每一个局部的研发，让一个个"局部"构筑起"总体"的大厦，这就是由局部到总体的思维方式。

在某些领域，"局部"的研究还会"异军突起"，甚至起到改变总体格局的巨大作用。譬如，液晶显示器技术对电视机和电脑的作用，数码技术对照相机的作用，都是"局部"影响"总体"的雄辩例证。

若干年前，电视机、电脑还都是庞然大物。是液晶显示器技术让电视机、电脑彻底"瘦身"，拥有了窈窕身材，改变了电视机、电脑的形象，并导致笔记本电脑、平板电脑、车载电视等的问世。显示器只是电视机、电脑的一个局部，但局部却以强大的力量影响了整体。尽管在这一进程中，还有其他高新技术发挥了重要作用，但液晶显示器技术的作用无疑是决定性的。

再看数码技术对照相机的影响。就在10多年前，照相机里面一定要有胶片还是金科玉律。但随着数码相机的问世，不仅颠覆了这个金科玉律，而且让胶片业巨头迅速走上了破产之路。

"局部"的重大突破，有可能决定"总体"的走向。所以，从局部到总体的思维方式也很重要。注重"从局部到总体"的思维方式，就意味着要善于发现在整个研究体系中最有可能出现突破的节点，对这些关键的节点投入更多的努力（包括人力、物力），以期取得重大进展，并以此来带动全局。

一些"局部"的突破性成果还可以"红杏出墙",在本领域以外更宽广的空间一展身手。这样的成功实例不胜枚举。

"从总体到局部"与"从局部到总体",这两种思维方式是互相补充、相辅相成的。考虑总体,是战略性的思维;考虑局部,则是战术性的思维。战略与战术当然是互相关联的。科研领域的首席科学家、科研团队的学术带头人,应该更多地关注全局,同时要能够敏感地发现有发展潜力的局部;具体的科研工作者,则要更多地关注自己负责的这一部分的局部工作,同时对全局也要有概略而又明晰的认识。

还要注意到,在某些情况下,"局部"与"总体"的地位是可以变化的。譬如,若以数码照相机作为"总体",机内的数码芯片就是"局部";但是,若以数码技术作为"总体",则数码照相机不过是数码技术众多应用领域中的一个"局部"而已。进而,若以信息产业作为"总体",则数码技术、数码照相机都不过是"局部"。再进一步,倘若以信息时代作为"总体",则信息社会的结构形态、信息时代人们的物质和精神需求等都是其中的元素,而信息产业也只是信息时代一个元素而已。

除了总体与局部的关系之外,科技研发与实际需求之间的关系也会左右创新思维的着眼点,下面两节将讨论这个问题。

3.1.3 由实际需求到寻求解决方案

如本书第1章所述,社会需求是科技发展的第一动力。因而,有了实际需求,再通过科学研究来寻求解决的方案,这是许多科研项目的立项依据,也是这些项目的基本出发点和着眼点。

譬如,由于传统能源的供给趋于紧张,使得新能源的开发成为迫切的需求。由此,各种新能源开发成为热点,太阳能、风能等得到了快速发展。

又如,温室气体的过度排放导致全球气候变暖,带来一系列严峻问题,加之能源日益紧张,使得节能减排成为当务之急。众多节能减排项目投入研发,其中一部分已经推广应用并产生效益。

从实际的社会需求出发进行科研项目的选题、立项,是科技创新工作最基本的着眼点和出发点之一。在选题立项时要注意几个问题。

(1) 要对社会需求做深入的调查和分析

通过深入的调查了解和分析比对,对社会需求获得翔实而充分的认识,是至关重要的一步。

开发新产品之前要进行市场调查,了解市场的需求量有多大。这样,才能对产品的应用前景作出初步的评估。还要注意,潜在的市场需求与真正的市场占有之间是有很大距离的。新产品对市场是否有足够的吸引力?是否有足够的技术和性能优势以取代原有产品?如果没有这样的优势,新产品就前景堪忧了。

成本的考虑也很重要。当一个产品在提高性能的同时也提高了成本的时候,要考虑增加的成本能否被市场接受。这就涉及"性价比"的问题。有的电子产品尽管价格不菲却能令消费者趋之若鹜,正是"性价比"使然。

在消费品市场上推出的新产品,在考虑社会需求时,应该重视社会心态的变化趋势和消费者的心理需求。譬如数码照相机的市场成功,就是顺应社会心态和心理需求的结果。又如,网络购物才刚刚初试锋芒,已经使一些实体商店门可罗雀,亦是社会心态发挥了潜在的影响力。

还有一些为满足社会需求而开发的产品或技术牵涉到广泛的层面,要全面考虑。譬如太阳能的开发利用。在一些发达国家,太阳能"光伏板"已经安装到千家万户,这就涉及太阳能转化为电能后的能量储存问题。目前有两个解决办法:一是储存到蓄电池中,二是输入国家电网。显然,前者在技术上较为简便,但后者更符合社会需求。

一切以满足社会需求为出发点的研究,都应该以满足社会需求为归宿。否则,就是"文不对题"了。

(2) 要认真查阅文献,对前人的工作进展有充分的认识

文献查阅是科研前期工作必不可少的组成部分。在许多研究领域,特别是与社会需求休戚相关的领域,都有无数专家学者进行了旷日持久的研究,取得了长足的进展和宝贵的经验。重视文献查阅,对前人工作进展有充分认识,科研工作就有了牢固的根基。即使是前人工作中不甚明智乃至走入误区的部分,也要认真吸取教训,避免重蹈覆辙。

(3) 在错综复杂的局面中选择一个适当的切入点

在选题立项时要认识到,一些具有迫切社会需求而至今悬而未决的课

题，往往是前人已经研究多年而不曾攻克的难关。解决这些问题有相当大的难度，不可能一蹴而就，轻而易举地破解。

对于这样的难题进行研究，要在错综复杂的局面中选择一个适当的切入点。有一个成语："庖丁解牛"。那"解牛"的庖丁之所以能够游刃有余，其诀窍就在于他能找准"切入点"。通过文献比对和分析，会有助于切入点的选择。必要时，可通过"预研"来筛选研究方案，探讨该项目的可行性。如果研究者以前曾经在本领域作过课题，积累了经验，进行深入研究就会容易一些。

有一些技术难题，靠现有技术的局部改进已无法破解，就需要到"源头"去寻求解决办法，这就是"上游创新"。关于"上游创新"与"下游创新"，本书第4章还要继续讨论。本章后面将要探讨的类比式思维、联想式思维、跨越式思维等，对解决技术难题也会有所帮助。

本书第8章将展望未来科技发展的一些热点，提出的研发热点都是源于重要的社会需求。对于其中的一部分研发热点，笔者只是提出了总体构想，并没有给出具体切入点，如何"切入"还有待进一步探求。

以上所讨论的是依据社会需求而展开的科研思路。也有一些实际需求并不是直接来源于社会需求，而是在科研的过程中产生的。在科研项目的研发进程中，不可避免地会遇到一些技术问题，解决这些问题也是科技工作者面临的实际需求。

仅举笔者遇到的一个实例。自上世纪90年代末开始，我参与了纳米复合材料的研究，采用无机纳米粒子与聚合物共混制备复合材料。该项目进入工业化应用阶段的时候，遇到了一个问题：当我们把纳米粒子与少量助剂放入投入高速搅拌机中进行分散混合时，纳米粒子呈现出类似"气溶胶"的状态，体积膨胀了数倍，密度大大降低，无法进行下一步与聚合物的熔融共混。针对这个问题，我们分析了原因，探讨了解决的途径，在一系列实验基础上对设备进行了重新设计，终于解决了难题。

类似这样在科研实践中遇到问题，然后提出解决办法的情况，在科研工作中其实是司空见惯的。

3.1.4 由发明或发现到寻求实际应用

除了上面提到的根据实际需求而提出解决方案的思路之外，还有一个相反的路径，就是由科学发明或发现到寻求实际应用。

例如，古代对于磁石具有磁性的认知，属于科学发现；指南针的创制，属于科学发明；而将指南针用于旅行、航海、战争等用途，则属于科学发现、发明的实际应用。

居里夫妇发现了镭，发现了放射元素的存在。此后，放射性元素被用于医学、能源、基础科学研究等诸多领域。

超导现象的认知属于科学发现，围绕超导研究有诸多的科学发明，而超导体在电力输送等领域的应用，就属于科学发现、发明的应用了。

液晶材料的发展历程也很有代表性。

19 世纪 80 年代，奥地利科学家莱尼茨尔合成了一种奇特的有机化合物，它的与众不同之处在于拥有两个熔点。在常温下，它是固态晶体，加热到 145℃，它便熔融成液态。奇怪的是，它熔化的液体是浑浊的，而一般纯净物质在熔化后应该是透明的。继续加热到 175℃，它似乎再次熔化，变成了清澈透明的液体。后来，德国物理学家列曼采用偏光显微镜等方法，对处于"中间状态"的浑浊液体进一步研究，终于阐释了"液晶"的存在。液晶是一类介于晶体状态和液态状态之间的中间物质，它兼有液体和晶体的某些特点，表现出一些独特的性质。自液晶被发现后，在相当长的时间里，人们并不知道它有何用途。直到 20 世纪中叶，才把它作为电子工业材料，用到了轻薄型的显示器上。最初，人们见到的液晶显示器还只是在电子表和电子计算器上，后来，便有了采用液晶显示屏的电脑、电视机和手机，促成了电子产业的飞跃性变革。另一方面，在高分子科学领域，液晶聚合物也异军突起，成为性能独特、颇有发展前景的一大类高分子材料。

液晶的发现和应用，是科学发现转化为实际应用的又一成功范例。这个范例带给我们诸多启迪。启迪之一：最初发现液晶现象的莱尼茨尔是一位研究植物生理学的科学家，对液晶现象研究作出重要贡献的列曼是研究晶体的物理学家，而这项科学发现最终应用到了电子工业材料和高分子材料中。这个过程提示人们，一些科学发现有可能需要跨领域寻求实际应用。启迪之二：液晶的发现属于基础研究的范畴，这表明了基础研究对应用研究的巨大作用，应该唤起人们对于基础研究的重视。启迪之三：在发现液晶之后，经过了漫长的时间才得到应用，究其原因，除了技术发展水平的制约之外，基础研究与应用研究之间沟通渠道不畅恐怕也是原因之一。谁来为基础研究与应用研究牵线搭桥呢？在今天，这依然是值得深思的问题。

在科学技术的广博天地中还有大量的科学发现或发明，虽不像上述科学发现（发明）那样辉煌，但也有自己的应用领域或潜在的应用前景。这样的例子举不胜举。

为科学发明或发现寻求实际应用，是科研选题、立项的又一条重要思路。科学发明（发现）不应被束之高阁，而应该在实际应用中发挥其作用。这方面的研究立项往往要涉及科研成果的工业化应用，这就要求项目的承担者对于该发明（发现）的内容、意义有深刻的认识，对工业化的相关技术有充分的掌握，对市场前景有切实的了解。需要指出的是，科研成果的工业化应用往往不会局限在某一个领域内，而通常要跨越多个领域。这时，应进行跨领域、跨专业的合作，以期圆满地实现成果的转化。

3.2 类比式思维与联想式思维

在科技创新过程中，思维模式是很重要的。众多科技工作者从长期的科研实践中凝练出许多科学的思维方法，本书仅介绍其中几种，包括类比式思维、联想式思维和跨越式思维。期望读者能从中获得启发。

3.2.1 类比式思维

在科学研究中，我们有可能会涉足陌生的领域、面对全新的课题，或者对一些难题感到一筹莫展。怎样去寻觅科研思路呢？应该注意到：在已知事物与未知事物之间，常常可以进行某种类比；甚至在不同领域之间，也会有某些内在规律是相通的，是可以类比的。这就提示我们采用类比式的思维方法。

类比，是一种推理方法，是根据两种事物在某些特征上的相似，作出它们在其他特征上也可能相似的推论。

类比式思维是通过比较而进行的思维，常常是把较为陌生的事物与较为熟悉的事物加以类比，获得解决问题的思路。应该指出，类比作为一种推理方法，提供的只是可能性，而不是必然性。通过类比得到的推论必须经过实践的验证，才能加以认可。尽管如此，类比式思维提供的"可能性"为解决问题拓展了思路，依然是弥足珍贵的。

类比式思维是科学研究中常用的思维模式。譬如，声音和光线都是直线传播，都有反射、折射和干扰现象等，而声音呈波动状态，由此可得出推论：光也呈波动状态。

再举一个笔者熟悉的关于聚合物共混的例子。在聚合物科学研究的初期，研究者致力于合成新的聚合物，期望通过制备新的聚合物来获得具有新的性能和用途的高分子材料。然而，经过一段时间的努力之后，预想的目标并没有如愿达到。继而，人们将聚合物科学与冶金科学进行比较，发现两者之间存在着惊人的相似之处。在冶金科学发展的早期，人们也曾致力于发现新的金属，以便制造出新的金属材料。但是研究发现，在地球上储量丰富且有应用价值的金属，种类并不多。于是，冶金科学的研究者转而走上开发合金的道路，创造出品种众多、性能各异的合金材料。在聚合物科学领域，情况很相似。尽管研究者合成出了许多品种的聚合物，但能够实现大规模工业化生产的却只有为数寥寥的种类。幸而，聚合物领域的科学家从冶金科学的发展历程中得到启示，通过类比式的思维，认识到聚合物科学的发展也应该走"合金"的道路，"聚合物共混"、"高分子合金"的理念由此而生。高分子材料的发展从此走上康庄大道。

3.2.2 联想式思维

有一句名言："人类失去联想，世界将会怎样？"

联想式思维是指不同事物的表象之间存在的某种关联引发了人们的想象，进而产生的思维活动。

联想式思维在科技创新中也有重要作用。譬如从变色龙到伪装服的研发思路。研究者从变色龙能够适应环境色彩变化而改变身体颜色的特性中得到启示,研发出了用于军队的伪装服。这是联想式思维的一个成功范例。最近看到报道,经研究发现,变色龙改变身体颜色并非为了伪装自己,而是为了求偶。但这并不能否定联想式思维在这个范例中的应用,因为联想式思维关注的往往就是表象。

再举"分形理论"作为例子。分形理论是当今世界十分风靡和活跃的新理论、新学科。著名物理学家惠勒说过:"谁不知道熵概念就不能被认为是科学上的文化人;将来谁不知道分形概念,也不能称为有知识。"

分形的概念是美籍数学家曼德布罗特(B. B. Mandelbort)首先提出的。1967年,曼德布罗特在美国《科学》杂志上发表了题为《英国的海岸线有多长?》的著名论文。海岸线是极不规则的,呈现出复杂的变化。但是,在空中拍摄的100公里长的海岸线与局部放大的10公里长的海岸线,看上去却十分相似。换言之,海岸线在形貌上具有局部和整体的相似性,即"自相似性"。具有自相似性的形态是广泛存在的,包括山川、云朵等宏观景物,也包括布朗运动中的粒子这样的微观物态。曼德布罗特把这些局部与整体以某种方式相似的形体称为分形(fractal)。很显然,是科学家观察海岸线等自然现象时产生的联想,孕育了"分形"概念。在此基础上,发展起来了分形几何学。

云:局部与整体"自相似"

如今，分形几何学已成为十分活跃的新理论、新学科，成为研究变幻莫测的大千世界的新途径。它的出现，使人们重新审视这个世界：世界是非线性的，分形无处不在。分形理论和方法已广泛应用于数学、理化、生物、医学等学科，还渗透到了社会学的领域。由分形几何学的问世，亦可彰显出联想式思维对于科技创新的重要意义。

联想式思维可以是由自然现象联想到科学原理，也可以反过来，由科学实验引发联想。著名物理学家卢瑟福提出原子模型的过程就是基于这样的联想。1909年，卢瑟福在英国曼彻斯特大学同他的学生用α粒子撞击一片薄金箔，他发现大部分的粒子都能通过金箔，只有极少数会跳回。他笑着说：这是海军用15英寸巨炮射击一张纸，但炮弹却会被弹回而打到自己。最后，他提出了一个类似于太阳系行星系统的原子模型，认为原子空间大都是空的，电子像行星围绕原子核旋转，推翻了当时所使用的"梅子布丁"原子模型。

在这里，卢瑟福由实验结果产生两个联想：一是联想到海军的大炮，二是联想到太阳系行星。这两个联想促使他提出了新的原子模型。

应该看到，在一些联想式思维的过程中，由联想对象引发的想像里面，更多包含的是期待，甚至幻想。这样的心愿，可成为科学研究的心理动力。例如，人们看到鸟儿在天空自由自在地翱翔，就想像着自己何时也能像鸟儿一样飞上蓝天。古代的诗人把"在天愿做比翼鸟"作为人生理想，而为"身无彩凤双飞翼"感到莫大的遗憾。经过锲而不舍的努力，人类终于造出了飞机。

科学家在鸟儿与飞机之间，一定也产生了诸多联想。譬如，鸟儿的羽翼与飞机的机翼之间，存在某种关联。先来看机翼的原理。机翼的设计原理是基于空气动力学的研究，其中最重要的原理是伯努利定律。简单地说，流体的速度越快，静压力就越小；速度越慢，静压力就越大。通过机翼造型的设计，使机翼上部空气流速较快，静压力则较小，机翼下部空气流速较慢，静压力较大，两边的作用力形成向上的合力，机翼被向上推去，飞机就飞了起来。而鸟儿的羽翼，断面造型与机翼是相似的。飞机的设计者大概由此而得到了启示。鸟儿尾部的作用，与飞机尾翼的作用也有相似之处。

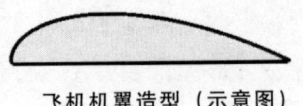

飞机机翼造型（示意图）

鸟儿让人类产生了飞上蓝天的强烈愿望，同时为飞机的设计思路提供了最初的启迪。当然，在飞机的进一步研发中，就不能够依靠鸟儿的启迪了。飞机靠发动机提供飞行动力，这与鸟儿的振翅高飞是相去甚远的。

鸟儿使人类产生了飞上蓝天的愿望

在本节所列举的例子中，分别是由变色龙、海岸线和鸟儿引发了联想，或者是联想到海军的大炮等。这或许会让人产生误解，以为只有自然景物或者起码是实体才能引发联想。其实不然。自然景物确实易于引发联想，但联想的来源却并不一定是自然界的事物或客观实体。由抽象的概念或理论也能产生联想。例如，人们非常熟悉的智商、情商等，就是源于"商"这个抽象概念。其中，智商还保留着"商"的形式，情商之类则完全是脱胎于智商。德国数学家莱布尼兹受中国古代八卦的启迪，提出二进位制，影响到后世计算机技术的发展，亦是由抽象概念引发联想的范例。

当思维插上联想的翅膀的时候，它将无所拘束地尽情飞翔，而不会只在实体的世界中踱步徘徊。更何况，我们生活在信息时代，面对的五彩斑斓的影像其实就是虚拟空间里一串缥缈的符号，不是吗？

最后需要指出的是，联想可为科技创新提供弥足珍贵的思路或启迪，但是科技创新的实现还必须通过扎扎实实的努力,而不能只靠想象,特别是不能凭空想象、异想天开。人们常说牛顿看到苹果落下而发现了万有引力定律,瓦特看到壶盖被开水顶起而发明了蒸汽机。试想,普天之下千千万万的人们见过苹果落下、壶水滚沸,为什么只有牛顿和瓦特成就了科学伟业呢?

3.2.3 类比式思维与联想式思维的关系

类比式思维与联想式思维都是基于两种事物之间存在的关联。其中,类比式思维是一种推理,属于逻辑思维的范畴;联想式思维则基于想像,属于形象思维的范畴,两者显然是不同的。然而,如本书第 2 章所述,逻辑思维与形象思维之间并没有截然的界限,所以,类比式思维与联想式思维之间也不可能泾渭分明。在上述飞机与鸟儿的关联中,兼有联想与类比;由海岸线联想产生分形概念,也是联想与类比的结合。

再举一个聚合物共混领域的例子来说明联想思维与类比思维的关系。

日常生活中,人们都拌过芝麻酱。会拌芝麻酱的人都知道,应该把水一点一点地加进芝麻酱里,同时不断搅拌。如果一下子加入过多的水,那芝麻酱就拌不匀了。这样的生活常识,让研究者联想到聚合物共混方法,设计出了"两阶共混"的方法。其方法是:在聚合物 A 与聚合物 B 共混时(A 的量较多,B 的量较少),先把一部分 A 与全部的 B 共混,再把其余的 A 加进来,就易于得到较为均匀的共混物。这是由"拌芝麻酱"引发的联想。进一步分析原理,拌芝麻酱之所以要逐步加水,是因为水的黏度与芝麻酱的黏度相差悬殊;而在聚合物共混中采用"两阶共混",亦主要适用于两种聚合物熔体黏度相差较大的情况。两者的原理是相近的。如此看来,又具有类比思维的特征了。在这个实例中,联想与类比是融合在一起的。

在本书第 2 章结尾,讲过一个美国男孩的故事。这个男孩曾帮助图书馆管理员整理图书,他长大之后,成为了信息产业的巨擘。在他创造的电脑软件中,我们可以见到一层一层的目录。这似乎与他童年的经历有关。但是,究竟是类比思维还是联想思维促成了他的发明呢?抑或是两者兼而有之?那就只有问他本人了。

3.3 跨越式思维

人们往往习惯于按照常规的步骤行事,这在很多情况下是必要的。常规步骤是人们在多年的实践中逐步形成的,大多是有一定道理的。就思维方式而言,这是一种循序渐进的思维方式;就工作作风而言,这是稳扎稳打、步步为营的工作作风。这些,都有其可取的一面。

然而,也要注意到事情的另外一面。在某些情况下,打破常规的思维模式,采用跨越式的思维,可能会有更好的结果。在科技创新工作中,跨越式思维的作用尤为重要。

3.3.1 简单例子

为了认识跨越式思维,试举一个简单的例子。

这件事发生在多年之前。有一家生产圆珠笔的企业遇到了难题:该企业生产的圆珠笔常常在油墨用到还剩下三分之一的时候,就写不出字了。消费者对此很有意见,企业也大伤脑筋。为解决这个问题,如果按照常规思路,就要进行如下研究:

其一,研究油墨。包括油墨的流动性、稳定性、挥发性,具体要研究墨粉的细度、形态、表面特性、溶剂和分散剂的性能等。

其二,研究笔尖。包括笔尖的结构形状、所用的材质等。

其三,研究笔的整体结构。

上述研究很繁复。而且,按当时的技术水平,即使进行这些研究,也未必能够得到理想的结果。

令人意想不到的是,该公司的一位员工采用了一个很简单的办法,轻而易举地解决了这个难题。他的办法就是:在圆珠笔中少灌注三分之一的油墨。

可以看出,这位员工没有采用常规的思维模式。他跨越了循序渐进的思维,也跨越了各种技术难点和障碍,一步到位地解决了问题。这是跨越式思维的一个实例。诚然，这只是一个简单的例子，这位员工提出的解决办法也只是权宜之计。但在更多情况下，这样的跨越式思路是颇有科学价值和实际意义的，提供的也并不仅仅是权宜之计。

跨越式思维需要借助于活跃的思想，但绝不是完全的异想天开。跨越式思维是丰富的想像力与严谨的科学思维的结合。有一些成功的思路可以参考借鉴，譬如"相反相成"、"另辟蹊径"都是可选择的思路。

3.3.2 相反相成

大千世界里，许多事物具有相反相成的性质，这些性质在特定的条件下被利用起来，有可能获得良好的效果。

在医学领域，用砷制剂来治疗白血病，是"相反相成"思路的一个实例。砷的化合物是众所周知的毒药。然而，国内外医学界都发现，砷制剂治疗白血病有良好疗效。在传统中医治疗方法中，"以毒攻毒"是常用的思路。

再让我们以红磷在阻燃高分子材料中的应用为例。

众所周知，红磷容易燃烧，火柴盒的侧面就是含有红磷的涂层，火柴头在上面摩擦，即可点燃。然而，红磷却可以用做塑料、橡胶的阻燃剂，这很超乎人们的想象，却又是事实。在高分子材料的阻燃体系中，红磷是一种很有效的阻燃剂。

易燃的红磷为什么能够阻燃呢？其道理是：含有红磷的高分子材料在遇火燃烧时，红磷能够生成偏磷酸、磷酸等衍生物，具有吸热阻燃作用；能够捕捉高分子材料燃烧时形成的氧自由基、氢氧自由基，中断连锁燃烧反应；还能在燃烧物表面生成碳化层，隔断热和氧，阻止燃烧。

用红磷做阻燃剂，从某种意义上讲也是迫不得已之举，颇有几分"逼上梁山"的情势。这是由于其他阻燃剂存在诸多缺陷。含卤阻燃剂（"卤"指卤族元素，如溴、氯）本是最常用的阻燃剂，由于其在燃烧时产生有毒烟雾，以及对于环境的不利影响，受到了禁止或限制使用，遂使研究无卤阻燃剂成为大势所趋。在无卤阻燃剂中，氢氧化铝作为无机阻燃剂颇受关注。但是采用氢氧化铝阻燃，用量要达到60%以上才能获得理想的效果。在这样高的用量下，材料的力学性能必会大打折扣。况且，氢氧化铝在

240℃就要分解，这个温度低于各种工程塑料的加工温度，因而氢氧化铝不适宜在工程塑料中应用。磷系阻燃剂也很受关注。除红磷外，其他磷系阻燃剂都是磷的化合物，如磷酸铵，磷在其中的含量是有限的，要满足阻燃效果，用量就不得不增大……

红磷作为阻燃剂则有许多优点。首先，红磷是单质磷，含磷量几乎100%。它在燃烧过程中生成具有阻燃作用的偏磷酸、磷酸等衍生物，捕捉高分子材料燃烧时形成的氧自由基、氢氧自由基，颇有"空手套白狼"的架势。因而，它的阻燃效率高，一般添加8%～15%就能达到良好的阻燃效果。由于添加量少，对材料力学性能的不利影响就较小。红磷较为耐热，可用于一些工程塑料。

红磷也有若干缺点：易吸水而变为磷酸、易因冲击而引燃、易形成粉尘等，因而，红磷不能直接用作阻燃剂。它暗红的颜色也限制了应用。但经过稳定化的红磷再制成母料后，使用就方便多了。特殊包覆的红磷，颜色可以白化，进一步扩大了应用范围。红磷作为阻燃剂，还有一些问题有待解决。但由于它的诸多优点，它是值得科技工作者花费精力深化研究的。

用红磷作阻燃剂，以易燃物来阻燃，相反相成，堪称是跨越式思维的一个成功实例。

在聚合物共混改性领域，采用非弹性体对塑料进行增韧的方法是"相反相成"思路的另一个实例。为提高塑料（特别是通用塑料）的抗冲击性能，需要对其进行增韧。传统的增韧方法是将橡胶之类的弹性体混合到塑料中，起到"增韧剂"的作用。这符合人们的习惯认识，也确实可以收到良好的增韧效果。但是，弹性体增韧塑料有其缺陷：在提高韧性的同时会降低塑料的刚性。刚性降低了，也影响塑料的使用。在相当长的一段时间里，如何使塑料的韧性和刚性同时提高成了困扰塑料领域科技工作者的难题，直到非弹性体增韧的方法被开发出来。

采用非弹性体增韧方法，添加的增韧剂是一些脆性塑料。这些脆性塑料本身是刚性粒子，有的甚至脆得像玻璃一样，怎么能当做增韧剂使用呢？好像有些匪夷所思。但科学研究发现，非弹性体增韧是切实有效的方法，它的机理也已经被阐明，本书第4章4.1.3节将作介绍。非弹性体增韧的优点之一，是可以使塑料的韧性与刚性同时增加。用脆性材料来提高韧性，是"相反相成"的体现。除了脆性塑料之外，无机纳米粒子也可以用于增韧塑料，亦属于非弹性体增韧。

采用跨越式思维，可为科技创新提供新思路。但是，新思路的付诸实施，依然要经过循序渐进、稳重缜密的研究。譬如，用红磷作阻燃剂的研究已经进行了50年之久，至今仍在继续。

3.3.3 另辟蹊径

跨越式思维的另一个思路，是另辟蹊径。

在远古，大禹治水的故事是"另辟蹊径"思路的古老诠释。四千多年前，黄河流域洪水泛滥为患，尧帝命令鲧负责治水。鲧按常规的思维方式，采取"堵"的方法治水，结果失败了。鲧治水失败后，由禹接替主持治水大任。禹确立了"疏"的方针，就是疏通河道，让洪水能更快通过。经过13年的努力，终于治住了洪水。

1978年诺贝尔物理学奖获得者卡皮查在低温领域的科学发明，是另辟蹊径思维模式的杰出范例。

卡皮查最著名的工作与温度极低的液态氦有关，这项研究的难点是如何研制氦的液化器。虽然人们早就知道，可以采用"绝热膨胀"的办法来液化氦，但是在很低的温度下，所有的润滑剂都将凝固，因而液化器活塞的润滑问题一直无法解决。面对这一难题，卡皮查别出心裁地想出了办法：既然润滑剂不行，索性就不用润滑剂！他只是简单地让活塞周围留下很细微的缝隙，当压缩活塞时，从缝隙中逸出的氦气自身便起了润滑作用。在卡皮查的努力下，第一台依据这种想法制造的氦液化器在剑桥大学卡文迪许实验室诞生了。

在医学领域，介入治疗方法的兴起也是"另辟蹊径"思路的实例。介入治疗是介于外科、内科治疗之间的新兴治疗方法，现已和外科、内科一道称为临床医学的三大支柱性学科。

介入治疗包括血管内介入和非血管介入治疗。简单地讲，介入治疗就是不开刀暴露病灶的情况下，在血管、皮肤上做直径几毫米的微小通道，或经人体原有的"管道"，在影像设备的引导下对病灶局部进行治疗，是创伤最小的治疗方法。在众多的介入治疗方法中，人们最熟悉的是心脏支架。

介入治疗的早期探索，始于"介入放射学"的研究。早在1898年，X射线发现后不久，科学家即用石膏做造影剂开始尸体动脉造影研究。1929年，Werner Frossmann 成功地将导管从自己的上臂静脉插入右心房，首创了心导管造影术，并因此获得了诺贝尔奖。在早期探索的基础上，介入治疗作为不同于内科和外科的"另辟蹊径"的治疗方法，逐步发展起来。

介入治疗作为一种临床治疗方法，仅有几十年的历史。在短短几十年的发展中，介入治疗与外科、内科治疗形成了"三足鼎立"之势，并展现了广阔的前景，这也显示出"另辟蹊径"思路的作用。

我们生活在信息时代，正是跨越式思维大行其道的时代。数码照相机打破了胶片照相机的一统天下，使摄影技术从胶片时代跨越到了数码时代。网络购物也异军突起，对实体商业构成了冲击。在数码照相机、网络购物等新事物刚刚问世的时候，大多数人并不相信它们能够成什么大气候。但是，它们以一往无前的气势，不旋踵间就征服了世界。

在信息时代的潮流中，我们会遇到更多另辟蹊径的新事物。而我们自己，也可以尝试做另辟蹊径的弄潮儿。

3.3.4 克服思维定势

进行科技创新，要有创新型的思维模式，而创新型思维模式的确立，首先要克服消极的思维定势。思维定势是人们由经验而产生的一种"心理惯性"。思维定势也有积极的一面：在环境不变的条件下，或者面对原有的问题，思维定势使人能够应用现成的经验迅速解决问题。而在环境发生变化或面对新问题时，它会妨碍人采用新方法、新思路，这就是其消极的一面了。况且，人们对事物的认识需要不断深化，不能总停留在一个水平上。消极的思维定势是一种墨守成规的思维方法，或者对某些事物的僵化认识，是束缚创造性思维的枷锁。一般人们所说的克服思维定势，都是指的其消极的一面。

试举几个例子。第一个例子，是人们早年对于糖尿病患者不能吃糖的认识。过去，医生们普遍认为糖尿病患者应该禁忌吃食糖，但是现在的态度已经有明显的改变，中华医学会糖尿病学分会2007年发布的《中国2型糖尿病防治指南》指出：糖尿病患者可以摄入少量的食糖，只要求蔗糖提供的热量不超过总热量的 10%。为什么现在允许糖尿病患者少量吃糖呢？这是因为研究发现，在进食的食物具有相同碳水化合物含量的前提下，吃蔗糖与吃粮食相比，最终形成的血糖（血液中的葡萄糖）总量其实差不多，只是血糖上升的速度不同而已。如果用升糖指数（GI）来衡量，蔗糖的 GI 为 65，是比较低的，比大米饭（GI 为 83.2）低很多，也就是说蔗糖比大米饭升血糖的速度还要慢一些。

糖尿病患者禁忌吃糖的问题引发我们的思考：因为吃某种食物会导致某种不良后果，就提出不能吃这种食物，这是一种思维定势的表现。在某些情况下，这种认识是对的；但在另外一些情况下，又可能是不正确的，或者不完全正确的。所以，要针对具体问题加以具体分析，不可一概而论。

思维定势往往与一些传统观念有关。举一个聚合物熔体"流动单元"的例子。高分子聚合物在常温下是固体，加热到一定温度时就会熔融，具有了一定的流动性。传统观念认为，物质熔融得越充分，熔体的流动性就越好。然而，该观念对某些种类的聚合物并不适用，特别是在涉及"流动单元"问题的时候。以 PVC（聚氯乙烯）为例。科学研究发现：在 PVC 的熔体流动中，随着熔体温度的不同，流动单元也不同。当温度较低时，PVC 的大分子没有完全熔融，保留了初级粒子颗粒的部分形态，这时，PVC 熔体的流动单元就是这些初级粒子颗粒，流动起来像是一群灵巧的小蝌蚪，具有较好的流动性。如果把温度提高，让 PVC 的大分子充分熔融，以大分子为流动单元，就形成了一团乱麻式的局面，流动性反而不好了。所以，在 PVC 加工中把加工温度控制在合适的区间，让 PVC 保留初级粒子作为流动单元，有助于加工流动性的改善。这一举措，在 PVC 的一步法成型，乃至 PVC 门窗异型材的成型加工中，都获得了应用。这也是打破思维定势的一个实例。需要提及的是，"流动单元"概念的应用领域是颇为广泛的。譬如，集装箱可以看做是物流产业中的流动单元。与零担运输相比，集装箱运输颇具优势，促使物流产业得到了飞速发展。在电子邮件传输中，我们把文件压缩打包，也是改变了网络空间的流动单元。

再举一个聚合物共混的例子。聚合物共混是两种或两种以上高分子聚合物的混合。按常规思维模式，既然是混合，那当然是混合得越均匀、越细致越好,最好能像糖溶解在水里一样。在共混研究的初期,人们确实是这样想的,也尽可能这样去做。但是进一步的研究发现,真实情况并非如人们所想。在共混体系中,两种聚合物并不是分散得越细就越好,而是以一种"海—岛"结构的形式存在,对提高性能最为有利。一种聚合物分散在另一种聚合物中,就像小岛分散于大海。

在"海—岛"结构中,共混聚合物组分的分散状况很有讲究:分散得不能太粗糙("岛"不能太大),但也不能分散得过细("岛"不能过于微小),要保留一定的微观尺度。这显然不符合"越细越好"的常规思维。正是这种反常规的思维,促进了聚合物共混理论及实际应用的发展。

在我们周围有诸多既定的观念,这些观念被众多的人们信守或服从。然而,正是盲目地信守、服从这些既定观念所导致的思维定势,严重制约着创新思路的发挥。假如我们尝试换一个角度去看问题,用自己的头脑认真思考,就有可能发现:某些既定观念并非金科玉律,有些甚至是大谬不然!君不见,在科学发展的道路上,无论是杰出成就的创立,还是实用成果的研发,大都与摆脱传统观念、克服思维定势有关。

3.4 科学思维的缜密性与前瞻性

在前面一节中,笔者强调了跨越式的思维模式和克服思维定势的问题,目的在于打破思维束缚,活跃思想、开阔思路。但是,创造性的思维绝非空中楼阁,绝非不受任何约束的异想天开。科学的思维方式必须极度缜密,科学思维的创新性必须建立在缜密性的基础之上。与此同时,科学思维还应该具有前瞻性。

3.4.1 缜密性

科学的思维方式应该具有缜密性。任何一个科学问题,往往都要涉及方方面面的复杂因素。缜密的科学思维,要全面认真地关注每一个因素,切忌以偏概全。还要特别关注技术细节。"细节决定成败"是一句至理名言。在科学研究中，要坚持一丝不苟的精神。

为了说明科学思维的缜密性，需要举个实例。但是，总是举专业技术方面的实例恐怕会失之枯燥。下面举一个普通而易懂的例子：衣领与空气污染的关系。

民间早就有这样的说法，看一个城市的空气污染，只要看一看衣领就可以知道了。这个用衣领变脏的程度来辨别城市空气污染程度的方法，如果用于不同城市之间的对比，那无疑是可行的。但是，假如用这个方法来对比同一个城市不同年代的空气污染程度的变化，就不一定科学了。

比如，我们让同一个人，通过自己衣领变脏的程度，来对比同一个城市现在与10多年前空气污染程度的变化，就必须考虑诸多因素。首先，这项调查是否具有统计学的意义？是否取得了足够多的样本？如果样本数量足够多，也还需要考虑如下因素：

其一，生理学因素。因为是让同一个人对比某个城市现在与10多年前空气污染程度的变化，就必须注意到，这个人的年龄在此期间也增长了10多岁。当年的年轻人会步入中年，当年的中年人会步入老年，随着年龄增长，汗腺会萎缩，出汗少了，衣领受到污染的程度就会减轻。

其二，经济学因素。10多年前，人们的收入明显比现在低，经济较为拮据。在穿衣方面，衣服要穿得很旧才舍得丢掉。一件衣服穿的时间久了，衣领磨损的程度就比较大，这样"磨毛了"的衣领，会更易于附着灰尘。而现在，人们收入提高了，一件衣服穿的时间比较短，等不到衣领"磨毛"就不穿了，衣领附着灰尘的可能性当然就会减少。

其三，科技进步因素。新型的纺织品不断问世，织物的结构更为致密，会减少衣领附着污物的程度。使用的新型洗涤剂，添加了抗静电剂等助剂，也会减少衣领附着污尘的可能性。

其四，出行因素。10多年前，人们出行主要靠公共交通工具、自行车或步行，接触污染物的机会较多。而现在，私家车已经普及，人们乘私家车出行时接触污染物的机会就会减少。另外，这位人士的年龄增加了10多岁，他出行的时间和频度也可能会比10多年前减少。

其五，心理学因素。当人们在同一个环境中生活很久的时候，感觉会钝化。譬如，在空气污染严重的城市中生活久了，对于空气污染的敏感性就会变得迟钝。这也影响人们的判断。

以上分析表明，用衣领作为标志物来评价某个城市空气污染程度的变化，显然有诸多疏漏，其可行性是无法确认的。

通过上面这个例子，我们可以看到：作为科学的思维方式，一定要缜密而全面，要考虑方方面面的影响因素，不能只凭"想当然"，不能马虎草率。

科学思维的缜密性还要求人们注意每一个细节。即使是百密一疏，也可能会造成错误的行为，甚至导致严重的后果。下面的例子就说明了这一点。

1998年12月11日，美国的"火星气候探测器"在卡纳维拉尔角发射升空。经过9个多月的太空飞行，于1999年9月23日飞临火星，凌晨2时左右点燃了主发动机，准备进入火星的运行轨道。然而，由于研制"火星气候探测器"的公司提供的主发动机点燃后的加速力的单位是英制，而宇航局的实验室未能发现这一点，竟将英制数据输入到采用公制数据的电脑系统里，最终导致"火星气候探测器"距离火星太近而被烧毁。一个"简单错误"断送了这次太空探索之旅。

再举一个笔者亲历的例子。我所在的实验室曾购置了一台设备，在订货时，根据我们的需求在主机上增加了一台辅助装置。没想到设备刚刚使用，主机的控制面板就失效报废了。维修人员更换了新的控制面板，还是马上就报废了。这时，维修人员仔细检查了机器，发现增加的辅助装置的耗电量使得设备总耗电量超出了控制面板的负荷能力，所以才"烧掉"了控制面板。这显然是设备组装者缺少缜密考虑造成的后果。

在设计科研项目或工程项目的总体规划和具体方案时，缜密的思维方式都是很需要的。侯宝林先生有一段著名的相声，说的是在肚皮上装拉锁。这个段子后来被民间引申到一些工程建设上，譬如道路建设，一条路刚刚开挖埋设管线不久，又再次被"开膛破肚"，真应该也装上"拉锁"了。确实如此，一些工程建筑在实施过程中不断调整方案，难免会劳民伤财。假如方案设计缜密一些，考虑周全一些，即使调整方案，调整的幅度也要小一些，受到的影响和损失必会有所降低。

缜密的思维还是科技进步的动力。譬如，高分子材料抗冲击性能的表征，长期以来一直采用测定冲击强度的方法。但是，这个方法得到的测试结果与试样的形状有关，并不完全取决于材料本身的性能。如果我们想要获知完全取决于材料本身的抗冲击性能,则这个传统方法就不够完善、不够缜密。这样的考虑促使科技工作者进行深化研究,开发出了新的测试方法:基本断裂功法。采用新方法得到的结果,能够完全反映材料自身的抗冲击性能。

整个科技发展的进程总是与完善化、精密化相携相伴,如影随形。

3.4.2 前瞻性

科技创新需要前瞻性。科技创新中的前瞻性应该包括两个方面:其一,预见发展方向,特别是对未来若干年社会需求的预测,以便顺应社会需求进行科技研发;其二,防患于未然,特别是注重有关科技研发成果对于环境和民生影响的预测,及早防范负面影响的发生。

先说第一个方面。展望未来若干年,人类社会在能源、交通、信息、环保、农业、医药等方面有诸多迫切的需求。特别是石油等资源趋于枯竭、环境污染日益严重,以及老龄化社会的到来,都提出了许多严峻的课题。当代的科技工作者必须富于前瞻性地面对这些课题,给出解决办法。这需要全体科技界人士的共同努力。本书将在第 8 章为解决这些问题提出笔者的一些设想。本书第 1 章之始就开宗明义地提出了科技发展需要前瞻性,这一思路将贯穿本书始终。

再说第二个方面。某些科技研发成果确实可能对于环境和民生产生负面影响。仅举一个例子:在国内臭名昭著的"瘦肉精",最初乃是国外两位研究者的科技成果。

"瘦肉精"的前车之鉴应该为科技界敲响警钟。凡是对环境或民生有不利影响的产品或技术,尽可能不去进行研究。如果必须进行研究,也要负责任地把对环境或民生的不利影响加以有效的消除。在这方面,科技工作者要有自律精神,科技界要有约束机制,政府在必要时也应该作出干预。各国政府对于克隆技术的制约就是一个范例。

如果对于新技术、新产品的应用不作前瞻性的考虑,等到对于环境或民生的负面影响在广大的范围里表现出来,如臭氧层空洞那样,就悔之晚矣了。

3.5 常用的具体思维方法

在科技创新实践中,需要采用一些具体的思维方法。笔者在这里介绍几种常用的方法,包括运筹学的方法、短板理论和黄金分割。要了解更多方法,读者可参阅有关书籍。

3.5.1 运筹学的方法

运筹的思想在古代就已经产生。著名的"田忌赛马"的故事,是古人运筹思想的一个范例。古代军事家讲求"运筹于帷幄之中,决胜于千里之外",可见他们是很懂得运筹的。

当代的运筹学是应用数学的一个分支,主要是将生产、科研、管理等事件中出现的一些带有普遍性的问题加以提炼,然后利用数学方法进行解决。随着科学技术和生产的发展,运筹学已渗透到很多领域,发挥着越来越重要的作用。运筹学本身也在不断发展,其内容包括规划论、对策论、排队论等。

在这里,笔者是要介绍基于运筹学的思维方法。为此,举出运筹学的一个通俗的例子——沏茶水。

沏茶,看起来是一件日常生活中的小事,却包含着运筹学的道理。让我们来看一看,沏茶的过程可以分为烧开水、洗茶壶、放茶叶多道"工序"。其中,烧开水所需的时间最长,洗茶壶、放茶叶的时间则较短。善于运筹的人,应该是先将水烧上,在烧水的时间里,从从容容地把茶壶洗净,把茶叶放好。而不善运筹的人,可能会先把茶壶洗净,把茶叶放好,才想起来水还没有烧;或者先把水烧开了,才急急忙忙去洗茶壶、放茶叶,搞得手忙脚乱。

从沏茶这样一件小事,到科学研究的工作实践,再到规模宏大的建设项目,都要运用运筹学的原理。

在具体的科研项目中,我们进行工作安排时,要有基于运筹学的考虑。比如，耗时最长的工作，在可能的情况下应该及早开始，这样才不会影响总体进度。另外，在人力、物力的安排上，把主要力量用来解决科研工作中的重点、难点，这也是合理的运筹思想。

同时要注意，当工作中遇到一时无法解决的难点时，不要把全部力量都"卡"在这里。可以先去做一些其他工作，同时想办法解决这边的难点。就像是一个善于考试的学生，遇到不会做的难题时，暂时放下，先做后面的题。这与科研工作中的思路其实是异曲同工的。

笔者就曾经遇到过这样的难题。有一位女生的论文是做 ABS 的阻燃研究，以氢氧化铝为阻燃剂。氢氧化铝是一种无机粉末，是备受关注的无机阻燃剂。ABS 是一种外观和手感都类似木材的塑料，有"人造木材"之美誉；但它又是一种阻燃性能很差的材料。这项研究对于扩大无机阻燃剂的应用范围、探索 ABS 的阻燃方法都很有意义。同时，这也是一个难度极大的课题。ABS 具有很精细的微观结构，将 ABS 与无机粉末共混，即使无机粉末的用量在 10% 以内，都是非常困难的。然而，为了达到阻燃效果，氢氧化铝的用量要达到 60% 以上。该学生的课题采用的是纳米氢氧化铝。怎样把纳米氢氧化铝分散到 ABS 中，无疑是一个很难解决的问题。在这项研究中，如何去获得有价值的成果呢？在课题进行之初，就陷入了几乎是无计可施的困境之中。

学生进行了多次探索性实验，未能取得进展，只好问我，应该怎么办？我一时也想不出解决的办法。于是，我做出了一次或许是最无奈的运筹：对学生说，你先去做流变学性能研究吧。这样"运筹"是出于两方面考虑：其一，流变学性能总是要进行研究的，可以先做出来，也是一份有用的研究结果。其二，要让学生建立起信心来。信心是非常重要的。作为教师，在任何情况下都要尽力让学生拥有信心。

学生去做了流变学试验。此后不久，她在阻燃性能研究中也取得了进展，获得了有价值的成果。事实证明，这样的运筹是行之有效的。

3.5.2 短板理论

"短板理论"又称"木桶原理"。该理论由美国管理学家彼得提出，其大意是：盛水的木桶是由许多块木板箍成的，盛水量也由这些木板共同决定。若其中一块木板很短，则此木桶的盛水量就被短板所限制。若要使此木桶盛水量增加，只有换掉短板或将短板加长才成。

短板理论所涉及的是我们常说的"主要矛盾"。只有明白事情的薄弱环节，抓住问题的关键所在，才能找到解决问题的有效办法。

短板理论所主张的抓薄弱环节的思路，在科研实践中是被广泛运用的。例如，对于塑料来说，特别是聚苯乙烯（PS）、聚氯乙烯（PVC）、聚丙烯（PP）等通用塑料，韧性较差是其最大的性能缺陷。因而，增韧改性就成了塑料改性最重要的内容。读者如果查阅塑料改性的书籍，包括笔者与王秀芬合著的《聚合物改性》一书，就会看到塑料增韧在其中占据着主要的篇幅。这可以作为"短板理论"的一个范例吧。

在科研中应用短板理论的思维方式，要注意三个问题：

其一，短板理论中的"短板效应"，重点在于短板与长板之间显著的差别，在于"差异性"，而不是"唯一性"。在实践中，我们面对的"短板"有可能不止一块。如对于塑料，除了增韧之外，阻燃也很重要。

其二，在科学研究中，各种因素往往复杂地交织在一起，不是彼此孤立的。因而，在解决某一个"短板"问题的时候，一定要考虑它与其他因素的关联。否则，解决了旧问题，却带出了新问题，那就可能得不偿失了。例如，塑料的韧性与刚性是密切相关的，在提高塑料韧性的同时，刚性常常会下降。要尽量减少刚性的下降，最好是韧性与刚性同时提高。

其三，所谓的"短板"，有时是基于一定外部条件的。一旦外部条件变化，短板可能就不再是短板了。举个例子，有一位青年科技工作者，从事涂料研究。当时市场上流行光亮的涂料，因而他的研究课题也是有光涂料。但是，他最初研制出的涂料并无光泽，而是消光的。按惯常的思维，他的实验是失败了。但这位年轻人并没有对"失败"的研究结果弃之不顾，而是把实验过程详详细细地记录下来，然后才继续研究有光涂料。后来，市场发生了变化，人们大约是觉得有光涂料过于晃眼，转而喜欢消光涂料了。这时，青年科技工作者把以前的试验记录拿出来，稍加改动，就做出了消光涂料。

上面这个例子，是"短板"变成了"长板"。再举一个"长板"变"短板"的例子。在材料科学领域里，有一些品种的材料在某一方面具有特殊优异的性能，堪称它的"长板"。于是，这些材料就理所当然地被应用到有相应的特殊需求的用途中。然而，这时人们却往往会发现，它们原本"优异"的性能在特殊的需求之下，其实并不够用，还要再加以提升才行。例如，某些具有优异抗冲击性能的高分子材料，被应用于需要特别高的抗冲击性能需求中，还要进一步提高其抗冲击性能。这就是"长板"变"短板"。

在这方面，笔者有切身体会。上小学时，我在一所很平常的小学里是一个出类拔萃的学生；考入一所名牌中学后，我就成了平庸的学生。这是不能怨天尤人的，"长板"变"短板"了嘛。只有自己再努力了。

3.5.3 黄金分割

黄金分割又称黄金律，是指事物各部分间一定的数学比例关系：将整体分为大小不同的两个部分，其中，"较大部分与较小部分之比"与"整体与较大部分之比"相等，比值为 $1:0.618$。

这个"$1:0.618$"被公认为是最具有审美意义的比例。符合这一比例的事物最能引起人的美感，因此被称为黄金分割。如下图的三幅日出照片，左边一幅的太阳位于正中，第二幅位于"0.618"处，右边的则超出了"0.618"。三幅照片相比，有微妙的差别，第二幅显得更具美感。

三幅日出照片的对比

黄金分割比例数值的作用不仅体现于绘画、雕塑、音乐、建筑艺术等领域，而且在管理、工程设计等方面也有不可忽视的作用。在科学研究中，亦可采用基于黄金分割的思路。在优选法中，就应用了黄金分割。

优选法是一种求取最优化的方法，著名数学家华罗庚曾为普及优选法作出重要贡献。优选法中有一种"0.618法"就应用了黄金分割法。例如，在炼钢时需要加入某种化学元素来增加钢材的强度，假设已知在每吨钢中需加入的该化学元素的量在1000～2000克之间，为了求得最恰当的加入量，需要在1000～2000克这个区间进行试验。通常是取区间的中点（即1500克）做试验。然后将试验结果分别与1000克和2000克时的试验结果作比较，从中选取强度较高的两点作为新的区间，再取新区间的中点做试验，再比较端点，依次下去，直到取得最理想的结果。这种实验法称为"对分法"。但这种方法并不是最快的实验方法，如果将实验点取在区间的0.618处，那么实验的次数将大大减少。这种取区间的0.618处作为试验点的方法就是一维的优选法，也称0.618法。

2012年2月7日，《健康报》发表了一位医生撰写的题为"黄金区域法'照亮'用药剂量盲区"的文章，该文作者采用黄金分割找出了用药的最佳剂量。这是笔者所见的黄金分割的最新应用。

黄金分割是将数学理念应用于科研的思路之一。还有许多数学理念可应用于科研，科技工作者可酌情选用。

在本章结束前，对内容作一个小结。本章介绍科技创新的思维模式，可以分为四个层次。

缜密性与前瞻性是科学思维的根基，亦是科技工作者的基本素养。打个比方，把科学思维比做一艘航船，失去了缜密性，船就会沉没；失去了前瞻性，船就会迷失方向。

在此基础上，是科技工作中应具有的全局观念，对于局部与全局关系的辩证认识，以及对于社会需求与科技成果之间关系的重视，这些都是科技创新的着眼点和出发点，是不可或缺的考量。

接下来，本章介绍了几种具体的思维模式，包括类比式、联想式、跨越式的思维模式。其中，类比式思维与联想式思维分别基于逻辑思维能力与形象思维能力，所以，这些思维模式的应用，需要相应地提高这些思维能力；另一方面，类比式思维与联想式思维有时是融合在一起的，不必过于强调它们的差异。

第 3 章
科技创新的思维模式

除了本书所介绍的，还有许多种思维模式，譬如正向思维、逆向思维，读者在有关书籍中可以看到。

笔者认为，思维模式有些类似外语学习中的语法。没有语法固然是不行的，但是，在与外国人对话之前，先考虑"下一句话用什么语法"，那也是不行的。思维模式的运用亦是如此。我们可以在科研中及时对工作进行总结与反思，看看哪些思路和做法是正确的，在哪些问题上走了弯路，把总结与反思上升到思维模式的高度来认识也是有益的，是富于指导性和建设性的。或者在研究中遇到难以克服的障碍时，认真想一想，是不是应该换一个思路了？换一种思维方式，有可能会迎来柳暗花明。然而，假如在工作开始之前就考虑采用什么样的思维模式，那恐怕是不现实的。

最后，本章介绍了几种具体的思维方法。运筹学的思维方法应用颇为广泛，科技工作者都应该掌握这一思维方法。短板理论也流传甚广，在运用中要留心"短板"与"长板"是可能互换位置的。黄金分割在艺术领域和科技领域都大有用途，我们除了在适当的情况下运用这一方法之外，还要注意到黄金分割给予我们的启示：不要刻意地划分科学与艺术的疆界。

科技创新的思维方法还有许多种，读者可按需撷取，自行揣摩。

本章思考题

1. 怎样理解创新思维中总体与局部的关系？
2. 怎样认识和处理科技研发与实际需求之间的关系？
3. 类比式思维与联想式思维有何关联？
4. 试举一个跨越式思维的实例，并进行讨论。
5. 怎样克服思维定势？

缜密研究，每一个数据都要客观、真实

思路灵活，善于发现和利用技术创新的空间

第4章 新技术开发与新产品研制

  科技项目可分为基础研究和应用研究，两者之间有明显的不同。一般来说，基础研究项目不会有工业化应用方面的明确要求；而应用研究项目也不会有基础理论方面的明确要求。但是，对于一个科技工作者而言，往往同时关注基础研究和应用研究，大专院校的科技、教育工作者更是倾向于如此。特别是对于工科院校或者综合性大学里的工科专业，这样的倾向尤为明显。笔者就是这个群体中的一员。我们在从事基础研究项目时，总是习惯于让研究成果进一步"生长到"工业化应用中去；而在从事应用研究项目时，也会不失时机地"顺手牵羊"搞点儿机理之类。平心而论，基础研究与应用研究之间互相促进的作用是非常明显的。

  本章讨论新技术开发与新产品研制，这本该属于应用研究的范畴。但是，鉴于基础研究与应用研究之间密不可分的关系，所以，本章并没有把基础研究完全排除在外。事实上，大多数应用技术研究都要起步于实验室阶段，而在这个阶段，它与基础研究在方法、思路、仪器等诸多方面有着水乳交融般的密切关系，有些应用技术还是直接从基础研究成果中"生长"出来的，联系就更密切了。当然，从这个起点向前走，我们就会与基础研究的氛围渐行渐远，终至"分道扬镳"，投身到工业化应用的广阔而严峻的氛围中去。即便如此,如果在工业应用中遇到难以克服的障碍,往往还是要回到实验室中寻求解决方案。这个过程,从某种意义上来说,就是新技术开发与新产品研制的全过程。

新技术开发与新产品研制的门类众多,品种浩如瀚海,本书不可能作具体介绍,只是在启迪思路方面作一些探讨。思路开阔了,对新技术开发与新产品研制是颇有裨益的。

4.1 新技术开发的基本方法

任何新技术都应该包含三个要素:创新性、可靠性和实用性。本节将围绕这三个要素,讨论新技术开发的基本方法。

本书不是某一特定专业的技术书籍,读者的专业领域也会有相当大的差异,认知面会很不相同。因而,笔者在举例时尽可能举一些较为简明、清晰的例子,不涉及过于繁复、艰深的内容。本章关于新技术开发的讨论,目的在于介绍基本方法和启迪思路,而采用较为简明的例子更容易达到这一目的。

4.1.1 文献查阅

众所周知,文献查阅是科学研究重要的前期工作。任何科研工作都不会从"零"开始,应该尽可能吸取前人的经验,在前人的工作基础上继续进行。因而,详尽的文献查阅和认真的归纳整理是科学研究不可或缺的条件。

科学史上有许多著名的实例。在李时珍撰写《本草纲目》之前,已有《新修本草》、《证类本草》等多部本草著作。李时珍参阅了800多种文献书籍,经过近30年的努力,以《经史证类备急本草》为蓝本,进行了大量的整理补充和发挥,终于完成了《本草纲目》这一辉煌巨著。爱因斯坦创立相对论之前,已有洛伦兹提出的"以太说"和麦克斯韦提出光的电磁波本质的论点。爱因斯坦在这些新发现的推动下,创立了相对论。

在注重文献查阅、为科研提供思路方面，屠呦呦教授研究青蒿素的历程是一个很有说服力的范例。屠呦呦教授因创制新型抗疟药青蒿素的成就，于2011年9月获得拉斯克奖。

1969年，屠呦呦接受了中草药抗疟研究的艰巨任务。她系统查阅有关文献，特别注意在历代用药经验中吸取药物合理提取方法的线索，以寻找突破口。屠呦呦注意到：东晋名医葛洪《肘后备急方》中称，"青蒿一握，水一升渍，绞取汁服"可治"久疟"。她细细琢磨这段文献，觉得里面大有文章。根据这条线索，屠呦呦改进了提取方法，提出了用乙醚提取青蒿素的方法，取得了成功。

《肘后备急方》是中医学的名著，千千万万的人们读过这部著作，为什么屠呦呦能够注意到其中的这句话，并且从中获得启迪，提出用乙醚提取青蒿素的新方法呢？这其中可能有四个原因：

第一，屠呦呦接受了中草药抗疟研究的艰巨任务，特别注意在历代用药经验中吸取药物合理提取方法的线索，以寻找突破口，因而在查阅文献时有很强的针对性、目的性。

第二，屠呦呦1955年毕业于北京医科大学药学系，工作于中医研究院中药研究所，参加过卫生部组织的"西医学习中医班"，对古代中医典籍和现代科学的药物提取方法都很精通，因而能够娴熟地将两者结合起来。

第三，屠呦呦查阅文献时极为认真、仔细，查阅了大量的文献而不放过任何一个线索。

第四，屠呦呦教授有极为敏锐的感悟力。

英国哲学家罗素认为，教育的基本目的应该是培养"活力、勇气、敏感、智慧"四种品格。对于科技工作者，"敏感"更是可贵的品格和素养。

相信屠呦呦教授的这段经历会带给我们诸多启示。

4.1.2 选题与研究方案的制订

在新技术开发之初，首先要进行选题和制订研究方案。科研选题要满足社会需求，这在本书中已经多次提及，不再赘述了。科研选题还应该尽可能占据本领域研究的前沿位置，或者对推动本领域的研究具有重大意义。

然后，要制订研究方案，包括总体的技术路线和具体的研究方法。所制订的研究方案必须兼具可行性和先进性。

先说可行性。总体技术路线的可行性，要考虑该路线能否达到预期的目标，并且要考虑该技术进一步实现工业化推广应用的需求。例如，一项化工技术拟以有机溶剂作为介质，就要考虑溶剂回收的问题。溶剂回收需增加设备、厂房和能源消耗，导致成本增加，这部分增加的成本能否被市场所接受呢？如果不能接受，该技术路线就不可行。

关于具体研究方法，可通过查阅文献资料，了解本领域较为成熟的研究方法，并根据本课题的特点确定可行的研究方法。例如，在高分子材料成型加工研究领域，通过长期的科研实践已经建立了由材料性能、微观形态、流变研究构成的"三驾马车"式的研究方法，被证明是行之有效的。其中，材料性能关系到产品的使用性能，流变性能关系到材料的加工流动性，微观形态则提供机理方面的依据和线索，三者密切相关，互相参比、互相验证。笔者在PVC糊树脂结构与性能研究中，采用布拉本德转矩流变仪在等速升温条件下研究了PVC糊凝胶化过程中的流变曲线，与采用电子显微镜观测的PVC糊树脂颗粒形态及PVC糊制品试样的力学性能比对，取得了研究成果。该成果应用于PVC糊制品工业化生产，具有一定的指导意义。

同时也要注意，即使是成熟的、常规的研究方法，往往也都有一定的适用范围，因而就有应用上的局限性。忽视特定研究方法的固有特性，有可能导致实验结果的偏差。例如，激光粒度仪是测定颗粒粒度的常用仪器，但是采用该仪器测定纳米颗粒的粒度时，结果常常会明显偏大。这是因为纳米颗粒有团聚的倾向，会聚结成大颗粒，而激光粒度仪测定的粒径实际是团聚体的粒径。对于纳米颗粒粒度的研究，采用测定比表面积的方法，或者采用电子显微镜观察，较为可行。

再来讨论先进性。在总体技术路线的设计上，采用新理念、新思路、新材料等，都可使其具有先进性。从工业化推广应用的角度看，能解决工业领域亟待解决的技术问题，能显著提高材料或产品的性能，具有节能环保等特色的技术，都是具有先进性的。在医学、农业等领域，情况也是类似的。

从事技术创新的科技工作者还应该有勇气、有魄力去挑战国际先进水平。在2012年5月4日《健康报》头版头条，刊登了第四军医大学西京医院2011年获得包括两项国家科技进步一等奖在内的7项科技成果一等奖的报道。西京医院注重医学科技创新，提出的创新理念是："以国际视野定位、用世界标准衡量，抢占科研高地，创立学术新论，在专业领域有所发现、有所创造、有所成就。"这是对于科技创新的全面准确的诠释。

在具体的研究方法上，采用新方法、新仪器可以有助于占据领先的位置。其中，新型仪器设备的采用对于提升研究方法的先进性有重要作用。如原子力显微镜的使用为微观形态的研究提供了新颖的方法。同时也要认识到，在新仪器不断涌现的时候，一些传统的仪器设备仍然有使用价值。例如，在电子显微镜早已普及的今天，假如观察对象所需的放大倍数不大，光学显微镜依然是理想的选择。特别是偏光、相差显微镜等具有特殊功能的光学显微镜，其作用更是不可忽视。一切研究方法都以适用为最佳，不必曲意求新。

偏光显微镜拍摄的聚丙烯结晶形态照片

在科研思路和科研方案的制订方面，本书第3章讨论的创新思维的一些模式和方法，都可供参考借鉴。

研究方案制订之后，并非一成不变。在研究工作进行中，要随时根据实验进展对研究方案（特别是具体研究方法、实验配方及工艺参数等）作出调整。许多工业应用项目要经过小试、中试、工业生产等多个阶段，研究方案的修改、调整就更是不可避免的了。

4.1.3 认真观察实验现象

认真观察实验现象是从事科研工作的基本功，也是取得重大发现的有效途径。在科学史上，许多重要发现具有一定的偶然性，同时又是认真观察实验现象的结果。青霉素被发现的过程就是一个突出的例子。

20 世纪 40 年代以前，人类一直未能掌握一种能高效治疗细菌性感染且副作用小的药物，而这方面取得的突破性进展源自一个意外的发现。1928 年夏天，英国细菌学家亚历山大·弗莱明外出度假。在他的实验室里，有一个葡萄球菌培养基暴露在空气之中，受到了一种霉菌的污染。3 周后，当他回到实验室时，注意到这个与空气接触过的金黄色葡萄球菌培养皿中长出了一团青绿色的霉菌。在用显微镜观察这只培养皿时，弗莱明发现霉菌周围的葡萄球菌菌落已被溶解，这意味着霉菌的某种分泌物能抑制葡萄球菌。经鉴定，这一团青绿色的霉菌是青霉菌，因而弗莱明将其分泌的抑菌物质称为青霉素。弗莱明一直未能找到提取高纯度青霉素的方法，于是他将青霉菌的菌株一代代地培养，并于 1939 年将菌种提供给英国病理学家弗洛里和生物化学家钱恩。通过一段时间的紧张实验，弗洛里和钱恩终于用冷冻干燥法提取出了青霉素晶体。1943 年，批量生产青霉素的方法被开发出来。1945 年，弗莱明、弗洛里和钱恩共同荣获了诺贝尔医学奖。

青霉素能够被发现，有一定偶然性但绝不是完全的偶然，这是弗莱明认真观察实验现象获得的结果。很多重大科技进展都是由于科技工作者认真观察实验现象，有所发现，再经过进一步研究而取得的成果。

放射性的发现是另一个卓越的实例。1896 年 3 月 2 日是法国科学院举行例会的日子，正在研究磷光现象的物理学家贝克勒尔本想再做一些试验，以便在例会上报告自己的实验进展。他在研究中使用了铀盐，实验方法需要阳光的曝晒，通过底片的显影来取得实验结果。可惜天公不作美，2 月 26 日、27 日连续阴天，见不到阳光。他只好把所有的器材放在抽屉里，铀盐也搁在用黑纸包好的底片上，等待好天气。正当贝克勒尔为阴雨不止而焦急时，一种职业性的灵感使他作出决定，虽然底片没有曝光，也"洗"出来试试看。没有想到，洗出的底片竟与曝过光的一样。这件事使贝克勒尔恍然大悟，原来铀盐的辐射在黑暗中也照常进行，无须强光的照射。他由此而肯定这是铀盐自发的辐射，就取名为铀辐射。这是人类在科学实验中认识放射性的开端之举。贝克勒尔与居里夫妇共同获得了1903年诺贝尔物理学奖。

在聚合物共混领域，非弹性体增韧的理论与方法（参见本书第3章）的研究，也是源于对实验现象的观察。非弹性体增韧是从有机刚性粒子增韧发展起来的。1984年，Kurauchi等在研究PC（聚碳酸酯）中添加AS（丙烯腈—苯乙烯共聚物）等脆性塑料共混制备的样品的力学性能时，用电子显微镜观察了样品拉伸前后微观形态的变化。他们发现，拉伸前AS以球状微粒分散在PC基体中，粒径是约$1\mu m$；而拉伸后，这些球状微粒发生了伸长变形，变形的幅度大于100%。经研究认为，这是由于在拉伸作用时，AS刚性球粒在其"赤道面"（垂直于拉伸应力的方向上）受到强大的压应力作用，并在压力下产生沿拉伸方向的伸长。因协同应变，AS粒子周围的PC基体在受力时也产生了同样大小的形变，因而吸收了更多的能量而使共混物的韧性得以提高。这就是有机刚性粒子增韧的"冷拉机理"。Kurauchi等认真观察实验现象获得重要发现，首先提出了有机刚性粒子增韧塑料的新概念，并且用"冷拉概念"解释了共混物韧性提高的原因。上述实验结果后来在其他类似的体系研究中得到了验证。在此基础上发展起来的非弹性体增韧技术已经在聚合物增韧改性中获得了广泛应用。与传统的弹性体增韧技术不同，非弹性体增韧可使塑料的韧性与刚性同时得到提高。

笔者在科研实践中也有切身的体会。上世纪90年代中，有一天，我在实验室里进行一个化学反应实验，实验在锥形玻璃瓶中进行，采用了磁力搅拌器。我按常规把一枚小磁针放入锥形瓶，它的形状与药用胶囊相仿，可以在磁力搅拌器带动下旋转。实验结束之后，我关闭了磁力搅拌器，小磁针也停止了旋转。大约过了几分钟，我无意中看到，在小磁针的两端出现了很微小的气泡。这个反应是要释放出气体的，但当时反应已经基本完成，为什么会在小磁针的两端出现气泡呢？我马上想到，小磁针的两端是磁体的两极，是磁力线最为密集的地方，这是否与磁场对化学反应的作用有关呢？

接下来，我查阅了有关文献资料，了解到国外学者自1929年开始研究磁场对化学反应的影响，70年代初提出了这方面的基本理论，80年代初开始有了磁场对高分子化学反应影响的研究报告。应该说，关于磁场对化学反应影响的研究是一个新兴的研究领域。此后，我具体进行了磁场对环氧树脂固化反应影响的研究，取得了初步的研究结果。

在实验中观察到磁场对化学反应的作用，使我对这个研究领域有了切身的体验和浓厚的兴趣。兴趣就是动力。我广泛查阅相关文献资料，加以整理和归纳，结合自己的研究，并注意到磁化学与磁医学的关联，吸收了磁医学的研究结果，撰著了《磁化学与磁医学》（合著）一书，于1997年付梓出版。这是国内这一领域的第一部专著。

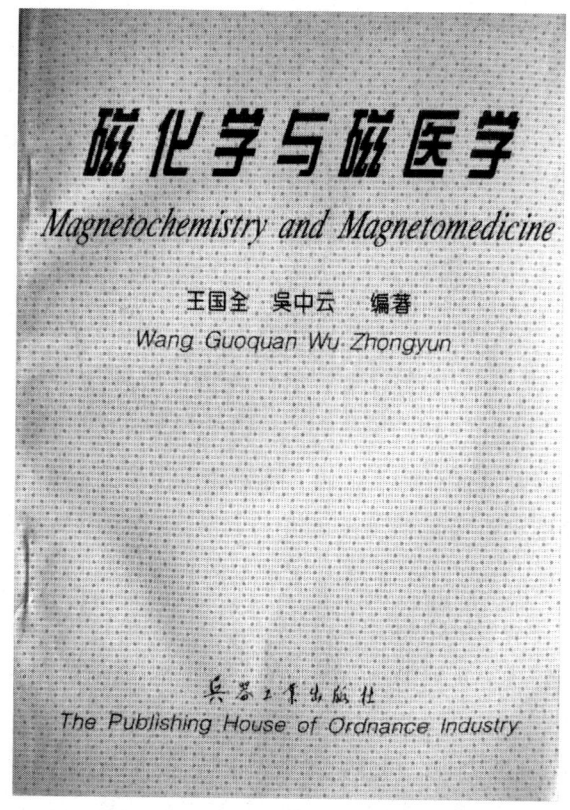

《磁化学与磁医学》（兵器工业出版社）

科技创新思路与方法
——兼议未来50年科技发展热点

《磁化学与磁医学》出版后不久,我还申请过一项与磁化学相关的专利(将在本书第5章介绍)。可惜,我后来并没有继续从事磁化学的研究。但从网上检索获悉,近年来发表的许多相关研究论文都参考了《磁化学与磁医学》一书。能够为这一领域的科技发展作出一些贡献,也很让我欣慰了。

笔者在这里寄语青年科技工作者和高等院校在校学生们,一定要重视实验现象的观察和分析。在每一个科研项目、每一个具体实验中,都要密切注意实验现象的观察和记录。这里所说的"实验现象",既包括直观的现象,也包括仪器测试的数据。注意实验现象的观察和分析,才能总结出规律性的东西,获得有价值的研究结果。科研创新的内容,往往也要借助于实验中的发现。如果我们不注意观察和分析,心不在焉、视而不见,那么就很有可能与创新性的研究成果失之交臂了。

认真地做每一个实验,仔细地进行每一次观察,这是科研工作必需的规范,也是科技工作者必备的素质。在此基础上,观察力、观察视角和思辨能力也很重要。试想,弗莱明当年看到的那一团青绿色的霉菌,不就是俗话说的"长毛"吗?若非独具慧眼,焉能有此惊天动地的发现?而贝克勒尔发现发射性的过程,若是换了别人,谁会想到给不曾曝光的底片显影呢?

刚刚踏入科研门槛的读者也许要问:在观察实验现象方面,有什么别具奇效的"诀窍"吗?笔者认为,没有什么"诀窍",倒是有几条注意事项可供参考:

第一,要认真观察、认真记录,不要忽视细节。

第二,通过实验现象的观察与记录,找出规律性的东西,加以总结、提炼和升华。大多数科研成果就是产生在这个过程中。

第三,对于实验中出现的"异常"情况要给予关注,找出其中的原因。这是弗莱明带给我们的启示。应该指出,在科研实践中,大多数"异常"情况是实验的失误所致,但也有少数"异常"预示着新的发现。所以,一定要缜密地分析思考。

第四,要把认真观察实验现象与灵活掌握实验方法结合起来,这是贝克勒尔带给我们的启示。在严格遵守操作规程、注意实验安全性的前提下，实验方法上其实仍有很宽阔的、可以自由把握的空间。对于这个问题，切忌画地为牢、作茧自缚。

4.1.4 实验数据的认定

科研成果是由一系列的实验数据来表达和支持的。实验数据是否可靠，直接关系到科研成果的真实可靠性。本章开始时曾指出："任何新技术都应该包含三个要素：创新性、可靠性和实用性。"其中，新技术的可靠性，首先就要由实验数据的可靠性来提供支撑。

实验数据的可靠性是需要通过一定的途径加以认定的。前一节曾说过，在实验过程中对于实验方法的把握上有相当宽阔的自由空间，然而，在实验结果的认定上，我们所面对的则是一个极为严谨的刚性空间，没有什么灵活回旋的余地。面对这样一个刚性空间，笔者却有几条"诀窍"，可提供给刚刚接触科研的读者。

（1）不要被假象蒙蔽

在实验结果中，真相与假象有时是掺杂在一起的。不被假象所蒙蔽，才能获取真实的实验结果。举一个例子。笔者曾经接到过一份实验报告，测试的样品是一种很黏稠的糊状物，而测试出来的黏度数值却极低。这个结果显然是有问题的。于是，我决定自己来做一下这个测试。实验仪器是圆筒式旋转黏度计。把待测的糊状物注进圆筒，插入转子，测出的果然是极低的数值！我仔细观察了测试过程，才发现其中的"奥秘"：用旋转黏度计测试流体试样的黏度，需要转子带动试样一起旋转运动，才能测出准确的黏度值；而本实验的糊状物过于黏稠，以致转子不能带动它一起旋转运动，实际上是转子在那里空转，测出的黏度数值当然就非常低了。

像这样的假象，在科研实验中要注意加以排除，而不要被其蒙蔽。

（2）采用多方面的对比验证

在科研工作中，单一的实验结果往往难以完全确认，通常需要根据不同方面的研究结果来对比验证。

在临床医学上，需要对患者进行多个项目的检查，综合比对各项检查结果而作出诊断。在其他科学领域，这样的方法同样适用。

在聚合物共混领域，将两种聚合物共混的时候，总会很关注这两种聚合物的"相容性",简单地说,就是它们彼此容纳、包容的程度。相容性的表征有多种方法,包括热分析的方法、动态力学性能的方法、微观形态学方法、力学性能测试的方法等,将这些不同方法获得的数据加以对比,就可以较为妥帖地判定出两种聚合物的相容性了。

笔者与陈建峰、曾晓飞等合作研究纳米复合材料时发现,在塑料、弹性体与无机纳米粒子的三元共混体系中,无机纳米粒子有助于促进弹性体在塑料基体中的分散。从电子显微镜照片中看到,添加了无机纳米粒子的试样,弹性体颗粒比没有添加纳米粒子的试样要小。我们试验了多种不同的塑料(主要是通用塑料)、多种不同的弹性体,都有相近的结果。这些结果是可以互相验证的。但是,我们对此依然持谨慎态度。直到在无机纳米粒子与钛白粉并用于塑料着色的实验中,发现无机纳米粒子对钛白粉颗粒也具有助分散作用,我们才确信了无机纳米粒子的助分散作用。

(3) 避免主观因素的干扰

在科学研究中,任何实验结果都应该是客观的。即使实验结果很不理想,也是客观实际的表现,我们必须加以接受,然后再通过调整实验方案来解决研究中的问题。假如对实验结果的真实性有所怀疑,也要以严谨的态度,通过科学的方法去查找原因,对确为不真实的部分加以纠正。但是切记:在任何情况下都不能以主观因素去干扰实验结果,损害实验结果的客观性。

我们以显微镜观测为例。显微镜观测的视野,通常仅是样品的一个局部。对这个"局部"的选取,应该使其尽可能具有代表性,能够真实反映样品的总体形貌。如果一张照片不足以反映总体形貌,则可以酌情多拍摄几张。但是绝不可以仅仅为了照片的"美观"而着意选取"漂亮"的局部,用主观意念影响实验结果。科学影像摄取与艺术摄影不同,艺术摄影要抓拍最美的瞬间,科学影像摄取则以真实反映样品形貌为第一需求。当然,在能够真实反映样品总体形貌的前提下,适当注意一下视野的选取和构图,也是可以的。下面的这三张照片,是三种PVC糊树脂颗粒形态的电子显微镜照片。这三种PVC糊树脂形态各异,照片明晰地反映出它们的形态特征。同时,这些照片也适当注意了视野的选取与构图,起到锦上添花的作用。

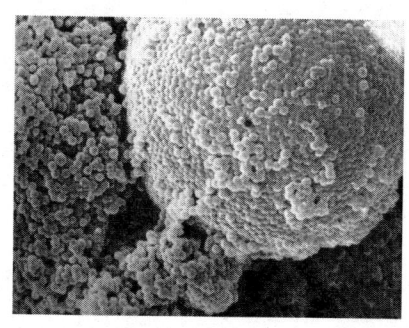
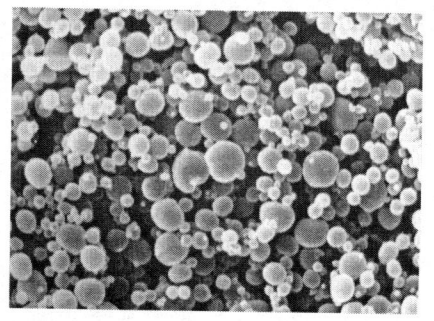
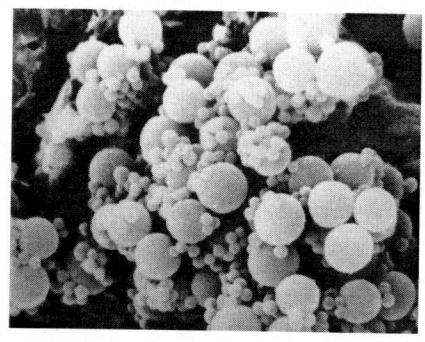

三种 PVC 糊树脂的颗粒形态（电镜照片）

真实性、客观性是一切科学研究的生命线，不容以任何方式加以损害。大至整体的研究结果，小至一张照片、一个数据，都要保持真实性、客观性。这是学术诚信的具体表现。

（4）可比性与可再现性

许多实验结果是在对比中得出的。我们说某一新型材料的力学性能提高了多少倍、使用寿命延长了多少年，都是对比的结果。这就涉及一个问题：参与对比的指标、数据之间是否有可比性？如果没有可比性或者可比性不足，实验结果的可靠性就要引起怀疑了。另外，在某一条件下得到的研究结果，应该能够在类似的条件下再现，这就是科研结果的可再现性。如果不能再现，这样的研究结果还有何价值可言？

笔者拟以聚合物共混领域为例，分别就可比性和可再现性作出说明。（下面这段文字节选自拙著《聚合物共混改性原理与应用》，中国轻工业出版社）

先说可比性。

以工业上最常用的熔融共混为例。熔融共混试样通常是采用挤出、注塑等方法制备的。对同一配方体系，制样方法不同，试样的性能会不同。即使采用同一制样方法（如同为注塑法），在不同的设备上制样，性能也会有不同。甚至同一台设备，不同批次制样，性能也可能有所波动。因此，对于共混体系的制样，在同一台设备上、同一制样条件下、同一批次制出的试样，最有可比性。

如果采用同一设备的不同批次试样，或者不采用同一台制样设备，则应设置参比样（如基体聚合物的空白样等），以考察测试结果的可比性。不同的制样方法（如挤出与注塑），通常是较少可比性的。

注重实验结果的可比性，有助于我们去发现、揭示和归纳总结科研对象的基本规律，因而是科学研究的有效途径。注重可比性，可以避免对比中出现的偏差影响研究结果的判定。

再说可再现性。

以上关于可比性的要求，是从避免设备等因素造成误差的角度提出的；而另一方面，实验研究的结果还应该在特定范围内具有普遍适用性，可以重复和再现。一项研究的结果，应该能够在一定条件下重复和再现，包括在同类型的其他设备上再现出来。尽管有差异存在，但基本的变化趋势应该是能够再现的。这就是可再现性。

可比性和可再现性两者之间并不矛盾。实验结果的可重复、可再现性（特定范围内的普适性），是对实验结果真实可靠性的最好的也是必需的验证。注重实验结果的可比性以揭示研究对象的基本规律，实际上也是为研究结果的普遍应用（普适性）创造条件、奠定基础。一般来说，某一次实验的结果（特别是重要的实验结果，或者揭示新规律的实验结果），应进行多次重复验证。

聚合物共混的许多研究课题是以工业应用为目的，要进行中试和工业性试验，进而实现工业应用。工业性试验和工业应用的效果，是对以应用为目的的成果的最终验证。当然，实验室小试的成果进入中试和工业性试验时，会有放大效应出现，影响因素会很复杂，要有充分的考虑。

以上讨论是以聚合物共混为例，也可酌情用于其他研究领域。

(5) 尽可能减少实验误差

在科学研究中，误差是不可避免的。通过实验方案的设计，可以在一定程度上减少实验误差，从而提高实验结果的可靠性。

仍然以聚合物共混为例。共混试样的方案（特别是实验配方）设计，对避免实验误差有一定的作用。在实验室研究中，原材料的量往往是有限的。例如，在共混制样或布拉本德流变实验中，在两个试样之间，往往没有足够的物料也没有足够的时间对设备进行充分的"清洗"。为了减少因两个试样之间的微量掺混对结果的影响，应在配方方案制订时讲求技巧。例如，组分 A 与组分 B 共混，组分 B 为含量较少的组分，且为变量时，其添加量应按由少到多递增的次序进行。

实验的误差实际上是无法完全避免的。因而，重复实验就具有重要意义。如前所述，重要的实验结果应该多次重复，以验证研究结果的可靠性。

此外，许多偶然因素会影响共混实验结果。因而，同一配方试样的实验结果会有波动，数据点会弥散在一定范围内。力学性能的测试中，数据的波动尤为明显。在处理实验结果时，应该将数据波动的范围标示出来。力学性能实验数据的过大波动，提示共混物混合的均匀性欠佳。应设法改善共混效果，以降低力学性能实验数据的过大波动。

在其他科研领域的实验中，也应采取相应措施，减少实验误差，提高数据的准确性。

4.1.5 创新技术的"生长点"

在科学研究中，采用新材料、新技术、新思路、新设计等，都是进行技术创新的途径。在技术创新中有一些最具可能性的"生长点"，应该引起足够的关注。

（1）有迫切社会需求的研究领域

一些研究领域，如新能源、环境保护等，是有迫切社会需求的。这些领域是新技术开发的热点。

以治理汽车尾气为例。自从汽车进入人类社会之后，其尾气就一直在污染着环境，困扰着人们的生活。尽管限制尾气排放的标准越来越严格，但我们的大中型城市依然日复一日地笼罩在雾霾之中；另一方面，石油资源在迅速地趋于枯竭，而二氧化碳过度排放导致的全球气候变暖则使人们遭遇了愈演愈烈的气候异常。这个问题需要一个彻底的解决办法。正在研制中的"燃料电池"向世人展现出希望之光。燃料电池是一种将存在于燃料中的化学能直接转化为电能的发电装置，具有高效率的特点，可大大降低空气污染，已成为21世纪新能源的研发热点。特别是其中的氢氧燃料电池，以氢为燃料，与氧气化合产生电能，排出的"废气"则是水蒸气。用这样的燃料电池产生的电能驱动汽车，尾气就会销声匿迹了。

废弃塑料带来的污染，也是重大的环境问题。制备可降解塑料（指添加降解剂的塑料）、回收再生、高温焚烧等方法都有一定作用，但又似乎都不尽如人意。而制备新型绿色环保的高分子材料，则是一种较为可行的办法。譬如，聚乳酸就是这样一种新型塑料，它以乳酸为原料聚合而成。聚乳酸的生产过程无污染，产品可以生物降解，是理想的绿色高分子材料。

像燃料电池、聚乳酸这样的领域，无疑是新技术的极具前景的生长点。我们期待着有更多能满足社会迫切需求的新技术脱颖而出。

（2）不同学科的交叉点

在不同学科的交叉点，也是创新技术颇具活力的生长点。譬如，材料科学与生物科学的结合，就诞生了很多新技术。这里仅举一个例子：北京化工大学赵素合教授的"微生物脱硫"技术。

人们一直十分关注废旧橡胶的回收利用问题。由于废旧橡胶具有硫化交联形成的三维网络结构，使其重新利用相当困难，如何解除硫化交联结构是一个世界性的难题。发达国家对废旧橡胶利用的重点已经从生产再生胶转向了生产胶粉。但是，若把废旧橡胶粉碎制成的胶粉直接填充到生胶中，由于胶粉仍然保持着交联结构，与生胶混合后的界面结合力不强，会导致共混胶的力学性能下降。为了提高共混胶的性能，需要在胶粉表面的一定深度内切断硫化交联键。在赵素合老师的创新技术中，这个"任务"就交给了微生物的提取物，从而创造了微生物脱硫的新方法。

关注不同学科的相互结合，可以产生许多的创新思路。

（3）"上游创新"与"下游创新"

"上游创新"是指在科技开发源头位置的创新，"下游创新"则是对于"上游创新"在具体应用中的完善与改进。

"上游创新"具有开拓和奠基的作用，其重要意义是毋庸置疑的。以印刷技术领域为例，发明活字印刷术的毕昇和当代毕昇——发明激光照排技术的王选都是"上游创新"的典范。

再以高分子材料的阻燃技术研究为例。本书在前面章节对这个领域作了一些介绍，可以看出，在含卤阻燃剂被禁止或限制使用的情况下，以现有其他阻燃剂代替含卤阻燃剂的研究遇到了诸多难题。面对这样的局面，亟须进行"上游创新"，开发新的阻燃剂。北京化工大学王秀芬老师正在进行的磷腈类阻燃剂研究，就是这方面一项很有前景的新技术。

"下游创新"是对于"上游创新"在具体应用中的完善与改进，这个过程也很重要，将在下一节详细讨论。

4.1.6 新技术的改进与完善

新技术问世之初，通常不可能尽善尽美，需要历经改进与完善的过程。在数码影像技术刚刚出现的时候，最初的数码照相机像素数很低，像是玩具。短短数年的发展，数码照相机在不断改进与完善中发生了极大的变化，包括高端产品在内的各种档次数码照相机令人目不暇接、叹为观止。再看高速铁路的建设。上世纪80年代，从北京到上海乘火车需要将近20小时，到2001年，缩短到约14小时，而在高铁建成后又缩短到仅需4个多小时，技术进步的速度是有目共睹的。

谈到新技术的改进与完善，笔者总会想起一个有趣的例子：粉末表面自由能测试技术的改进。这个例子虽小，却很能给人以启发。

为介绍这个实例，先要解释一下什么是表面自由能。表面自由能在我们周围随处可见：池塘荷叶上晶莹浑圆的水珠，是表面自由能（或称表面张力）的体现；儿童喜欢吹的肥皂泡，也是表面自由能的杰作。水珠和肥皂泡都是液体。使某种液体增加单位表面所需要的能量，就是这种液体的表面自由能。对于固体来说，虽然不能像液体那样随意改变形状，但其表面的分子也处于不饱和的力场之中，因而也具有能量，这就是固体的表面自由能。表面自由能是固体非常重要的表面特性，其测试方法可以采用"接触角"法。接触角的定义和测试方法是：在固体平板的表面滴上一滴液体，于固相、液相、气相（空气）三相的交点处，做液相与气相的切线，该切线与固、液两相交线的夹角 θ，就是接触角。

固体平板表面的水滴

某种液体在某种固体表面形成的接触角θ如果小于90°，就表明该液体与该固体有较好的亲和力；反之，如果接触角θ如果大于90°，则表明亲和力较差。如果液体是水，则θ小于90°表明该固体"亲水"，θ大于90°表明该固体不亲水，或称"憎水"。由接触角θ可以计算出固体的表面自由能。

但是，上述方法要求固体试样为平板状。对于粉末状的试样，就不能用上述测试方法了。而粉末状的原料在工业生产中是普遍应用的，很需要了解其表面特性，包括表面自由能（或接触角θ）。为了测定粉末状试样的接触角，有学者设计出了新的测试方法——浸润速度法，这是一个很聪明的方法。

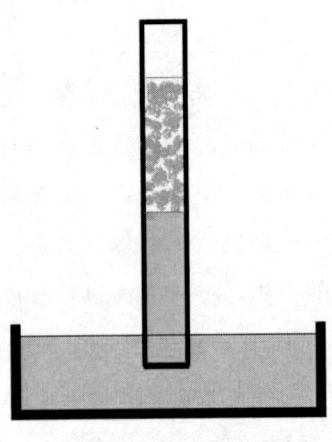

"浸润速度法"原理图

浸润速度法的基本原理如图所示，把待测的粉末试样装入一根透明玻璃管（管子下端有微孔板封闭），将玻璃管垂直插入一只盘子里，盘子里盛有某种液体，让玻璃管的下端与液体接触；当液体浸润粉末后，在粉末空隙的毛细作用下，液体会在玻璃管内上升。

采用浸润速度法，在不同的时间点，记录液体在玻璃管子内上升的高度，就可以按照公式计算出粉末试样的接触角。

浸润速度法为固体粉末的接触角测定提供了途径，但该方法也有不足之处。该法采用的液体大多是无色透明的，固体粉末则多为白色，因而在测试中，液面的上升很难准确观测，计算出的接触角也就不够精确了。为了解决这个问题，有关科技工作者对该方法进行了改进，将液体对固体粉末的浸润速度测定，由测定液体在粉末中上升的高度改为测定浸润到粉末中的液体重量，即由"高度法"变为"重量法"。具体方法是：玻璃管的上端悬挂在一个测定重量的装置上，当液体浸润粉末时，玻璃管内试样的重量会增加，增加的重量可以很容易地被测重装置测出，进而计算出接触角。这个新方法相对于直接观察液体上升高度的方法，无疑是一个明显的技术进步。但是，这个方法也有局限性。该方法所用的仪器是专用设备，若没有这种设备，就无法采用该方法进行测试。

后来，一位学生对该方法又进行了改进。他采用了近年来实验室中常备的装置——精密电子天平。把本测试中的盘子放在电子天平上，而将玻璃管的上端固定在支架上。当液体浸润到粉末中的时候，盘子中液体的重量就会减少。这样，通过电子天平测定盘子中液体重量的减少量，同样可以计算出接触角，而且还不需要专用装置。

粉末接触角测定方法不断被改进，说明技术改进的空间是非常巨大的。只要我们做有心人，勤于思考、思路灵活，就可以发现和利用技术改进的空间。

技术改进的作用在各个领域都有体现。

1985年，世界上第一台笔记本电脑问世。相对于台式机，这台笔记本在技术上具有突破性的进步，开辟了计算机发展历史的新纪元。然而，这第一台笔记本的重量为6800克，采用的是不到1赫兹的处理器及9英寸的单色显示屏。此后，经历了10多年的发展和一系列的技术进步，我们才用上了今天轻盈便携、功能强大、美观时尚的笔记本电脑。

在医学领域里，技术的改进与完善对提高医疗水平发挥了重要作用。

笔者在《健康报》上读到了第四军医大学西京医院院长熊利泽对于科技创新的阐释。在临床实践中，即使患者得以治愈，他仍会自问："我们用的治疗方法是最好的吗？"即使采用了当时最先进的治疗方法，他还是会想："这种方法有什么可以改进的地方吗？"（引自2012年5月4日《健康报》）

这样的想法，是创新意识的完美而质朴的体现。

4.2 新产品研制的基本思路

新产品是一个非常宽泛的概念，可谓包罗万象。本书不可能全面论述新产品的具体研制方法，而重在讨论新产品研制的基本思路。

讨论新产品的研制，首先要对"产品"的含义做出界定。广义的"产品"包括实物产品与非实物产品（如信息服务类产品），其中，实物产品又分为原料和制成品两大类。这里重点讨论制成品。作为制成品，通常就要有一定的结构（或配方）、一定的功能，并且要涉及结构设计、材质选择等问题。本节主要讨论新产品设计的基本理念，然后提示新产品研制过程中应注意的几个问题。

4.2.1 完美设计与有瑕疵设计的对比

新产品的设计要满足如下要素：新颖性、实用性、安全性。其中，新颖性是指与原有产品相比要有所创新，这是新产品的标志，也是技术进步的体现。实用性是新产品不可缺少的内涵，具体地包括实用功能、使用便捷等方面。安全性对于任何产品都是必需的，无论是直接用于生活的日常用具，还是用于企业生产过程的装置设备，都要有安全性的严密考虑。

试举实例来说明上述问题。鉴于新产品门类众多，涉及的领域又极为广泛，不可能一一细数。既然本书的目的在于讨论新产品研制的思路，那么就不妨举一些非常简单的例子。"小"中可以见"大"。

先举一个笔者认为较为完美的设计实例：核桃破壳器。

有一部古典芭蕾舞剧，名叫《胡桃夹子》。看来，胡桃夹子在西方有很悠久的历史。而在中国，胡桃夹子或核桃夹子之类的器具并不太普及。若干年前，人们吃核桃（或胡桃）时，通常是用锤子敲击其外壳。这样的做法显然不够方便，也不够安全。近年来，一种核桃破壳器出现于市场，并且进入了人们的生活，如下图所示。该器具材质为塑料，通过螺纹圆柱体的旋进，与一个近于椭圆形的小斗配合，将核桃的外壳压碎。

核桃破壳器

这虽然是一个颇为简单的产品，却具备了新产品的各个要素。首先是新颖性，它与传统的核桃夹子在结构和作用力方式上完全不同，具有创新性。再说实用性和安全性。它很实用：以不大的力量就可以将核桃壳破碎，便捷而省力；破碎的核桃壳落在塑料小斗内，不会散落在地上；它体积较小，不占用多少生活空间；此外，作为生活用品，它还具备较为美观的造型。它很安全，与铁锤相比，它不会砸手；与核桃夹子相比，它破碎核桃的过程较为缓慢，而且有塑料小斗的保护，因而不会有夹手之虞，也不易有破壳飞散。可以看出，这个"核桃破壳器"的设计思路是相当完善、颇为精巧的。它只有两个部件，结构也简化到了极致，堪称匠心独具。以最简化的结构达到最完备的功能，这正是新产品设计的最高境界。

再看一个笔者认为设计有缺陷的例子，这是一只电热锅。

这只电热锅的外形与炒菜锅相仿，在设计上有多处瑕疵。最主要的，是它采用了热电偶控温系统。使用这只锅，当温度达到一定数值时就会自动断电，等到温度降低到一定数值时电源才会再度接通。如果用这只锅煮面条或者饺子，开锅后就会自动断电，锅中的水也会停止滚沸，过不知多久才再度接通，水也再度烧开，这到什么时候能煮得熟呢？其实，这只锅应该按照同类产品的设计，采用调节加热功率的方法来控制"火力"。该电热锅还有其他设计上的瑕疵，如它的玻璃锅盖上有一个出气孔，但孔径过小，以致水蒸气会将偌大的锅盖顶起来；它的调控旋钮离锅边太近，操作时很容易烫到手；等等。

如果设计有缺陷的例子仅仅就是这一只电热锅而已，那么我们完全可以不把它当回事。然而事实并非如此。举目四顾，像这样有缺陷的产品，以及在技术层面的其他一些令人哭笑不得的事情，是广泛地存在着的，甚至可以说俯拾皆是。这样的问题亟须引起人们的关注。当然，就绝对数量而言，设计完美的产品是占主流的。但设计有缺陷的产品也时时地会"冒"出来，干扰我们的生活。对此，我们不能视而不见。

从上述两个例子可以看出，设计思路对产品的使用性能有重大的影响。合理的思路可以孕育出实用、适用的产品；不合理的思路设计出的产品使用性能就很有问题了。

那么，在设计思路上应该重点考虑哪些问题呢？要考虑的问题头绪繁多，笔者认为：产品功能的提高与结构的简化、使用的便捷性和安全性，是需要首先考虑的。此外，产品性能的"自优化"也值得关注。下面将分别进行讨论。

4.2.2 功能的提高与结构的简化

新产品的开发，通常都要与原有同类产品或可比较的对象进行对比，要有所改进、完善与提高。如洗衣机，新型洗衣机要与旧型洗衣机对比；

即使是首创的第一台洗衣机,大概也要与洗衣盆和搓板作个对比。

功能的改进、完善与提高,是新产品研发的主要思路。仍以洗衣机为例,经历了单缸、双缸、全自动、滚筒式等的演变过程,伴随着的正是功能的改进、完善与提高。

手机的演变也是如此。其用途从最初单纯打电话,变成可以发短信,再变为可以拍照、摄像、收录音、玩游戏,进而可以上网,变为一部掌上电脑……

要注意:产品的创新必须建立在科学的基础上,以满足使用需求为目的,不能片面求新。像上面所举的电热锅的例子,因为控温方式不够科学,就难以满足使用需求,这或许是设计者刻意追求"新颖"造成的。

结构的简化也是产品演变的一个常见的路径。

就拿计算机来说,最初的计算机有若干间房子那么大。到70年代,小型机已经在国内出现,采用"穿孔纸带"记录程序,笔者上大学之前就见过这样的计算机。80年代,我们开始使用台式电脑。后来,有了"笔记本";近年来,又有了平板电脑。计算机的发展,是功能提高与结构简化的完美结合。特别是从笔记本到平板电脑,"两扇"缩减为"一扇",结构简化的意图非常明显。就台式电脑而言,也已经发展成为"一体式",顺应结构简化的方向。

4.2.3 使用的便捷性

在新产品研发的思路中,要特别注重产品使用的便捷性。

我们来看数码照相机发展的奇迹般历程。最初,大多数人根本不相信数码照相机能够取代胶片照相机。然而,数码照相机展示了其应用上的极度便捷:无须洗印就可以观赏照片;巨大的内存容量可以储存数百、数千张照片,不满意的还可以随时删除;拍摄的照片可以直接上传到网络,或者粘贴到文件上,也可以制成电子相册、PPT等。数码照相机彻底改变了人们拍摄和使用照片的方式,给人们带来了无限的便捷。这样,尽管数码照相机与胶片照相机比较在照片质量上尚有某些差距,但由于数码照相机的便捷性,人们还是一往情深、无怨无悔地选择了它,在不旋踵间就让胶片照相机退出了市场。

再看通信方式的变迁。在手机短信、电子邮件等通信方式兴起之后，人们已经绝少采用手写书信的方式了。尽管手写书信在人类文化史上留下过华美的篇章，在普通人的脑海里也曾有过难以忘却的记忆，但是这些都无法抵挡手机短信、电子邮件的便捷性。

当同一门类的两种产品在便捷性上有所差异的时候，人们几乎都会毫不犹豫地选择较为便捷的那一种。而不甚便捷的设计则会受到使用者的质疑。

试举几个例子。先以手机的汉字输入为例。上世纪90年代，我买了第一部手机，发现这部手机的汉字输入方法非常便捷，用起来颇为方便，乃至爱不释手。然而，最近我又买了一部新款手机，却遗憾地感觉到汉字输入方法变得麻烦了。譬如，要输入"少"字，用原先的手机，按下S、H、A、O之后，再按左下角的"□"键两次，就可以选定"少"字。而用新款手机，则要在按下S、H、A、O之后，要按"导航键"的向上方向，再按向右方向，再按向下方向，才能找到"少"字，明显地变得不方便了。新款手机还有诸多使用不方便之处，就不一一列举了。

再看笔记本电脑左右键的"变迁"。以前的左右键是两个独立的按键，而在新款机型中，左右键却变成了一体式，以"跷跷板"的模式来动作。新款的设计大约是出于简化结构的考虑，但是却忽视了使用的便捷性。使用原有的左右键分立结构，手指点击左右键的任何部位都可以完成操作；而使用新的左右键一体式结构，手指要点击到左右两端才能完成操作，操作的有效区间明显缩小了，这无疑会带来某种不方便的感觉。

再举鸡蛋的包装盒为例。有一种单层包装的鸡蛋包装盒，在设计时忽视了消费者取出鸡蛋的便捷性，盒子的边缘过高，鸡蛋露出的部分过少。结果是，消费者难以用手指将鸡蛋从盒子里取出来。这种不方便的感觉，很可能会影响人们对这种鸡蛋的兴趣。试想，从养鸡场的修建，到鸡的喂养、蛋的孵化，要经过多少辛苦劳碌啊，如果最后一步包装盒的设计没有考虑周全，功亏一篑，岂不是太可惜了！

4.2.4 产品的"自优化"

产品的"自优化"是指产品性能的自行优化。"自优化"有多种体现形式,其中一种重要形式是在使用过程中的自优化。这种自优化又可分为每次使用时的自优化与反复使用中的自优化两大类,分述如下。

(1) 每次使用时的"自优化"

每次使用时的"自优化"是产品性能的一个理想境界,颇有几分古诗中描述的"溪柳自摇沙水清"的意味。为了解释这一理念,让我们从日常生活中的饭碗说起。

我们用瓷饭碗喝粥时,把刚刚煮好、很热的粥盛在碗里,粥的表面与空气接触,散热较快;粥的内部被瓷饭碗包围,陶瓷材质的饭碗散热较慢。当我们用勺子把位于表层的已经降低了温度的粥喝掉后,下部的粥仍然有较高的温度。这样,我们在整个喝粥的过程中不需要对粥进行加热,却能够自始至终喝到温度适宜的粥,这要归功于瓷饭碗的保温功能与散热功能的巧妙结合,而瓷饭碗在盛粥的性能上就具有"自优化"的特征。不难发现,瓷饭碗的材质选择和造型设计都为其性能上的自优化作出了贡献。

我们再来看一个工业生产设备中的实例。本书第 3 章曾提到在 PVC 门窗异型材生产中采用的锥形双螺杆挤出机。该挤出机的螺杆为锥形,一端直径较粗,另一端直径较细。PVC 等物料从螺杆直径较粗的一端进入挤出机,经加热熔融塑化后,从螺杆直径较细的一端形成产品。整根螺杆转动的"角速度"是相同的,"线速度"则因螺杆直径的不同而不同。在螺杆较粗的部分,螺杆转动的线速度较大,产生的剪切力也较大,有利于 PVC 等物料的熔融塑化。但是,PVC 是很容易在高温和剪切力的作用下降解的。而锥形双螺杆挤出机的螺杆直径是逐渐缩小的,线速度相应降低,形成的剪切力也相应降低,这样,对于已经熔融的 PVC 的降解作用就得以减免了。锥形双螺杆挤出机的上述运作过程具有明显的自优化特征。

再以地砖的防滑性为例。一些地砖在干燥的条件下是不滑的,但表面有水时就会变滑,其使用性能显然是有缺陷的。而有的地砖在表面有水时也不滑,甚至会变得更加"发涩",体现出自优化的特性。

还有喝红酒的高脚杯,在杯底盛上酒,手接触杯壁,酒在手的温度下缓缓挥发,馨香的气息在杯子里萦绕,这又是一种"自优化"。

留心观察,自优化的实例还有很多。设计新产品时,在可能的情况下创造或利用自优化性能,是一个值得考虑的思路。

本书第三章3.3.3节介绍了卡皮查制造氦液化器的思路，他利用从缝隙中逸出的氦气自身所起的润滑作用，独辟蹊径地解决了润滑问题。这也是一种自优化。

(2) 反复使用中的"自优化"

产品在反复、长期的使用中，其性能可否在一定期限内保持基本不变？这是使用者很关心的问题。如果某种商品在反复使用中性能很快变差，那显然就损害了消费者的利益。针对这个问题，笔者认为，产品性能在反复使用中的"自优化"是一个值得关注的研发思路。

为了说明什么是反复使用中的"自优化"，先以汽车磨合期为例。汽车磨合期是指新车或大修后汽车的初驶阶段，按里程计，一般为1000~1500公里，这是保证机件充分接触、摩擦、适应、定型的基本里程。在这期间，通过"磨合"可以调整提升汽车各部件适应环境的能力，并磨掉零件上的凸起物。从某种意义上讲，这个磨合过程具有"自优化"的特征。当然，这个过程是任何新车或大修后的汽车都必须经历的，与产品本身的质量高低并无直接关联。

再以塑胶鞋底为例。有些鞋底是以不太防滑的塑胶制成的，鞋底材料的摩擦系数较低。这样的鞋主要靠鞋底凸起的花纹增加表面粗糙度来提高摩擦力、获得防滑性，一旦表面的花纹磨平了，鞋底就会变得很滑。而另外一些鞋底采用防滑性能较好、摩擦系数较高的塑胶制成，即使表面花纹磨平了，表面粗糙度降低了，其与地面的接触面积却增大了，因而防滑性能不会降低，甚至会有提高。这就是反复、长期使用中的"自优化"。

反复使用中的"自优化"涉及产品的长期使用性能，亦即产品的使用寿命问题。任何产品都有一定的使用寿命，这是客观规律。但是，消费者总是希望自己使用的物品在合理的期限内具有能够满足应用的性能，这种要求是合情合理的。而现实的情况是，某些商品的性能劣化速度过快，能满足基本需求的使用期过短。诚然，"自优化"并不是产品必备的特性，但面对某些产品性能劣化过快、可用期过短的现实，笔者认为有必要提出"自优化"的设计理念，供新产品设计者参考借鉴。

(3) 自优化理念的外延

以上讨论的是产品使用过程中的"自优化"。作为评估性能或价值的一种理念，"自优化"的涵盖面其实很宽，可以外延到更广泛的领域。在高分子材料领域,聚合物因自身结构特质而展现出的优异性能,譬如"自增强"、"自润滑",都可以看做是自优化。材料的两种组分或者设备的两部分结构部件在功能上具有协同效应,可发挥"一加一大于二"的效果,也是自优化。在自然界,物种的进化史体现出物竞天择条件下的自优化。一个人的品格与才智,亦可在岁月浮沉的历练中得到自优化。

自优化理念还涉及营销领域。例如,在服装领域,相关商家通过发布时装流行趋势来引导服装潮流,进而促进服装销售的运作模式,就是对于服装营销氛围的自优化。说到营销,应该认识到:新产品的研发、生产与营销是密切关联的。关键问题在于,要努力营造产品的生产者与使用者、商家与消费者双赢的局面。

4.2.5 安全性的考量

对于安全性的考量,是产品研发应考虑的最重要的因素。安全性有多层次的内涵,包括人身安全、环境安全等。其中,人身安全又包括即时人身安全(在使用中即时产生的安全性问题)与长期人身安全(如某些需长期接触才会产生安全问题的因素)。上述这些涉及安全性的问题,都是新产品设计时必须审慎考虑的。

(1) 即时的人身安全性

在产品使用时充分保障使用者的安全,这是任何产品都必须达到的要求。

以生活中常用的高压锅为例。高压锅有四道安全防线:减压阀、报警阀、安全阀和自锁阀。其中,减压阀通过排气减低锅内压力来保障安全;报警阀、安全阀在压力过大时发挥保障作用;自锁阀则在锅内有压力的情况下使锅盖无法打开。此外,高压锅还有第五道安全防线,那就是生产厂家关于产品使用年限的警示。

高压锅这个范例很值得我们思考:许多产品有一定的使用年限,超出年限使用会造成安全隐患,然而,是否都有相应的警示呢?

再以一种塑料加工设备为例。这种设备的操作有一定危险性,因而在设备的上部有一个制动开关,当发生意外情况时操作者可以扳动开关,让设备停止运转。近年,这种设备的安全装置有了改进,把制动开关安装在了设备下方的面板内部。操作者的膝部只要轻轻触动面板，设备就会停止运转。这个改进是有道理的。当发生危险（或接近于发生危险）时，操作者的身体前倾，膝部就会触及面板，这是个下意识的动作。而原先的制动开关则需要操作者有意识地去扳动，在紧急时刻，操作者未必能有这样的反应能力。

产品的设计者应该把安全性放在第一位，设计出切实能够保障安全的产品。安全性的问题有大有小，譬如本节前面提到的"核桃破壳器"是个很小的产品，也涉及到了安全性。对于安全性的考量在任何时候都不可或缺。

（2）长期的人身安全性

长期的人身安全性涉及面很宽，本书不可能全面讨论。笔者在这里重点探讨食品安全问题。

应该承认，食品安全问题已经到了非常严重的程度。近年来接连披露的三聚氰胺奶粉、地沟油、瘦肉精等事件，使得相当一部分人对于食品安全问题顾虑重重，甚至产生了还有什么东西能吃的疑问。

同时也要看到，除了突发性的食物中毒之外，大多数的食品安全问题危及的是长期的人身安全，而不是即时的人身安全。这样的安全问题有其特点：危害是日积月累形成的，不会立竿见影地显现出来，也不是某一次特定行为的直接结果。于是就导致了一个怪现象：尽管安全隐患是确实存在的，但对饮食安全问题视而不见的现象也很普遍，许多商家无所顾忌，为数不少的消费者也只管我行我素地大快朵颐。

笔者认为，对于食品安全问题有三个方面的工作要做：

第一，要加强科学的宣传与引导，倡导健康的饮食习惯。

第二，对于食品中使用非法物质的违法行为，要有治理的有效手段。这是食品安全的重灾区，是保障食品安全工作的主战场，三聚氰胺奶粉、瘦肉精、苏丹红鸭蛋、地沟油等，都属于此类违法行为。本书第8章有一节专门探讨这个问题，这里暂不详述。

第三，对于食品中合法添加的化学添加剂，也应加以必要的筛查和甄选。其中，防腐剂应该添加的还是要添加。至于香精、色素、增稠剂等，是否一定要添加，就值得商榷了。笔者并不认为这些添加剂对人体有危害，只是对于添加的必要性心存疑窦。该加的东西一定要加，可加可不加的东西就应以不加为宜。对于这个问题，笔者要深入探讨一下。

过去，在物质资源极度匮乏的时代，人们不得不用香精、色素来调配出五颜六色、有滋有味的食品，满足最起码的感官需求。现在，天然食品已经不是什么稀罕之物，为什么还要延续经济困难时期的思维模式和行为方式，用化学添加物来营造虚假的色觉和味觉呢？天然食物本真的颜色、清香和稠度，有什么不好吗？平心而论，用添加剂营造的颜色、香味和稠度显得过于夸张。电影院里，一位观众吃零食，整个放映大厅都能闻到香味。而在过去，这种情况大概只有当喷洒了浓重香水的女士登上公共汽车时才会出现。

添加剂在法定限量内应用是安全的，但是如果被滥用，后果就令人担忧了。据报道，面粉加工行业已经将过氧化苯甲酰从添加剂中删除。反对在面粉中添加过氧化苯甲酰的一方与支持的一方进行了多年的论争，反对方的主要论据之一就是担心滥用。

特别是当人们从不同渠道、不同食品中，吃进品种各异的众多添加剂之后，其综合影响如何，也需要引起关注。恕笔者直言，食品添加剂应该实行总量调控（按每人、每日计），有关方面或许可以从医疗领域目前已经开始实行的医保报销费用总量调控中得到某种启迪。除了医保报销的例子之外，还有许多可资借鉴的例子，如衡量经济发展水平的GDP，评价学术论文水平的"影响因子"，以及评估智力水平的"智商"，等等。可以仿照这些例子，为每一种食品标注"添加剂指数"。该指数的计算方法是：将每个包装的某种食品中各种添加剂的量按照一定规则加权后，得出总和的量；再将这个总和的量除以预先设定的每人每天允许摄入的添加剂限额量，得出的比值就是"添加剂指数"。这样计算出来的"添加剂指数"类似于食品营养指标的"NRV值"。只是"NRV值"通常是较多为好，而"添加剂指数"则是较低为好。在实施"添加剂指数"之后，原有的添加剂标注要求和每一种添加剂的限量规定依然要继续实施。

也许有人会认为，"添加剂指数"会给食品产业增加一道"紧箍咒"，制约食品产业的发展。笔者以为不然。恰恰相反，"添加剂指数"可为食品产业的发展提供机遇和动力。近年来，消费者对食品添加剂顾虑重重，影响了消费热度。消费者看不懂食品包装上标注的添加剂化学名称，只能徒生疑虑。实施"添加剂指数"可以使食品添加剂问题透明化、通俗化，有助于解除消费者不必要的疑虑。

从食品生产企业来说，实施"添加剂指数"可以促使企业尽可能利用天然食物的颜色、清香、口感和稠度，以降低其产品的"添加剂指数"。这样，食品行业的发展就可以步入良性循环的轨道。无论从解除消费者疑虑的角度，还是从食品行业良性发展的角度，实施"添加剂指数"都是很有益处的，是食品行业发展的一个契机。

"添加剂指数"在预包装食品、散装食品和餐饮业都可以实施。对于预包装食品，"添加剂指数"应该印在包装上（像酱油等调味品，可以按照每人每天的推荐用量标注"添加剂指数"）；对于散装食品，"添加剂指数"可以在价签上标出；对于餐饮业，"添加剂指数"可以印在菜谱上。

笔者建议：如果"添加剂指数"能够得以实施，那么，在实施初期可以采用"自愿实施、强制监管"的办法。企业可以自愿选择实施或不实施，但选择实施后就要接受监管。由于实施"添加剂指数"对企业发展有利，相信有不少企业会自愿实施的。

实施"添加剂指数"之后，有可能出现另一种倾向，那就是食品生产企业片面追求降低"添加剂指数"，一些该加的添加剂也不加了。为防止出现这种倾向，要对添加剂使用的必要性进行评估，对食品安全至关重要的添加剂还是必须要加的。

长期的人身安全问题还包括室内装修、电磁辐射、大气污染等，也都应该引起足够的重视。

4.2.6 新产品研发过程中应注意的问题

在笔者30多年的工作经历中，从事过多种新产品的开发研制，很想在此就新产品的研发过程进行探讨。但是，新产品的门类包罗万象，结构的简繁也相差悬殊，不可能有相同的研制过程和统一的设计方法。因而，这里只概略讨论新产品研发过程中应注意的若干问题。

（1）总体研究（设计）方案的确定

在新产品研制之初，先要确定总体方案，通常包括如下工作：

必须明确开发该产品的目的、意义。对产品的市场需求、能够产生的经济与社会效益，都要有科学的评估。

对于目前已有的同类产品要加以分析比对，明确认识其优势与不足，这有助于确立本产品的研发方向。

在现有技术基础上，结合创新研发的成果，或者新的研发思路，初步提出新产品的总体研发（设计）思路。通常应设计几套不同方案，多方面比对、论证其可行性、先进性，择优取之，筛选出最具可行性的方案。也可酌情保留一两个备选方案。

（2）创新技术的预研

某些创新技术可能还处于实验室阶段，有些只是设想中的研发思路，要进行预研，以验证其可行性。有些高难度的创新技术，其深入研究并达到实用程度可能需要相当长的时间。在创新技术被验证可行后，方可将其纳入初步的总体设计方案。

（3）新产品的具体研发（设计）

很多产品的设计已经有了成熟的理论和计算方法，可以通过计算进行产品结构等方面设计。例如，塑料加工中的模具设计，通常是采用计算的方法进行，现在已经可以借助于计算机来完成。

有的设计方案，其中的某些部分是在成熟技术中进行选用。如设备的冷却系统，有风冷、水冷、油冷等不同方式。为新研发的设备设计冷却系统，如果没有很特殊的需求，只要根据设备的实际情况加以选择即可。

而对于一些创新设计的部分，则应该注重样品、样机（或部件）的试制和实际效果的验证。通过实际验证，对设计方案加以修正和调整。这些创新设计的部分是产品创新性之所在，也是产品在性能上取得突破进展的希望之所在，要以既积极又审慎的态度进行研发。

对于结构复杂的产品，应分解为不同组成部分，分别研发。例如，机械设备的动力部分、自动控制部分、产生实用功能的部分等，应分别研究。同时注意各部分之间的统筹协调。

（4）材质选择

产品的材质，应根据需求进行选择。例如，对于阻燃材料，应根据所需的阻燃级别加以选择；抗静电材料，亦应根据产品对抗静电性能的需求进行选择。材质选择是产品设计颇为重要的环节，对于每一个零部件的材质都要根据其用途加以具体考虑。

一些新产品对材料性能有特殊需求，超出了现有材料能够达到的水平，则需要对材料进行专门的研发。在航空、航天等领域，这样的实例是很多的。

新材料的问世甚至可以决定产品的走向。例如，由 LCD 显示器到 LED 显示器的变化，就是材料的发展使然。

(5) 技术难点的攻关破解

新产品开发不可能一帆风顺。在研发中总会遇到一些技术难点，使研究工作受到阻碍，甚至挫折。破解了这些技术难点，才能取得新产品研发的硕果。

破解技术难点的方法包括：一、进行充分的实验研究和理论分析，对研究对象的技术特征和内在规律有清晰的认识，以此为依据提出解决问题的方案；二、与同类产品或技术进行类比研究，寻求解决问题的线索；三、突破常规模式的制约，探索全新的途径；等等。

(6) 新产品的试制

化工类产品的试制，包括小试、中试和工业化试生产三个阶段。机械、电子类产品，则需要试制样机。

对于小试样品（或试制的样机）要进行全面的测试和试用，发现其不足，以此为依据对设计方案作进一步的修改和调整。这样的过程往往要进行多次，直至产品性能臻于完善。

此后，还要进行产品的中试和工业化规模的试生产。在这个过程中，要特别注意生产规模扩大可能产生的"放大效应"。有些生产环节的问题，在实验室或小试中是体现不出来的，在中试或工业化规模的试生产中才会有体现。针对出现的问题，要有相应的解决办法。

在新产品的工业化生产和推广应用阶段，要特别注意使用者的反馈意见。根据实际应用的情况对产品进行改进。

(7) 产品研发要精益求精

产品的研发过程应该是精益求精的过程。产品设计方案的精益求精，可以在一些很细小的地方体现出来。试举几个实例。

医用口服液的药瓶，最早是采用"安瓿瓶"，服用时要用小砂轮在瓶子的颈部划一道痕迹，然后将瓶口掰断。这个操作过程需要一定的技能，不小心时还易于被碎玻璃扎手。后来，药瓶改为铝制瓶盖封口，用吸管"刺穿"瓶盖，然后用吸管服用。但是，软质的吸管很难刺穿铝制瓶盖，使用很不方便,有时甚至无法刺穿。再后来,药盒里增添了一只硬质塑料制成的小锥子,用来刺穿瓶盖。这样可以做到百分之百能够刺穿,但仍然不够方便。最后一次改进,瓶盖改成了揭开式的,揭开瓶盖后,瓶口覆盖着软质膜片,用吸管可以轻易地刺穿。最后的改进终于使口服液药瓶的使用变得方便了。

再看易拉罐的拉环设计。最初的拉环是"外翻式"的,拉开后,拉环就与罐体分开了。后来,可能是考虑到外翻式会导致拉环到处乱扔,影响环保,就改成了"内翻式"。将内翻式易拉罐拉开后,拉环与罐体仍然是一体的。但是,人们在使用中发现内翻式也有缺点,有可能将拉环表面的灰尘或其他不洁之物带入罐内。据报道,"外翻式"拉环或将会重新在易拉罐上使用。

不同的产品在结构上会有很大差异,有的很复杂,有的很简单。但无论是简单的产品还是复杂的产品,都会有一个不断改进和完善的过程。结构简单产品的改进,看起来像是雕虫小技,但其作用却不容忽视,其中包含的设计理念和智慧更不可轻慢言之。

4.2.7 新产品开发的广阔空间

在信息、交通、能源、环保、材料、医药、农业等领域,都有新产品开发的广阔空间。在这里,笔者要特别强调一个颇有前景的发展空间。

众所周知,现代产业分为制造业与服务业两大类。其中,服务业在现代产业中将占据越来越大的份额。因而,为服务业提供装备的制造业也颇具发展前景。对于服务业而言,扩大社会化服务系统乃是大势所趋。但是,社会化服务体系的建立必须有相应的个体式运作平台(以及相关装备、工具),否则社会化服务就难以实现。

以通信领域的发展历史为例。就在不太遥远的过去,社会化的通信服务还很不完善,人们手中更没有个体式的运作工具。大家可能都还记得电影《手机》片首那个给矿山打电话的情节。笔者也有过类似的遭遇。上世纪80年代,我到南方某城镇的一个工厂出差,有事要与北京联系。那天,我们一行人在厂长带领下,浩浩荡荡到邮电局打长途电话,但直到邮局下班时,也没能打通。邮局工作人员收了一角钱手续费,叮嘱我们明天早些来。如此的事情，相信那个时代的许多人都经历过。

那时，人们要发电报，需要到邮局去填写电报单；寄信，则要把信函投进邮筒。这都是因为自己手中没有个体式的运作工具啊。

随着手机、互联网的问世，情况发生了根本性的变化。手机、与网络连接的电脑成了人们手中的个体式运作平台。社会化的信息服务体系由此而一日千里地发展起来。

展望未来，社会化的服务体系将进一步发展，超出信息服务的范围，向更宽广的领域进军。这一发展进程同样需要个体式的运作平台来与之呼应。建立这样的个体式运作平台所需的产品，就是未来新产品开发颇具前景的广阔空间。

人们应该认识到这个空间的巨大容量。其中不仅包括个体式运作平台所需的装备、工具，也包括相应的原材料、非实体产品和相关技术。笔者希望有远见的科技工作者关注这个新产品开发的空间。相关具体产品的开发将在本书第 8 章介绍。

除此之外，在节约资源、绿色环保、医疗保健等广泛的领域，也有许多新产品亟待开放，本书在第 8 章将展望一些研发热点。

本章思考题

1. 新技术开发可采用哪些基本方法？
2. 创新技术有哪些"生长点"？
3. 怎样理解"下游创新"与"上游创新"？两者各有怎样的优势？
4. 新产品研制有何基本思路？
5. 什么是产品的"自优化"？试举几个"自优化"实例。

专利技术的新颖性、创造性如何产生
对于专利存在哪些操作和认识的误区

第 5 章 关于专利技术研发

专利最早起源于意大利,1474 年意大利的威尼斯城市共和国颁布了仅有一条法律条文的世界上第一部专利法。1623 年,英国颁布了《垄断法》,相当于现代意义上的专利法,被称为现代专利法的雏形。之后,专利制度在欧洲逐渐建立和强化,现在已成为全世界通行的知识产权保护制度之一。

专利制度进入中国是在 1984 年,当时制定了新中国历史上第一部《专利法》。在 1992 年、2000 年和 2008 年,我国对专利法进行了三次修改。中国专利局于 1980 年经国务院批准成立,1998 年更名为国家知识产权局。

《专利法》第一条:"为了保护专利权人的合法权益,鼓励发明创造,推动发明创造的应用,提高创新能力,促进科学技术进步和经济社会发展,制定本法。"指出了我国实施专利制度的目的和意义,阐明了专利制度与科技创新的密切关系。

恰如科学哲学史专家任定成的诠释:发明权是与生俱来的,发明权在发明做出之时就属于发明者。专利制度以一种社会制度化的方式,对这种权利给予了法律上的承认和保护。专利制度促进了创新,而且可以检验创新,为社会和人类发展带来真正的利益。科技史专家王渝生指出:专利制度的好处就是使得技术进步和发明被记载下来,再向社会予以公布。没有专利制度,必然会造成人类精力和宝贵智慧的浪费。有了专利制度,我们很容易就可以知道哪一种技术发展到何种程度了,这整体提高了人类的知识创造的效率。

  本章在对专利技术的相关理念进行总体探讨的基础上,重点讨论专利技术研发过程的思路与方法,一些需要注意的基本问题,并揭示专利技术领域的五个误区。笔者30年的工作经历中,在从事科研项目的同时曾申请过12项专利,都获得了专利授权(其中发明专利10项),其间积累的一些经验和体会可供读者参考。

国家知识产权局

5.1 专利技术研发概论

在讨论专利技术研发的思路与方法之前,先对专利技术作一个总体探讨,包括专利技术在整个科学技术中的定位及其特征、科研单位与企业对专利的不同需求、专利技术产生的过程等。

5.1.1 专利技术的定位与特征

首先,我们对专利技术在整个科学技术中的地位加以探讨。专利技术与一般意义上的新技术、高新技术既有所区分,又并无泾渭分明的区别。如果把科学技术比喻为一座金字塔,那么高新技术无疑是处于金字塔的顶端,而专利技术则既可以处于金字塔的顶端,也可以处于中间或基底层。专利技术涵盖面的广博、涉及层次的宽泛,是专利技术的一个重要特征。

处于科技金字塔顶端的专利技术,可以举苹果手机的"增强现实技术"为例。据报道,苹果公司的最新专利显示,采取"增强现实技术",使用者拍摄的即时画面将显示在液晶屏幕的上半部,并通过无线网络将这些影像资料进行传送,由GPS抓取当前坐标值,再配合设备自身陀螺仪所侦测的数据,将所拍摄影像资料转换成3D立体图像,同时将使用者本身位置即时显示于立体地图上。这样的专利技术属于高新技术范畴,且在道路指引等方面有重要的实用价值。

处于"基底层"的发明创造,则可举本书第4章介绍过的"核桃破壳器"为例。这个"核桃破壳器"结构简单,但很有创意,很有构想,很有实用性。笔者从网上搜索到了相关设计的出处,该设计曾申请过实用新型专利。

具有较为明确的针对性,是专利技术的另一个重要特征。某些其他技术可以无所专指,广泛应用于各个领域,而仅对具体应用起宏观的指导作用,但专利技术就必须有明确的针对性。《专利法》对于"实用性"的阐述是:"该发明或者实用新型能够制造或者使用,并且能够产生积极效果。"这实际上也指出了专利技术应该具有的针对性。

当然,专利技术的最基本的特征,还是新颖性、创造性和实用性。对此,下一节会专门探讨。

5.1.2 新颖性、创造性和实用性

《专利法》第二十二条规定:"授予专利权的发明和实用新型,应当具备新颖性、创造性和实用性。新颖性,是指该发明或者实用新型不属于现有技术;也没有任何单位或者个人就同样的发明或者实用新型在申请日以前向国务院专利行政部门提出过申请,并记载在申请日以后公布的专利申请文件或者公告的专利文件中。创造性,是指与现有技术相比,该发明具有突出的实质性特点和显著的进步,该实用新型具有实质性特点和进步。实用性,是指该发明或者实用新型能够制造或者使用,并且能够产生积极效果。"

新颖性、创造性和实用性是专利技术最基本的特征,也是一项专利申请能否被授权的基本标准。其中,新颖性和创造性是一切发明的本质特征,没有新颖性和创造性就不成其为发明,当然也就不能授予专利权。对于新颖性与创造性的关系,笔者有如下体会:

其一,新颖性与创造性关系密切,是相辅相成的,两者融合在一起就是人们常说的创新性。

其二,新颖性的表征较为具体、明晰,也易于考查;创造性的体现则往往较为深奥,不太易于把握,需要对相关技术领域有较为精深而全面的了解。然而,创造性是专利技术的灵魂,没有创造性就不成其为专利技术了。

其三,在实际操作上,新颖性对于创造性可能会有某种"提携"作用。一个颇为新颖的发明或设计,有时会因为难以找到相应的对比文献,而使其在创造性上无懈可击。以此言之,新颖性似乎可以提升创造性。然而在当今时代,任何科技进步都应是在原有技术基础上加以创新而实现的,缺乏技术背景的发明或设计,其可靠性就值得怀疑了。

再来讨论实用性。实用性是专利技术最可贵的特征。笔者认为,在专利申请的审批阶段,新颖性和创造性是"硬指标",大多数被驳回的专利

申请是由于不具备新颖性或创造性。但是,到了专利技术的实施阶段,实用性就成了"硬指标"。缺乏实用性的专利技术,它的意义和作用是很有限的。关于专利技术的实用性,本章在后面还将继续探讨。

5.1.3 科研单位与企业对专利的不同需求

对于科研单位,开展技术研发进而申请专利是许多科研项目的预期目标之一,是科研项目的伴生"产品",因而科研单位有进行专利技术研发的积极性。但是,科研单位通常只是专利技术的研发者,而不是使用者,而专利技术的转让渠道往往又不很畅通,这就有可能使专利技术研发进入某种误区。本章后面将对这些误区进行讨论。将科研单位研发的专利技术加以充分利用,尽快转化为生产力,是当务之急。

对于企业而言,专利技术具有极为重要的意义:第一,使企业拥有自主知识产权,占有市场竞争的优势;第二,促进产品的升级换代或进军新领域;第三,保护企业的合法权益(知识产权);第四,有助于提升企业形象。

专利权是经济领域知识产权最重要的体现。在很多发达国家的企业,特别是跨国公司,早已把知识产权(主要是专利权)发展战略作为企业发展战略的重要组成部分。譬如,国外一些制药企业每年都投入巨额资金用于新药的研发,同时投入巨额资金用于药品专利的保护。而我国的制药企业在参与国际市场的竞争中,倘若忽视了技术研发与专利保护,将会面临知识产权的非关税贸易壁垒、侵权诉讼、抢先注册我国企业比较有价值的知识产权等风险。

因为有这样重要的意义,所以国内企业对专利技术的研发与保护已经逐渐重视起来。但是,许多企业(特别是中小企业)自身的研发能力不强,无法靠自己的力量来研发专利技术,而专利技术转让的渠道又不很畅通,使这些企业难以获取和使用所需的专利技术。

解决上述难题的途径有三条:

其一,大型企业加强自身的研发力量,建立自己的研发机构,增大科研投入。譬如,笔者曾参观过的奇瑞汽车公司等国内大型企业,拥有颇具实力的研发机构,在专利技术研发方面取得了卓著的成果。

其二，在企业、高等院校、科研单位之间建立"产学研"一体化的机制，使科研机构研发的专利技术可以畅通无阻地应用于企业生产。笔者曾参观过的贵州省复合改性聚合物材料工程技术研究中心，是2004年由科技部立项组建的国家工程技术研究中心，集科研、成果转化、人才培养为一体，在成套工程化技术研发和成果转化方面取得了显著的成效。

北京化工大学与江苏省常州市密切合作、协同创新，于2008年建立的北京化工大学常州先进材料研究院，亦是产学研结合的范例。该研究院建成以来，北京化工大学已与常州企业成立校企、院企新产品联合研究中心12个，合作范围涉及新材料、绿色化工、生物医药等领域。

其三，进一步疏通专利技术转让的渠道。

上述三条途径可以互相补充，互相结合，这将促进我国知识产权发展战略的落实，成为国民经济发展的支柱力量。

5.1.4 关注专利技术的研发过程

纵观专利技术产生与运用的全过程，主要包括专利技术的研发、专利申请的审批、专利技术的实施应用三个环节。其中，目前较为重视的是第二个环节，即专利的申请与审批。对于专利管理机构（国家知识产权局）而言，主要进行专利的审批工作；各地的专利代理机构则代理专利申请事宜。此外，还有一些技术中介机构从事专利技术的推介、转让，这涉及了第三个环节。而第一个环节——专利技术的研发，人们往往把它等同于一般的科技研发，并没有予以专门的关注。

专利技术的研发过程处于上述三个环节的"上游"，对于"中游"（专利审批）和"下游"（实施应用）无疑具有重要意义。如果我们对于专利技术的研发过程予以必要的关注，促使更多高质量的研发成果涌现出来，进而提交专利申请，这对于提高我国专利技术的整体水平将会产生深远影响。然而，在这个问题上，专利管理机构显然有些鞭长莫及，需要相关方面的协同努力。

举例来说，《专利法》第五条规定："对违反法律、社会公德或者妨害公共利益的发明创造，不授予专利权。"科技工作者都要遵守法律规定，自觉地不从事这类"研究"，不搞这样的"发明创造"，把隐患消除在研发阶段。科技工作者应该以满足社会需求、符合社会公德、实现社会效益为己任，进行自己的研发工作。这是在专利技术的研发阶段需要解决的问题之一。

笔者试图通过本章的内容，使人们的"关注点"前移，更多地重视专利技术研发过程中的问题，特别是专利技术研发的思路与方法。诚然，任何技术在被授予专利权之前都不能称为专利技术，但是从另一个角度看，任何专利技术都不可或缺地会有一个研发的过程，从这个意义上讲，我们可以对专利技术的研发过程进行探讨。具体见本章5.2节。

5.1.5 专利技术的品位与价值

已授权的专利数量浩大，每年还会有众多的新专利涌现出来，如何去评价这些专利的品位与价值呢？笔者不揣冒昧，在这里谈些一孔之见。

首先，让我们按专利是否获得实施并获得效益来进行讨论。有些专利已经获得实施，并且取得了显著的经济效益和社会效益，这样的专利无疑是专利中的上乘之品。也有些专利获得了实施，但尚未取得经济、社会效益，其原因可能是多层面的、复杂的，笔者以为应该因势利导，而不宜过分苛求。

还有为数不少的专利尚未获得实施，其情况也是多种多样，不能一概而论地认为未能实施的专利就不是好专利。未能实施的专利大概有如下几种情况：

（1）目前实施该专利的条件（如市场条件）尚不成熟，以后条件成熟了就可以实施。这样的专利可以视为相关企业或科研机构的技术储备。

（2）该专利是相关企业或科研机构的技术体系（可表现为专利体系）的一个节点，虽然没有直接实施，但作为整个技术框架的一部分却是不可或缺的。

据报道，一些大型企业每周都要提交大量的专利申请，其中大多数后来并没有在其产品中应用。这样建立起来的专利体系可以比喻为一张巨大的渔网，人们不会在意仅有区区几个网眼在最后捕到了鱼，而非常清楚倘若有一个网眼出现疏漏，便会使鱼儿逃之夭夭。

（3）某些专利虽未实施，但有助于提升相关企业或科研机构的技术形象。目前，对企业或科研单位实力进行评估的方法大都包括获得专利授权的数量这一指标。究其原因可能有三个：其一，获得专利授权的数量确实能够在一定程度上体现企业或科研机构的自主研发能力和拥有自主知识产权的状况；其二，专利授权要经过审查员的严格审批，具有权威性；其三，专利授权的信息是公开发布的，易于统计与核实。但是，这样的专利一定要有较高的技术水平或实用意义，不可以片面追求数量，否则就有可能适得其反。

（4）某些专利未能实施，属于技术市场交流沟通上的问题。一些本来具备实施潜力和应用价值的专利未能找到相关实施企业，因而未能获得实施。这部分专利的数量是很大的。

（5）有些专利未能实施是因为设计上有所不足，加以改进后就可以实施了。

（6）有些专利本身虽不具备实施的条件，但其设计思路有独到之处，可以为其他技术研发或产品设计提供启迪。

上述六种情况，专利虽未实施，但都有一定的价值。

也有一些专利没有任何价值，属于垃圾专利。笔者认为，垃圾专利的数量极少。因为专利授权经过了审查员的严格把关，绝少可能让垃圾专利获得授权。另外，申请专利是要付费的，恐怕没有人愿意为垃圾专利买单。

5.2 专利技术研发思路与方法

专利技术的研发阶段与一般意义上的新技术、新产品研发并没有泾渭分明的区别。本书第 3 章关于科技创新思维方式的讨论、第 4 章关于新技术及新产品研发的探讨，都可以视作本章内容的铺垫，在专利技术研发中酌情采用。这里仅就专利技术研发中的一些特殊问题加以讨论。

5.2.1 发明与发现

说到发明与发现的关系，笔者想起一件往事。

第 5 章
关于专利技术研发

上世纪 90 年代,我在研究磁场对化学反应的影响时,发现磁场可以促进环氧树脂的固化反应。于是就想到要就此发现去申请一个专利,这是我第一次申请专利。当时本校科研处兼管代理专利申请的是卢国楷老师。卢老师告诉我,专利授予发明,而不授予发现,不能为发现申请专利。在卢老师启发下,我设计了"一种用于环氧树脂固化的磁处理设备",提交了专利申请,并获得了授权。

专利权不能授予发现,但发现与发明之间有密切的关系,发现往往是发明的先导。首先要善于发现,同时还要善于把发现转化为发明。为了说明发现与发明的关系,举中国古代四大发明之一的指南针为例。

古代的指南针称为"司南",呈勺子的形状。指南针的发明应该与如下三个发现有关:其一,磁石的发现;其二,地球磁极的发现;其三,磁石的指向与地球南北向的相关性。其中,第一、第三这两个发现对于指南针的发明是必需的,第二个发现则可以晚于指南针的发明。

然而,上述发现并不能等同于指南针的发明。用今天的说法,上述发现是不能申请专利的。由这些发现到指南针的发明,大约还需要经由如下路径:

第一步,将磁石制成磁针,磁针的两端为磁石的两极,这样才能发挥磁石的指南作用。古代司南的磁针是勺形的,其勺柄突出了磁石两极中的一极,而不是现代指南针的针状。这可能有三个原因:其一是勺形的柄端在导引方向上颇为显眼;其二是古人受到了北斗七星呈勺形的启迪;其三是古人并没有认识到磁石两极以及地球南北两个磁极的对称性。笔者认为,上述原因中第一个原因是最为可能的(这表明古人的发明很注重实用性);第二个原因也有可能(这表明联想式思维是发明的一条思路);而第三个原因即使存在,也只是古代指南针发明的文化背景而已。

第二步,制作一个底盘,盘上标出南北东西方向,使指南针更为实用。

第三步,尽可能降低勺形磁针与底盘之间的摩擦力,使磁针可以自由旋转。这可以从两方面着手:其一是使勺形磁针的底面与底盘的表面尽可能光滑;其二是尽可能减少两者之间的接触面积。古人显然已经有了摩擦学方面的经验和知识,从司南的设计中可以看到这一点。

指南针的发明为野外旅行、航海、军队作战等提供了重要的工具。当然，从最初的司南到应用于旅行、航海、作战的指南针还要解决一系列技术问题，包括缩小体积、方便携带、不怕震动颠簸等。进一步的发明就应运而生了。

新颖的指南针装饰品

今天，我们为指南针申请发明专利已经不可能了，因为它早已公开，失去了新颖性。但是，如果有创新的设计，或许还有可能申请实用新型专利或者外观设计专利。

指南针为我们阐释了发现与发明的区别，以及从发现到发明的路径。发现不能等同发明，发现也不能申请专利，但是发现可以孕育发明、支撑发明、启迪发明。

在现代科技发展进程中，从发现到发明的实例就更多，难以一一列举了。

5.2.2 新颖性、创造性产生的途径

申请专利的技术必须具有新颖性、创造性和实用性，其中新颖性与创造性是专利技术的本质特征。有许多专利申请正是因为不具备新颖性、创造性

而被驳回。那么，在专利技术的研发过程中，怎样来确立新颖性和创造性呢？应该说，新颖性与创造性产生的途径是多种多样的，无法一一尽数。笔者在这里只能略述几个可行的途径。

(1) 缜密全面的文献检索

在某一项创新技术的开发之初，进行缜密全面的文献检索，特别是专利文献的信息分析，是颇具重要意义的。

恰如有关专家所指出："通过全面而严密的专利信息分析，可以帮助企业找到技术的空白点和技术的发展趋势，企业可以根据自己的情况来决定是跟随主流技术还是寻找别人未曾涉及的领域开发属于自己的技术，企业也可以决定是做基础性的研发还是在别人的基础上做后继开发并形成自己的专利。"

补充一点，除了专利文献之外，非专利文献的检索也很重要。如果你的研究内容与期刊上某篇论文的内容重合或颇为相似，也会使你的工作失去新颖性和创造性。

(2) 独辟蹊径的创新思维

以独辟蹊径的创新思维来研发专利产品，成功的例子是很多的。从大方向上来说，数码照相机、平板电脑等新产品的问世都是独辟蹊径的创新思维的产物。关于科技创新的思维方式，可参阅本书第 3 章。

(3) 社会需求的充分满足

如本书第 1 章所述，社会需求是科技发展的第一动力。使社会需求得到充分满足，亦是专利技术研发的重要思路。

以 3D 技术为例。3D 技术的最初发展是基于人们对于娱乐的需求，开发了 3D 电影等领域。进一步将 3D 技术应用于手机，如果依然以娱乐为目的就不太可行了，因为手机的屏幕太小，难以产生立体空间的动感和震撼效果。前述苹果手机开发的"增强现实技术"将 3D 技术应用于形成立体地图，以满足人们对于道路指引的需求。这样针对社会实际需求而开发的专利技术也具有另辟蹊径的特征，从而展现出新颖性和创造性。

(4) 尖端技术的民间应用

有一些曾经的尖端技术，随着科技进步而进入了寻常百姓生活。这个过程中当然要有许多创新，因而也是专利技术研发颇具前景的空间。

以医学检验中采用的"胶囊胃镜"为例。"胶囊胃镜"的正式名称叫胶囊内镜，其结构和工作原理如下：

胶囊内镜是一枚"智能胶囊"，其前端为透明球状，里面是一个微型数码摄像机和几盏闪光灯，可以在消化道内拍出清晰的照片。胶囊内镜检查前，被检查者须先禁食。被检查者服下该"智能胶囊"后，胶囊因胃肠动力而自行在体内穿行，并摄下胃和大肠、小肠的图像。图像通过传感器以数码的形式传输到被检查者随身携带的一个比香烟盒子略大的记录装置上。整个过程大概需要8～10小时，其间被检查者可离开医院正常工作、生活。时间到了以后，被检查者只需送回数据记录仪，医生根据记录仪内的数万张照片，查看食道、胃、小肠、大肠的病变情况。最后，智能胶囊将自动排出体外。

笔者猜想，胶囊内镜所装设的微型摄像机，原本大概是特工人员的专用装备，现在成了普通老百姓的用品，这是尖端技术用于平民用途的一个范例。胶囊内镜的检查费用为3000～5000元，对于民众来说虽然还是贵了一些，但相对于如此尖端的设备，还是一次性使用，已经相当便宜了。这正是因大规模应用而"摊薄"了成本的缘故。

数码照相机的开发也是尖端技术转为民用的范例。数码摄影最早出现在美国，20多年前，美国曾利用它通过卫星向地面传送照片。后来数码摄影转为民用，获得了飞速的发展。

除了上面所提到的几个可行的途径之外，新颖性、创造性产生的途径还有很多。以工业生产线设备为例，生产线的主机一般是定型产品，不能轻易改变，但辅机的变化就相对较为容易。开发出具有新结构、新功能的辅机，能够扩大主机的应用范围，同时可以申请专利。此外，本书第4章介绍过的不同学科的交叉点，亦是专利技术开发的很活跃的空间。

5.2.3 实用性怎样落实

《专利法》要求专利技术具有实用性，并进一步阐释："实用性，是指该发明或者实用新型能够制造或者使用，并且能够产生积极效果。"按照《专利法》，实用性的含义包括"能够制造或者使用"和"能够产生积极效果"两个方面。而在具体实施中，实用性的含义是很广泛的。

笔者认为，专利技术的实用性可以分为两个层次：第一个层次是在专利申请过程中,该技术要拥有一定的实用性而使申请得以获得授权;第二个层次是在实施过程中,要满足实用性的一些基本要求。两个层次的实用性并无本质的区别,但第二个层次的实用性涉及了实用性怎样落实的问题。笔者在这里只讨论第二个层次。

在专利技术的实施过程中,实用性将具体地显现出来。实用性的涵盖面极为宽泛,以下几点特别需要引起重视。

(1) 具有使用价值

使用价值也是包罗万象的,但对于日常用品而言,人们较为关注的一些问题,如功能的多样性、使用的便捷性等,尤为需要留意。

(2) 具有安全性和可靠性

安全性和可靠性是任何产品或技术的第一要点。专利技术应该以提高安全性和可靠性为己任,而不能以降低安全性和可靠性来博取"创新"。

(3) 符合环保理念

随着环境问题的日趋严重,环保理念日益深入人心,环保要求越来越严格。对于不符合环保理念的产品或技术,应该予以一票否决。

上述几点在前面各章中已经多次论及,后面的各章中还要讨论,这里不作详细论述。

为创新技术或产品申请专利的目的,在于通过专利保护来使专利权的拥有者享受专有的权益,特别是使企业通过专利制度来保护合法权益。然而,专利产品或技术只有获得市场的认可,才能实现其利益。恰如一部电影,只有得到观众认可,才会有票房。当然,知识产权保护也很重要。否则,盗版猖獗,合法商家就得不到利益。但是,处于第一位的,仍是要认可。而只有具备实用性的产品或技术,才会被市场认可。实用性的重要意义就在于此。

大概是因为笔者申请过一些专利,对专利有一些了解,所以总喜欢用专利的眼光去审视周围的事物。譬如,看到一个有一定新颖性、同时颇有实用性的产品就会想到:这是个专利产品吧?看到一个很有新颖性但却不怎么实用的产品时也会想到:莫非这产品申请了专利?前者给人带来喜悦,后者带来的是疑惑。

由此想到新颖性与实用性的关系。笔者认为,实用性是专利技术的重要价值基础。缺乏新颖性和创造性的专利申请不符合专利的条件,因而不可能获得授权;但缺乏实用性的专利在实施运用方面就没有什么价值可言。只有植根于实用性的土壤中的新颖性和创造性才真正有意义。

5.2.4 申请专利时机的选择

本书只探讨专利技术的研发过程，不涉及申请专利的程序。这是因为有关专利申请程序及相关事宜的专著很多，读者可参考阅读这些专著。在这方面笔者也并不是内行，不能班门弄斧。但是，申请专利时机的选择是在进入专利申请程序之前，是由专利申请者自行定夺的。对这个问题笔者要加以探讨。

考虑申请专利的时机，需要了解专利申请的几个理念，包括"先申请原则"、专利可以授予设想等。

专利权的认定原则之一，是"先申请原则"。《专利法》第九条规定："两个以上的申请人分别就同样的发明创造申请专利的，专利权授予最先申请的人。"如果有多位研究者在研究同一项目，都取得了成果，那么谁先提交了专利申请并被知识产权局受理，谁就占据了先机。而没有占据这个先机的研究者也就失去了申请同一专利的可能。所以，在专利申请中，"先申请"是很重要的。即使你是先于别人开始某项研究的，但如果在申请专利时迟了一步，便会错失良机。

还要知道，专利权是可以授予设计或设想的。譬如你设想了某个装置，对它的结构有了设计方案，如果这个设计符合《专利法》所要求的新颖性、创造性、实用性的要求，你就可以申请专利。你设计的这个装置必须是能够制造出来的，但是你在申请专利时并不一定要真的把它制造出来。这样，专利申请的时间就可以大大提前。

一般来说，当一项研究取得阶段性结果的时候，如果结果显示出该研究成果的新颖性、创造性与实用性，就可以申请专利，以保护自己在本研究中所取得成果的专有权益，避免被别人抢占先机。特别要注意，一定要在相关论文发表、相关产品上市之前申请专利，以免失去新颖性。

或许读者会问，专利申请是不是越早越好呢？笔者认为，在很多情况下，为了占据先机，是应该及早申请。这时候，需要抓紧的时间要以"周"甚至以"天"来计算。但是，任何事情都有两面性，过早申请专利也可能有不利的一面。一般来说，需要考虑如下因素：

（1）对于一个企业或科研机构来说，需要申请的往往不是单一的专利，而是由若干专利组成的完整的专利体系，这样才能全面地保护自己产品或技术的专有知识产权。如何构建这个专利体系？哪些专利需要先申请？哪些可以稍后一步？这些应该全盘统筹考虑，既需要有战略发展的眼光，又需要对专利审批的相关程序和规定有精深的了解。

（2）对申请专利的目的要有明晰的认识，是为了抢占某一个领域的先机，也就是俗话所说的"跑马占地"，还是有更缜密的计划？"跑马占地"固然很重要，缜密的计划也不可或缺。

（3）对于有巨大应用前景的技术或产品（特别是提出新的技术趋向的专利申请），在申请专利之时，申请者在该技术或产品的实施应用方面是否有足够的跟进措施？是否有雄厚的后续开发力量？是否为这些做好了充分的准备？如果都没有的话，会不会落得"为人作嫁衣"的不幸结果？这样的事情其实是不乏先例的，所以要引以为戒。

在军事上，有"先发制人"与"后发制人"两种策略，亦可借用作专利申请的策略。两种策略都各有道理，各有适用的场合，人们可以自行揣度。

5.3 关于专利领域的若干误区

专利是一个备受关注的领域。人们在对于专利的认识和运作上，存在着一些误区。这里，仅就笔者观察到的几个误区进行探讨。

5.3.1 为申请专利而申请专利

《专利法》第一条："为了保护专利权人的合法权益，鼓励发明创造，推动发明创造的应用，提高创新能力，促进科学技术进步和经济社会发展，制定本法。"指明了建立专利制度的目的。

申请专利并不是目的，保护知识产权、促进科技进步才是目的。但是，一些地方和单位却把申请专利与政绩、业绩挂钩，使申请专利变成了目的。

这样的错误倾向，使得一大批本来不具备申请专利条件的申请进入了专利审批的程序。这无疑会加重专利审批机构的工作量，而且做的是"无用功"。

更有甚者，有的地方对于仅仅获得专利申请号者也给予鼓励。这就导致一些只是为了获得申请号而提交的申请进入了审批程序，更是社会资源的无端浪费了。

普及《专利法》教育，提高对于知识产权的认识，杜绝将专利申请与政绩挂钩的做法，都是解决上述问题的途径。

5.3.2 片面追求新颖性

本章5.1.2节在讨论新颖性与创造性的关系时曾指出，新颖性对于创造性可能会有某种"提携"作用：一个颇为新颖的发明或设计，有时会因为难以找到相应的对比文献，而使其在创造性上显得无懈可击。大约正是由于意识到新颖性对于创造性的"提携"作用，使得有些专利申请者为了使专利申请获得授权，存在着片面追求新颖性的倾向。

为了阐明片面追求新颖性可能造成的负面影响，让我们先来讨论一下新颖性与实用性的关系。本章前面曾论及，只有植根于实用性的新颖性才真正有意义。在这里，笔者要进一步提出：新颖性与实用性之间存在某种互相制衡的关系。新颖性以求新求变为特征，实用性则常常趋向于稳定和保守，两者颇有点"南辕北辙"的意味。要使新颖性与实用性得到完美的兼顾，往往需要跨越式的思维，这是很不容易做到的。有鉴于新颖性与实用性之间互相制衡的关系，片面追求新颖性时而会损伤实用性。

笔者撰写本书时，刚好是有关"铬超标胶囊"事件的报道沸沸扬扬的时候。在报道中，提到了有关利用皮革废料提取食用明胶的专利申请。其中一项曾经授权但已经失效的专利，名为"一种制备高铬明胶的方法"，有可能就是片面追求新颖性的产物。

前车之鉴，后来者当引以为戒。

在科技开发中，研究人员应该通过扎扎实实的努力，获得真正具有新颖性、创造性和实用性的创新成果，而不应该急功近利、揠苗助长。

5.3.3 把论文直接转化为专利申请书

如前所述,一些科研项目在预定目标中有申请专利的要求。这些项目同时也有发表论文的要求。既然申请专利和发表论文都是必需的,那么把两者"结合"起来,似乎就成了自然而然的选择。

笔者并不赞同这种做法。我认为,科研论文与专利申请并不是一回事,不能等量齐观。科学论文与专利同属知识产权保护的范畴,但两者之间差异巨大。笔者申请的一些专利并没有发表论文,实际上也根本就无法发表论文,不是发表论文的"料"。反之,笔者发表的绝大多数论文,也没有想到去申请专利,它们也不是申请专利的"料"。有少数既发表了论文又申请了专利的研究结果,专利申请书的撰写与研究论文的撰写也是两码事,侧重点很不相同。我相信,大多数科技工作者与笔者有相同的做法。

但是,笔者注意到,确实存在着把研究论文直接转化为专利申请书的做法。我在查阅专利文献时发现了这样的现象。其具体做法是把论文的绪论部分当做专利申请的技术背景,实验部分改写成权利要求,实验结果则当做实施例。我认为这种做法是不可取的。研究论文大都是论述科学发现,专利申请则展示科技发明,把研究论文直接改写成专利申请,难免有牵强附会之处。

5.3.4 认为专利技术就是先进技术

认为专利技术就一定是先进技术,这其实是一种误解。专利技术所拥有的新颖性、创造性和实用性,并不能保证其先进性。

专利制度从整体上讲确实体现了技术进步,也有许多专利技术确实是很先进的技术。但这并不能保证每一项专利技术都具有先进性。专利制度的本质,还是体现了对于专利所有权的保护,而不是对于其先进性的褒扬。

我们看到有产品上面标注有专利号的时候,首先要想到这个产品是受专利保护的,要尊重人家的知识产权;然后就要想到,这产品具有某种新颖性、创造性、实用性。至于先进性,则要在市场的大潮中接受考验。

《专利法》第四十二条规定:"发明专利权的期限为二十年,实用新型专利权和外观设计专利权的期限为十年。"为专利技术提供较长时间的保护期，这对于充分保护专利权人的合法权益是很有必要的。但从另一个角度看，当今时代技术进步的速度很快，有些技术甚至每年都会更新换代，原有专利会与新的专利共生共存。这也促使我们不能以刻舟求剑的方式看待专利技术的先进性。

5.3.5 某些专利对于侵权行为难以查证

申请专利的目的在于保护发明人及专利权人的合法权益。当发生侵权行为的时候能否对侵权行为加以有效的查证，对于保护专利权是至关重要的。

某些类型的专利较为易于对侵权行为进行查证。譬如药品专利，如果该药品是单一的化学成分，就很容易通过化学结构的测定来查证侵权行为。许多西药都属于这样的类型。而一些中药的组方很复杂，查证侵权就有难度。还有笔者熟悉的高分子材料领域，一些塑料制品的配方也很复杂，如果申请塑料制品配方的专利，通常是难以对侵权进行查证的。

又如，有关设备、装置方面的专利都有一定的结构设计，所以较为易于对侵权进行查证。而技术方法的专利，如果需要以特定的设备、装置为依托，则也易于查证。但是，技术方法的专利如果不需要以特定的设备、装置为依托，那就很难查证了。

鉴于上述情况，专利技术的研发者应该考虑到对侵权行为查证的难易，在申请专利时就要有所准备。

本章开始时曾引用专家的论点："专利制度的好处就是使得技术进步和发明都被记载下来，再向社会予以公布。没有专利制度，必然会造成人类精力和宝贵智慧的浪费。有了专利制度，我们很容易就可以知道哪一种技术发展到哪种程度了，这整体提高了人类的知识创造的效率。"

专利制度在我国实施仅有 30 多年，有许多经验需要总结，许多规律需要探索。企业界如何通过专利战略来谋求发展，科技界如何通过专利来推介成果，已经获得授权的大量专利如何充分发挥其作用，这些都是需要进一步研讨的课题。

第 5 章
关于专利技术研发

本章思考题

1. 怎样理解专利的新颖性、创造性和实用性?
2. 专利技术的品位与价值是怎样体现的?
3. 专利技术的新颖性和创造性是如何产生的?
4. 专利技术的实用性怎样落实?
5. 你申请过专利吗?如果申请过,有何经验和体会?

科研团队为科技创新建设活力平台

科技"维稳"与科技创新携手并进

第 6 章 科技创新若干问题的探讨

围绕着科技创新还有许多问题需要探讨。首先，是科研团队的建设，这个问题的重要性毋庸置疑；然后，笔者想到了科技创新与科技"维稳"的关系，这段思绪如鲠在喉，不能不一吐为快；此外，关于科技领域的泡沫现象、关于著作权、关于人文精神的回归等，也都与科技创新息息相关，需要引起关注。

6.1 关于科研团队建设

在当今时代，任何重大科技创新成果的取得都要靠科研团队的力量。因而，加强科研团队建设对于科技创新是至关重要的。笔者在这里对于团队建设的一些具体问题，援引国际与国内的成功范例进行探讨，并结合自己的科研经历谈谈体会。

第 6 章
科技创新若干问题的探讨

6.1.1 重点实验室：科技创新的活力平台

重点实验室的建设，可以为科研团队从事科技创新提供充满活力的技术平台。让我们先来了解一下国际上著名的实验室，仅以卡文迪许实验室为例。

在专门的实验室出现之前，实验研究通常是在科学家的私人宅邸中进行的。直到19世纪，有了专门的实验室，科学实验才从科学家私邸中转移出来，形成社会化和专业化的研究机构。1870年，英国皇家科学教育委员会委员、剑桥大学名誉校长卡文迪许为剑桥大学捐献了建造一所物理学实验室的基金。1871年，由著名物理学家、电磁场理论的奠基人麦克斯韦领导，在英国剑桥大学建立了卡文迪许实验室，这可能是世界上最早建立的实验室之一。该实验室对物理学的发展产生了极其重要的影响，众多著名科学家都曾在该实验室工作过。卡文迪许实验室被誉为"诺贝尔物理学奖获得者的摇篮"。

为建设卡文迪许实验室，麦克斯韦耗费了巨大的心血。据相关文献介绍，在卡文迪许实验室的筹建阶段，麦克斯韦到达剑桥，随即热情地投入工作。他和建筑师一起搞实验楼建筑设计，与仪器制造商进行无尽无休的订货谈判，和校长、副校长讨论实验室建设问题。他清楚地知道未来的实验研究需要明察秋毫的缜密，所以竭尽全力去关注筹建计划的所有细节。他精心挑选最有效的设备，必要时亲自检验和设计各种装置。他甚至自己花费大笔钱款去购买仪器。作为一位杰出的物理学家，麦克斯韦为建设卡文迪许实验室所做的这一系列殚精竭虑的工作，令人倍感敬佩。

1871年，卡文迪许实验室建成。麦克斯韦发表了就职演说，他在演说结尾语气昂然地指出："我们很高兴回到那些杰出人士的行列中，他们无论在思想上还是在实践上，都通过对高尚目标的渴求，超越惊涛骇浪升腾到晴朗的天空。那里既没有对意见的歪曲，也没有模棱两可的表达，而是一种思想和另一种思想的紧密连接……"这是理性与激情何等完美的结合！确实，在科学研究中，理性的思考与创新的激情都是需要的。

卡文迪许实验室在麦克斯韦主持下进行了多项科学研究，包括地磁、电磁波速度、电气常数的精密测量、欧姆定律实验、光谱实验、双轴晶体等，这些工作为后人的研究起了开辟道路的作用。

在麦克斯韦领导下,卡文迪许实验室开展了卓有成效的教学工作。按照麦克斯韦的主张,在系统地向学生讲授物理学知识的同时,还要辅以演示实验。他批评当时英国传统的"粉笔"物理学(即过分注重理论教学的教学模式),呼吁加强实验物理学的研究及其在大学教育中的作用,倡导实验科学的精神。他对实验演示仪器的要求是结构简单,使学生易于掌握,能够自制或组装。麦克斯韦说:"这些实验的教育价值往往与仪器的复杂性成反比。学生用自制仪器,虽然经常出毛病,但却会比用精密仪器能学到更多的东西。对于精密仪器,学生易于产生依赖思想,而且不敢拆解成零件。"从那个时候起,在教学中使用自制仪器就成了卡文迪许实验室的传统。

麦克斯韦预见了电磁波,由此而发展起无线广播、无线通信

当然,卡文迪许实验室也并不忽视精密仪器在科学研究中的使用。该实

验室附设有工厂，可以制作很精密的仪器；还向仪器制造商订购了大量精密仪器。这些精密仪器在科学研究中发挥了重要作用。

在实验室里，除了教学和对研究进行监督之外，麦克斯韦还考查学生，评审杂志的论文，撰写评论，为百科全书编写条目，并举办科普讲座。

麦克斯韦于1879年因病去世，年仅48岁。

1884年，麦克斯韦的接任者瑞利被选为皇家学院教授而辞职，由28岁的J. J. 汤姆逊继任。

在汤姆逊任职的35年间，卡文迪许实验室取得了诸多卓越的成就，其中包括：进行了气体导电的研究，导致了电子的发现；发明了质谱仪，促成了同位素的研究；发明了膨胀云室，为基本粒子研究提供了有力武器；电磁波和热电子的研究导致了真空二极管和三极管的发明，促进了无线电电子学的发展和应用。

这里，要特别介绍一下汤姆逊对于发现电子的贡献。在气体导电的研究中，汤姆逊发现了一种带负电的粒子。他自问：这些粒子是什么呢？它们是原子还是分子，或者是更细微的物质？当时的科学界还不知道比原子更微小的东西，因而需要通过更精细的实验来加以考察。为此，汤姆逊设计了一系列既简单又巧妙的实验：他首先想到，单独的电场或磁场都能使带电粒子的运动发生偏转，而磁场对粒子施加的力与粒子运动速度有关。于是，汤姆逊对粒子同时施加电场和磁场，并通过调节使电场和磁场所造成的粒子偏转互相抵消，让粒子仍做直线运动。这样，由电场和磁场强度的比值就能算出粒子运动的速度。而粒子运动的速度一旦找到后，单靠"磁偏转"或者"电偏转"就可以测出粒子的电荷与质量的比值。通过该实验，汤姆逊发现这种带负电的粒子的质量比氢原子的质量要小得多，大约仅为其二千分之一。在此基础上，科学家终于发现了电子。这个科学发现的范例，表明了实验方法对于科学研究的重要意义。

1906年，汤姆逊荣获了诺贝尔物理学奖；1916年，他担任了英国皇家学会主席。

从1895年开始，经汤姆逊建议，卡文迪许实验室实行了吸收外校（包括国外）毕业生当研究生的制度，建立了一整套研究生培养制度和良好的学风。一批批优秀青年陆续来到这里，在汤姆逊指导下进行学习与研究。他培养的研究生当中，著名的有卢瑟福、朗之万、汤森德、麦克勒伦、W. L. 布拉格、C. T. R. 威尔逊、H. A. 威尔逊、里查森、巴克拉等，这些人都有重大建树，共有9人获得诺贝尔奖，有的后来调到其他大学主持物理系工作，成为科学研究的中坚力量。

汤姆逊对自己的学生非常严格。他要求学生在开始做研究之前，必须学好所需要的实验技术；进行研究所用的仪器全要自己动手制作。他认为大学应是培养会思考、有独立工作能力的人才的场所，不是用"现成的机器"投影造就"死的成品"的工厂。因此，他坚持不让学生使用现成的仪器，他要求学生不仅是实验的观察者，更要成为实验的创造者。在这方面，汤姆逊继承并发展了麦克斯韦倡导的实验科学的精神。

1919年，汤姆逊将卡文迪许实验室主任职务让位于他的学生卢瑟福。卢瑟福是一位成就卓著的实验物理学家，是原子核物理学的开创者。卢瑟福也很重视对青年人的培养。在他的带领下，查德威克发现了中子，考克拉夫特和瓦尔顿发明了静电加速器，布拉凯特观察到核反应，卡皮查在低温研究中取得硕果，此外还有电离层的研究、空气动力学和磁学的研究等。

1937年，卢瑟福去世，由W. L. 布拉格继任卡文迪许实验室第五届负责人，以后是莫特和皮帕德。20世纪70年代以后，古老的卡文迪许实验室大大地扩建了，研究的领域包括天体物理学、粒子物理学、固体物理及生物物理等。卡文迪许实验室至今仍不失为世界著名实验室之一。

卡文迪许实验室的科学研究与教学的方式方法，很值得国内科技教育界参考借鉴。诚然，卡文迪许实验室之所以能在近代物理学的发展中作出这么多的贡献，有它特定的时代背景和社会条件，但是它创造的经验还是很值得人们吸取和借鉴的。

特别是对于实验研究的注重，很值得我们深思。麦克斯韦要求在演示实验中让学生自制仪器；汤姆逊则坚持不让学生使用现成的仪器，进行研究所用的仪器全要自己动手制作，他要求学生不仅是实验的观察者，更要成为实验的创造者。这些对我们很有启示。

当然，在如今的实验室条件下，许多实验必须在现成的仪器上进行，不可能都用自制仪器。但是，我们也不能因此就成为现成仪器的奴隶，如汤姆逊所言，用"现成的机器"投影造出"死的成品"。

对此，笔者有如下认识：

(1) 在使用现成仪器的时候，特别是使用精密仪器的时候，尽管仪器本身不能拆改，但在实验条件、实验方法上，仍然有极其宽阔的运作空间。这就是科学探索的自由空间，也是科学创造的宽阔平台。举例来说，电子显微镜是现成的仪器，但在观测条件上可以调节，在观测点的选择上余地也很大。至于电子显微镜所观测样品的制样方法，那就更是多种多样、颇有创新空间了。一种好的制样方法的创立，对获取所需的电镜照片至关重要。在高分子材料科学领域，对于塑料与橡胶共混样品进行电镜观测时，曾经因为无法获得具有明显对比度的照片而使研究者备受困扰。后来，四氧化锇染色的制样法发明出来，这个问题迎刃而解。以此为契机，还促使聚合物共混研究获得了迅速发展。

(2) 现成的仪器，特别是新型的精密仪器，是现代科学研究的重要工具，但绝非唯一的选择。当今的科学研究中，在采用现成仪器的同时，仍然有自制仪器的必要性和可行性。先说必要性。现成的仪器虽然先进而且精密，但不太可能涵盖科学研究的所有范畴。特别是当研究中出现新的需求的时候，要求从某个新的视角来进行考察，又没有专用的仪器，这时自制仪器就势在必行了。将原有仪器以新的方式组合应用，也可归为"自制"之列。笔者认为，当年汤姆逊要求学生自己动手制作仪器，也应包括现有仪器的改进、组合与联用。再说可行性。读者可能还记得，本书第 4 章关于固体粉末接触角测定方法的改进，是自制测试装置的一个范例。这样的例子还有很多，本书限于篇幅，就不一一介绍了。读者可以根据需求自行探索。

(3) 也应该看到，我们所处的时代与麦克斯韦、汤姆逊的时代毕竟很不相同了。在他们的时代，现代科学正在萌生之中，那时如果一味地采用现成的仪器，就不啻于自缚手脚。而在我们的时代，科学技术已经相当发达，仪器也很先进，虽然仍有自制仪器的必要性与可行性，但这毕竟只是辅助性的了，多数情况下要以采用现成仪器为主。对于我们来说，科研中的创新成果主要通过实验方案（包括方法与思路）的创新来实现，这既包括前面所述的实验操作条件，更包括总体的技术路线设计、试验配方等。要尽可能探索研究方法与思路的创新。假如采用的仪器是现成的，实验方案与思路也是现成的，这样的"研究"恐怕就实在是乏善可陈了。

(4) 汤姆逊要求学生不仅是实验的观察者，更要成为实验的创造者；他认为大学应是培养会思考、有独立工作能力的人才的场所，这些主张并没有过时，对我们仍然很有启示意义。要切记：仪器只是实验的工具，而我们自己才是实验的创造者。要避免被"现成的机器"的"投影"所制约，就不但要对实验方案有缜密的设计，而且要对实验结果有清醒的认识和分析。譬如，当某一实验有多种可行方案时，要选择最适宜的方案；对于单一的实验结果要持审慎的态度，力求通过其他途径加以比对和验证；要善于区分实验结果中的真相与假象，不要盲目相信表观的数据；等等。这些，在本书相关章节中都作了介绍，读者可以参阅。

（5）麦克斯韦、汤姆逊等卡文迪许实验室的"掌门人"都很注重理论与实验的结合。麦克斯韦、汤姆逊等人都既是理论物理学家，又是实验物理学家。这对国内重点实验室的建设也很有启迪意义。本书第1章曾指出：实践与思辨是科技发展的内在动力，也是意在阐明理论与实验的关系。

麦克斯韦在他1871年的就职演说中，特别强调了理论和实验结合的重要性，他以斩钉截铁的语调作出如下陈述："直到我们尝试把我们教育的理论方面和实践方面联系以前，我们就不能开始体验法拉第所说的'思想惯性'的全部效应——不仅难于认识我们面对的具体对象之间那种我们从书本上学到的抽象关系，而且思想迷惘使符号偏离对象，甚至丢弃对象退到符号上去。不管怎样，这毕竟是我们为新思想所付出的代价。但是，当我们克服了这些困难，成功地跨越抽象和具体之间的鸿沟以后，我们得到的就不仅是片段的知识，而是获取了永恒的心智宝库的门径。通过如此这般的反复努力，我们就比较充分地发展了科学能力，锻炼了这种发现自然界中科学原理的才能，而且对把理论直接用于实践不再感到厌烦，反倒成了欢乐的无尽源泉，我们经常如此向这里回归，就连那些散漫的思想也会开始在科学的轨道上运行。"

麦克斯韦的这段话不太好懂，反复读几遍，认真领悟，可以获得莫大的启示。当我们跨越了理论与实践的鸿沟之后，就能真正踏上科学的轨道。

国内对于重点实验室的建设是很重视的，在高等院校、科研机构建立了许多国家级重点实验室，还有省部级重点实验室和各类研究中心。这些重点实验室、研究中心可以成为科技创新的活力平台，为科技创新作出重要贡献，亦是科研团队的依托平台。

以笔者所在的北京化工大学材料科学与工程学院为例，有"新型高分子材料制备与加工"北京市重点实验室、先进复合材料研究中心、先进弹性体材料研究中心等。

"新型高分子材料制备与加工"北京市重点实验室于2001年由北京市批准成立,并正式对外开放。该实验室依托材料科学与工程一级博士学科点、高分子化学与物理理学一级博士学科点、材料加工工程二级博士学科点和材料学二级博士学科点,形成以下重要研究方向:新型高分子材料的设计、合成与性能研究;聚合物表面工程;聚合物材料的高性能化;先进聚合物加工技术与理论;有机/无机纳米复合材料;功能性聚合物及其复合材料;新型生物材料。该实验室承担和完成了多项"973"、"863"、国家自然科学基金等重大课题,在新型高分子材料的制备、加工、成型、复合、结构性能研究等方面做出较大成绩,为高分子材料科学与工程领域人才培养作出重要贡献,对我国新材料的发展和北京市科技、经济、社会的进步起到了积极作用。

北京化工大学材料科学与工程学院先进复合材料研究中心组建于2004年,是国家碳纤维工程技术研究中心、碳纤维及功能高分子材料教育部重点实验室的重要组成之一,主要研究方向为碳纤维树脂基复合材料、纳米复合材料、生物复合材料及复合材料的工程化与应用技术。中心旨在实现高分子与碳纤维结合的复合材料方向发展,成为国内高校领先的先进复合材料人才培养和应用基础研究平台,实现先进复合材料在航天、航空、基础工业及生物材料领域的实际应用。

由长江学者特聘教授张立群任主任的北京化工大学先进弹性体材料研究中心始建于1980年,是我国橡胶科学与工程领域的重要研究力量之一,也是该领域高层次人才培养的重要基地之一。该中心的主要研究方向包括:弹性体的纳米增强技术与理论,具有耐油、耐高低温、阻燃等特性的弹性体,具有声、光、电、磁等功能的弹性体复合材料,绿色环保的弹性体材料,具有生物功能的弹性体材料,等等。近年来,该研究中心面向国家重大需求、区域经济和行业发展,先后承担并很好地完成了许多项国家级和省部级的研究课题以及企业的委托课题。

先进弹性体材料研究中心作为高等院校的研究中心,切实担负起了教书育人的职责。在研究生培养上,该中心的教师们非常重视培养学生的创造性和独立研究能力,为研究生制定大的方向,鼓励他们通过资料调研自己提出研究方案。这样的指导模式既给了学生们充分的创新空间,也确保了研究生的课题研究尽量少走弯路。研究中心争取到了不少的科研经费，为研究生培养进行了大量的硬件平台建设。为提高研究生的科研能力，他们还建立了一套科学高效的仪器使用培训、测试的制度。同学们都反映在先进弹性体材料研究中心学习获益很多，在每年的研究生报名期间，该中心都是新生关注的热点。

为了使家庭贫困的学生能够将更多精力放在学习上，专心完成学业，该中心多次倡导发起对贫困学生的资助和捐助活动。该中心的教师们设立了全校第一个由科研团队资助大学一、二年级贫困学生的"弹性体阳光奖学金"。该中心还利用与国内企业密切合作的优势，促成多家企业在北京化工大学设立了奖学金。

该研究中心以弹性体材料制备与应用技术研究为核心，以弹性体材料制备科学和材料结构与性能关系研究为基础，以国家资源、能源、环境和传统产业技术改造服务为应用目标，从多学科角度对弹性体材料的制备和应用技术进行深入的研究与开发，推动我国弹性体材料整体技术与装备水平的提高，形成自己的学科特色，在国内外拥有一定的知名度。

6.1.2 学术带头人：科技创新的领军人物

学术带头人是科研团队的掌门人，亦是科技创新的领军人物。学术带头人应是某一学术领域成就斐然的专家，有远见卓识、创新才干、学术道德和领导能力。优秀的学术带头人应能率领自己的科研团队，在科技创新中取得卓著的成就。

前面介绍的卡文迪许实验室的历任掌门人麦克斯韦、汤姆逊、卢瑟福等人，都是学术带头人的杰出典范。汤姆逊的学生中，有9人获得诺贝尔奖；卢瑟福的助手和学生中，获得诺贝尔奖的达12人之多。他们的科研团队为物理学的发展作出了重大贡献，从某种意义上讲，甚至改变了人类历史的进程。这些都与这些科学家作为学术带头人的学术造诣、事业追求和品格风范密切相关。

仅以卢瑟福为例。卢瑟福作为一位杰出的学术带头人，被誉为"从来没有树立过一个敌人，也从来没有失去一位朋友"的人，其品格风范由此可见一斑。1922年度诺贝尔物理学奖获得者玻尔曾深情地称卢瑟福是"我的第二个父亲"，学生对导师的感念溢于言表。

卢瑟福出生在新西兰。他的父亲做过车轮工匠、木工和农民，日复一日地辛勤劳动，再加上母亲当小学教师的微薄收入，含辛茹苦地养家糊口。卢瑟福和他的兄弟姐妹们从小就知道生活的艰难，他们都知道要想生活得好一点就得自己动手、动脑去创造，需要踏踏实实地做事。少年时代的卢瑟福经常去农场干一些杂务，像劈柴、帮忙挤牛奶等。全家人在劳动中互相帮助、团结协作，很少发生争吵，劳动成果作为全家收获的一部分，谁也不会据为己有。卢瑟福在这样的家庭中成长起来，养成了相互协作、尊重别人的良好品质。这种品质在他成为科学家和学术带头人之后，无疑会使他在自己的科研团队中树立互相协作、互相关心、互相尊重的团队精神。

在科学界，至今还流传着卢瑟福精心培养学生的许多故事。俄罗斯物理学家卡皮查曾在卢瑟福领导下工作了14年。卡皮查是个能干而且有思想的年轻人，卢瑟福很喜欢这个年轻人，两人情同父子。卢瑟福专门建立一个蒙德实验室，任命卡皮查为实验室主任，支持他进行强磁场和低温研究。但是，1934年秋，卡皮查回国探亲时被苏联政府留在国内，不许他再回英国。没有实验室，卡皮查一连三年无事可做。卢瑟福决心帮助卡皮查，他利用自己的威望说服了苏、英两国政府，把蒙德实验室的全部设备和仪器从英国搬到莫斯科，并派一名得力助手帮助卡皮查安装。卢瑟福就是这样倾尽全力帮助别人的。1978年，卡皮查获得了诺贝尔物理学奖。

勇往直前的创新精神，是学术带头人不可或缺的精神。卢瑟福就属于那种激流勇进、永远处于科技发展前沿的人。当他的同事评论他有不可思议的能力并总是处在科学研究的"浪尖"上时，他回答道："说得很对，为什么不这样？不管怎么说，是我制造了波浪，难道不是吗？"几乎所有科学家都同意这一评价：卢瑟福总是处在科学研究的风口浪尖上，而且，正是他自己在促成"波浪"的形成。譬如，他通过 α 粒子散射研究，无可辩驳地论证了原子的核模型，从而一举把原子结构的研究引上了正确的轨道，他因此而被誉为"原子物理学之父"。

卡皮查在卢瑟福领导下工作时，在实验室的墙上雕刻了一条大鳄鱼。因为卡皮查非常敬重卢瑟福勇往直前、不怕困难的精神，而鳄鱼的形象就含有这种意思。

优秀的学术带头人还要有学术远见、高瞻远瞩，要有求真务实的实干精神，善于实践也善于思考，还要有组织领导能力。在麦克斯韦、汤姆逊、卢瑟福等人身上，都体现了这些品格、精神和能力。

现在，让我们把视线从英国剑桥转向国内，从历史转向现实。

在当代的国内科技领域，卓有成就的科学家和学术带头人是很多的。在这里，笔者仅以北京化工大学陈建峰教授为例，探讨学术带头人应具备的学术风范与品格。陈建峰教授与笔者曾长期合作，我对他较为熟悉，因而可以作出较为详细的记述，表达一些切身的感受。

第一次听到陈建峰的名字，是与"超重力"这个陌生的词汇联系在一起的。后来才知道，他与"超重力"之间确实有着某种不解之缘。

陈建峰 1965 年出生在浙江省慈溪市的一个普通家庭。1986 年，他在浙江大学化工系基本有机化工专业获得学士学位；1992 年，师从著名反应工程专家陈甘棠教授的他，在浙江大学化学工程专业获博士学位。同年 10 月，他进入浙江大学自动控制博士后流动站从事研究工作，在导师、中国工程院院士孙优贤教授和钱积新教授严格要求下取得多项研究成果，并获得过国际优秀论文奖。

1994 年，陈建峰从博士后流动站出站，他放弃了浙大相对优越的工作和生活条件及孙优贤院士的再三挽留，来到北京化工大学化学工程学院的超重力研究中心。他要在这里利用他在硕士、博士期间研究的分子混合反应工程理论成果，开始进行纳米材料的研究，也要在这里开始他与"超重力"的缘分之旅。

当时，许多人还根本不知道什么是纳米材料。而这位刚刚出站的青年博士后，在他所从事的微观混合反应结晶基础理论研究中产生了一个崭新的想法，那就是用高速旋转装置（即超重力装置）制备纳米粉体。

刚来到北京化工大学时，陈建峰没有自己的实验室，也没有科研经费。他抓紧每一分钟的时间，常常一整天待在图书馆里看文献，查资料。半年后，他终于有了一间简陋的实验室。继而，他向学校申请了启动基金。学校于 1995 年给他拨了两万元的科研启动经费，虽然不算多，但却是雪中送炭。

利用这笔钱，他做了大量的试验，得到了许多宝贵的数据。拿着这些数据，带着他对研制纳米材料的一些新的想法和发现，他骑着自行车，到科技部、原化工部、国家自然科学基金委员会等部门汇报自己的新想法，介绍他的科研情况，领导和专家们都被这位年轻人在纳米技术领域里的新思维、新突破所吸引。1996年，陈建峰获得了两项国家自然科学基金和化工部重点项目的资助。(以上介绍参考了《中国教育报》2003年10月2日相关文章)

此后，陈建峰以超重力过程强化技术和纳米材料为主要方向，进行了卓有成就的研究。他担任了北京化工大学教育部超重力工程研究中心主任，继承并发展了科研团队，研究规模逐步扩大，新成果不断涌现。在纳米材料研究获得突出成果之际，适时地申请成立了教育部"纳米材料制备与应用科学重点实验室"，陈建峰领导的科研团队进一步壮大起来。

经过近20年的不懈努力，陈建峰率领其科研团队在化工过程强化、纳米材料新技术等方面取得了突破性的成果。他也从青年博士后成长为教育部长江学者特聘教授、国家杰出青年基金获得者，担任了中国化工学会化学工程专业委员会副主任、国家科技部化工反应过程强化总体专家组组长、国家工业领域"节能减排"总体专家组成员等职务，还担任了北京化工大学化工学院院长。他获得了何梁何利基金"科学与技术创新奖"、国家技术发明二等奖两项、国家科技进步二等奖一项，以及众多的省部级奖项，成为卓尔不群的青年科学家。

陈建峰教授

科技创新思路与方法
——兼议未来 50 年科技发展热点

笔者与陈建峰相识是在 1999 年。那时,他已经在实验室中采用超重力装置制备出了纳米粉体,纳米粉体的大规模工业化生产装置也在建设之中,需要进行纳米粉体的应用研究,其中包括在高分子材料中应用的研究,因而需要这方面的跨领域合作者。经本校科研处孟根发老师推荐,我和陈建峰开始了长达 10 多年的协同工作,协助陈建峰开展聚合物基纳米复合材料的研究。

在长期的合作中,陈建峰作为科学家和学术带头人的远见卓识和品格风范,给我以清晰而深刻的印象。

首先是他兼有学术远见与持之以恒的精神。如前所述,他在一般人还不知道纳米材料为何物的时候,就产生了采用超重力装置制备纳米粉体的设想,并且坚持不懈地实施研究,终于把科学预见变为大规模工业化生产与应用的现实。

另一件很能体现他的学术远见的事情,是他在进行纳米材料研究之初就敏锐地注意到无机材料与有机材料性能的差异与互补,特别是无机纳米材料与有机高分子材料在结构与性能上的差异与互补,从而确立了有机无机复合材料的研究方向。2011 年 12 月 16 日,经科技部批准设立的"有机无机复合材料国家重点实验室"在北京化工大学正式揭牌,由陈建峰担任主任。这是对他的学术预见和持之以恒的努力的充分肯定,也标志着这个领域的研究将在新的起点、新的高度上继续展开。

兼具学术远见和持之以恒的精神,是优秀学术带头人的重要特质。有学术远见,才能为科研团队确立正确的方向;持之以恒,才能把科学预见变为现实的成果。

陈建峰作为学术带头人的风范,还体现在从事科技创新的大视野、大目标、大运作、大手笔上。

先说他的大视野。他在进行超重力技术研究时,提出了从反应器理论、强化新技术到工业化应用三个层面系统性的研究路线,广泛地拓展了其研究与应用范围。在应用方面,从纳米粉体的超重力法制备,到反应过程强化〔二苯基甲烷二异氰酸酯(MDI)、己内酰胺、石油磺酸盐等高端化工产品反应器技术〕、含二氧化硫烟气脱硫、烟气除尘等,涵盖了诸多领域。他在进行纳米材料研究时,应用范围包括了塑料、橡胶、造纸等方面,还开展了纳米药物等领域的研究。

他的大目标。他总是以国际先进水平为努力超越的标尺，以国家与社会的迫切需求为研究的方向（譬如研制"节能膜"满足节能减排的需求），以实现大规模工业化生产为既定的目标（譬如建设万吨级纳米粉体生产装置）。

他的大运作。他绝不把运作空间仅仅局限在学校和实验室，也不局限在国门之内，而是与德国巴斯夫公司等众多国内外企业建立了合作关系，让其科技成果的影响不断扩大。

关于他的大手笔，有件事让笔者印象深刻。那是在超重力法纳米粉体的万吨级生产装置已经投产，且实现了纳米粉体在高分子材料中的应用、取得了工业化应用成果之后，我参观了在北京某会展中心举行的一个纳米技术展览。我惊讶地发现，在当时的许多研究机构，纳米材料研究尚处于纳米粉体的实验室制备与表征的阶段。陈建峰团队的研究工作，无疑是大大领先了。

2003年，陈建峰著《超重力技术及应用——新一代反应与分离技术》由化学工业出版社出版，为国内外第一本介绍超重力技术的专著，全面总结了作者10余年来的科学技术研究思想与研究成果。

陈建峰是一个富于实干精神的人。他做事绝不拖泥带水，总是直达目标。在具体的科研工作中，他思路缜密、学风严谨。正是他把大视野、大目标、大运作、大手笔与实干精神结合起来，才使他获得了成功。实干精神也是每一个合格的学术带头人必备的精神。

陈建峰是一位称职的导师，研究生们在他的精心指导下取得了丰硕的学业收获，他主讲的课程受到学生的普遍好评。

陈建峰待人诚恳，真诚地对待科研团队的成员，所以能团结带领自己的团队同心同德地在科技创新的道路上前行。

陈建峰教授的科研实践代表了一种模式。这不是唯一的模式，却是成功的模式之一。不同的学术带头人，其学术风格可能会迥然不同。但是就基本素养和能力而言，科学研究中的预见性和持之以恒的精神，科研决策时的洞察力、判断力、果敢和魄力，求真务实的精神，科技成果的延伸与拓展能力，领导水平与团队凝聚力，都是作为学术带头人所必须具备的。每个学术带头人在尺度的把握上可能会有所差异，但上述基本素质都是不可或缺的。

6.1.3 不同层次人才梯队的合理组成

建立包括不同专长、不同资历的人员组成的人才梯队，对于科研团队建设具有重要意义。仍以陈建峰的科研团队为例。该科研团队现有20余位成员，包括不同层次、不同特长的人才，组成了颇为理想的人才梯队。

为了阐释人才梯队的合理组成，我要在这里介绍陈建峰科研团队中曾经与我长期合作的两位成员：曾晓飞和陈国术。

曾晓飞最初参加本课题（纳米复合材料课题）的研究是在1999年，那时她是陈建峰教授与笔者共同指导的硕士研究生。后来，她留校任教，又在陈建峰教授指导下攻读并获得了博士学位。在本课题成果荣获的各种奖项里，曾晓飞都是位于第三，由此可见她在本课题研究中发挥的重要作用。

曾晓飞的特点是对工作极为负责任，交给她的工作都可以非常放心。她不像有的人那样应付差事，而是积极主动地工作，绝不敷衍，也不怕吃苦受累。她在项目研究中勤于思考，认真观察，认真总结经验，有自己的思想和见解，同时又非常尊重别人，富于合作精神。

在课题组中，曾晓飞负责的工作颇为繁复：从文献查阅、实验方案的制订、实验方案的实施、数据的整理汇总，到工厂中试、工业化试验，乃至论文撰写、专利申报、指导学生，还包括PPT制作，甚至包括原材料采购。

也许有的读者会疑问，为什么这些工作都要自己做，甚至包括原材料采购？笔者的回答是，在科研项目进行的某些阶段，特别是初创阶段和攻坚阶段，很多工作都最好是自己做。就比如原材料采购吧，科研工作中的原材料采购是很有专业性的，除非是原材料品种型号、采购渠道都落实了，否则很难交给别人去办。对于我们搞材料科学的人，没有合适的原料就是"无米之炊"了。所以，曾晓飞时常要为此而劳碌。当然，随着课题的深入进展，曾晓飞也会逐步把一些事务性的工作交给相关人员和学生，以便自己有更多的精力去从事研究工作。但是，在一定的时期，一定的情况下，这些事务性工作还是要由她承担的。

在我们这个课题组中，陈建峰教授负责总体规划和总体技术路线的制定，我在涉及纳米粉体在高分子材料中应用的研究方面提出具体的技术方案并进行指导；曾晓飞除了参与技术方案的制订之外，还要负责从文献查阅到实验方案实施的全过程，并参与工业化推广应用工作。她的工作分量很重，有时是很关键的。

记得有一次，我们的一项研究工作进入最后阶段，要进行一次重要的实验。我把工作安排给曾晓飞，然后就等待结果。时间一分一秒地流逝。终于,电话铃蓦然响起,电话那一端传来曾晓飞激动的声音:"王老师,我们成功了!"须臾的停顿之后,她说:"王老师,我在竭尽全力去做,真的竭尽全力了!"

曾晓飞作为陈建峰教授的学生和科研团队的成员,培养造就了既雷厉风行又严谨踏实的作风。这些,对我也产生了一些影响。

在我们课题研究的初期和中期,我在考虑技术方案的时候,总要和曾晓飞商量,征求她的意见。她总能提出一些颇有见地的想法,看得出她很认真地思考过。她的科研能力在自己的不懈努力下很快得到提高。到了项目的末期,许多技术问题都由她负责解决,她拿不准的时候会来征求我的意见。后来,她独立负责了科研项目,科研能力进一步成熟起来。现在,她只是偶尔打电话问我问题了,这说明她已经完全可以独当一面了。她能够独当一面,正是我所期望的。

在一个科研团队中,像曾晓飞这样的青年科技工作者的作用极为重要。这方面,有几个问题需要注意:

(1)青年科技工作者要积极参与科研一线的工作,能自己动手的工作就要自己去做,不可以当"甩手大爷"。

(2)青年科技工作者对于科研中遇到的问题要认真思考、勤于思考,认真总结经验,努力提高自己的科研能力和学术水平,不可以得过且过,浑浑噩噩地过日子。

(3)科研团队要重视对青年科技工作者的培养,为他们的水平提高和事业发展创造条件。

笔者还与陈建峰团队的邹海魁、初广文合作过,他们的丰厚学识和敬业精神,也给我留下了深刻印象。陈建峰科研团队的成员还包括邵磊、陶霞、文利雄、张鹏远、乐园、毋伟、王洁新、沈志刚、付纪文、向阳等,共有20余人,其中包括博士生导师11人,堪称是人才济济,阵容强大。

再介绍一下我们课题组的陈国术。

陈国术,大学本科学历,在本课题组中负责实验工作,加入课题组时还是20多岁的小伙子。课题组的复合材料实验室是由陈国术管理的,他不仅负责课题组的实验工作,有时还要帮助学生做实验。他对工作也是极为负责任的,不仅按规则完成实验,而且很注意观察、记录实验现象。我若对实验过程有任何疑问，都可以去询问陈国术，往往能从他那里获得一些线索。把实验工作交给他，可以完全放心。

在科研团队中，像陈国术这样的成员是不可缺少的。现在有些科研群体把实验工作全盘交给学生（博士生、硕士生、本科生），笔者认为这不够妥当。学生对课题的认识、实验方法的掌握都需要一个过程，而且还有求职就业、托福、GRE 等要分心，每个学生在读的时间也是有限的。所以，很需要陈国术这样的人员作为实验室的骨干和支柱，与学生配合，这才是合理的人员结构。在笔者的周围还有许多负责实验室工作的人员，在自己的岗位上发挥着重要作用，如本校材料科学与工程学院的刘燕老师、测试中心电镜室的施用睎等老师。

综上所述，科研团队应是不同资历、不同层次人才组成的梯队。假如清一色都是博士、博士后，那也未必就合理。

科研团队的每个成员都应该具备团队精神。本书第 2 章讨论创新型人才的素质时提到了团队精神，即"互相配合、互相理解、互相包容"的精神，内容包括："每个人要做好自己的本职工作，还要有对于全局的关顾。同一个团队的成员，要责任分担、信息共享，要同心同德、同舟共济。"读者可以参阅第 2 章相关内容。

6.2 科技创新与科技"维稳"

在此之前的章节，一直在探讨科技创新的思路与方法。然而，笔者内心深处却有一段难以割舍、挥之不去的思绪，那就是科技"维稳"。

"维稳"本是社会学范畴的一个词汇，笔者权且借用。

6.2.1 创新与"维稳"的关系

科技创新的重要性是毋庸置疑的。因为人们在习惯上大都有因循守旧的倾向，乐于保守旧的东西，而对新事物持排斥的态度。只有与保守势力进行不懈的斗争，才能实现科学技术的进步。这样的情况在科技发展史上屡见不鲜。例如，我国东汉末年著名医家张仲景是一位勇于创新的医家，他对因循守旧的行为颇为愤慨。在《伤寒论》自序中，张仲景对墨守成规的医生们提出了激烈的批评，指责他们"各承家技，终使顺旧"。中医发展史上，在秦汉、金元、明末清初时期，曾出现了三次大的飞跃。这三次飞跃的代表人物，都是敢于创新的杰出医家。他们冲破了因循守旧势力的樊篱，才取得了卓著的成就。其中，张仲景就是中医发展史上第一次飞跃的卓越代表。

毫无疑问，只有坚持科技创新，科技才能够发展。

但是，我们也要注意到事情的另一个侧面。在大千世界里，吐故纳新固然重要，保持稳定也至关重要。譬如人的身体，体温、血压、心律等指标需要稳定；各种交通工具的运行需要稳定；工厂的生产过程也需要稳定，凡此种种，举不胜举。

对于科技领域来说，亦是如此。任何科技新成果付诸实施之后，都要有一个逐步完善、稳定应用的过程。任何科技成果在问世之时都不可能尽善尽美，在实际应用中总会发现一些问题，需要做出调整、改进。即使什么问题都没有出现，也要通过较长时间的应用来加以考察和认定。这个稳定化的过程，可以称之为科技"维稳"。

就像创新的重要性毋庸置疑一样，"维稳"的重要性也毋庸置疑。科技"维稳"如同科技创新一样，是不可缺失的。然而，在当今的科技界，重创新、轻"维稳"似乎成了潮流，这就不能不引发我们的思考了。

在科技领域，重视创新而忽视"维稳"是有一定原因的。这是因为科技创新具有开拓的性质，能够得到显赫的成就；而科技"维稳"则具有扫尾的性质，往往是默默无闻。科技创新是难度很大、富于挑战性的工作，科技"维稳"则通常是在漫长时日中平淡无奇的工作。

如果我们一味地强调创新，忽视了"维稳"，就会带来一些问题，甚至产生严重的后果。首先，一项新技术如果没能在实际应用中得到充分的消化吸收，就有可能像煮饭时会遇到的那样，煮成一锅"夹生饭"。这时，新技术的缺陷就得不到弥补，有可能在应用中造成某种后果。类似的事例，我们见得并不少。

重创新、轻"维稳"的另一个后果，是某些领域的产品更新换代速度过快。有的产品还没有来得及接受长期应用的考验，甚至没有来得及与市场充分磨合，新一代产品就问世了。这种走马灯式的产品换代会搞得人们眼花缭乱，"旧"产品的缺陷没有被发现和纠正，"新"产品已经铺天盖地而来，很有可能造成缺陷的叠加，进而导致更大的隐患。

还有一些"旧"的技术、"旧"的产品是几十年研发的结果，凝结着无数科技工作者智慧的结晶，又经历了长期应用的考验，而且并没有完全失去使用价值，也被匆匆忙忙地淘汰了。这样的事情，其实是非常可惜的。

有鉴于此，笔者呼吁人们关注科技"维稳"，让新的科技成果就像树上的果子一样，有一个自然的成熟期；同时也在适当条件下，让"旧"的科技成果有一个发挥"余热"的机会。

6.2.2 维稳型人才

创新型人才培养是当今教育的方向，这个方向无疑是正确的。尽管笔者呼吁人们重视科技"维稳"，但并不认为有必要专门去培养维稳型人才。没有这个必要。

但是，从科技人才使用的角度看，客观地说，从事科技"维稳"的人要比从事科技创新的人多得多。或许，有一个人在从事科技创新，就要有10个人在从事科技"维稳"。具体地说，在科研机构从事创新者较多，在企业则从事"维稳"者较多。既然是这样，讨论一下维稳型人才所需的素质还是很有必要的。

维稳型人才的第一个素质是要有创新意识。他们主要分布在企业界，对于科技新成果、新技术、新产品、新方法要有敏锐的感知能力和接受能力。他们绝不排斥新技术，要敢于和善于引进新技术，他们的技术思想要与科技前沿同步。笔者之所以不主张专门去培养维稳型人才，原因就在于此。

维稳型人才还需要有丰富的实践经验，能够在实际应用中将科技新成果加以消化吸收，及时发现新技术中的缺陷，进行纠正和改进，使得新技术不断成熟化。

维稳型人才的工作往往是默默无闻的，所以他们要耐得住寂寞，甘于做枯燥乏味的重复性工作。社会上有浮躁的心态，但科技工作者的内心要沉稳淡定。

再来说说创新型人才的"维稳"意识。维稳型人才要有创新意识，创新型人才也要有"维稳"意识。只顾"创新"，不管"维稳"的人，不能算是合格的创新型人才。在科研单位从事实验室研究的科技工作者,如果有条件就要多接触工业生产实际,了解工业生产的过程和需求,这有助于缩小乃至跨越实验室研究与工业应用之间的鸿沟。在企业界从事创新研究的科技工作者在这方面有近水楼台之便,他们如果能进一步强化"维稳"意识,更会如虎添翼。

"维稳"与创新之间并没有截然区分的界限,两者是互利、互补的。有时,"维稳"也可以成为另一种形式的创新。前面曾提到,在适当条件下让"旧"的科技成果有一个发挥"余热"的机会,这个过程其实就既是"维稳",也是创新。下面两个实例或许可以体现这一点。由于在电子科技领域产品更新换代的速度尤为迅猛,所以我举的例子也都在这个领域。

6.2.3 "维稳"创意之一:数码胶片兼容式相机

本书第 4 章曾经讨论过数码相机那神话般的发展历程。最初,大多数人根本不相信数码相机能够取代胶片相机。然而,数码照相机展示了其应用上的极度便捷:无须洗印就可以观赏照片;巨大的内存容量可以储存数百、数千张照片,不满意的还可以随时删除;拍摄的照片可以直接上传到网络,或者粘贴到文件上,也可以制成电子相册、PPT 等。数码相机彻底改变了人们拍摄和使用照片的方式,给人们带来了无限的便捷。这样,尽管数码相机与胶片相机比较在照片质量上尚有某些差距,但由于数码相机的便捷性,人们还是一往情深、无怨无悔地选择了数码相机,在不旋踵间就让胶片相机退出了市场。

在今天,如果让人们重新启用胶片相机,那就意味着舍弃数码相机带来的无限便利,这显然是不可能的,没有人愿意接受。但是,胶片相机毕竟有 100 多年的发展历史,是无数技术成果的丰厚积淀,在如此短暂的时间里化为"过眼烟云",也很令人惋惜。惋惜之余,还要问一句:胶片相机真的应该退出历史舞台吗?

笔者对于摄影技术是外行,所以引用一位网友对于数码相机与胶片相机的看法:"从感光原理上来说,数码和胶片完全不同。一个是平面感光,一个是不规则的颗粒;一个像是反射的镜子,一个像是一滴水在宣纸上洇湿……"

科技创新思路与方法
——兼议未来 50 年科技发展热点

可以看出，数码相机与胶片相机对比在照片效果上确有某些差距。只是由于数码相机应用上的极度便捷，它与网络时代的完全契合，才使人们舍弃了胶片相机。但是，如果有这样一款相机，能够实现数码与胶片的兼容，使人们在拍摄数码相片的同时得到胶片底片，或者换一个说法：在拍摄胶片照片的同时得到数码照片，那么，是不是就可以将数码与胶片的优势兼收并蓄、两全其美了呢？

笔者认为这不是天方夜谭，为此考虑了一个具体方案。

笔者的设想是，在相机内部设置胶片和数码两套拍摄装置，成为"数码胶片兼容相机"。两套装置的协同运作可以是机械式的，也可以是光学式的。

如果采用机械式，则胶片依然按传统胶片相机的形式来设置，数码相机的成像元件（图像传感器）则设置在胶片的前方，并且是能够移动的。用此相机拍照时，使用者可以选择只拍摄数码照片，拍摄过程与数码相机没有区别。使用者也可以选择同时拍摄数码和胶片照片。这时，数码成像元件在使用者控制下先从胶片前方移开，按下快门，相机先拍摄胶片照片，然后数码成像元件自动回归原位，快门自动再次开启，拍摄数码照片。采用此法，数码与胶片"同时"拍摄的两张照片之间会有零点几秒的间隔，对于一般景物、人像拍摄不会有明显影响。

如果采用光学式，则数码胶片兼容相机中的胶片还是按传统胶片相机的形式来设置，数码成像所需的图像信息源则通过某种光学方法来获取，无须将数码成像元件"挡"在胶片前面，因而也就无须在拍摄胶片时"移开"。此法可以使数码拍摄与胶片拍摄完全同步，是否可行则需要专业人士考虑。

数码胶片兼容相机显然不适用于袖珍的"片儿机"，那里面没有装胶片的空间。而长焦距、大镜头的数码相机，机身大小与胶片相机接近，其中可以有装置胶片的空间。

数码胶片兼容相机的设想如果能够实施，则人们在拍摄数码照片的同时可以获得胶片照片，兼享数码时代和胶片时代的双重乐趣，不是很有吸引力的美好感受吗？

进入网络时代，我们得到了许多，也失去了许多。譬如，得到了快捷方便的电子邮件、手机短信、QQ、微博等现代通联方式，却失去了手写书信的风雅和情致。开发使用"数码胶片兼容相机"，不让我们与自己的历史过于突兀地分道扬镳，应该说有可能也有必要吧。

6.2.4 "维稳"创意之二：含有呼机模式的手机

呼机在上世纪 80 年代末 90 年代初曾经风靡一时。后来，手机大行其道，遂使呼机迅速地退出了历史舞台。这些，都是科技发展和时代进步的必然结果。呼机命中注定只能是匆匆来去的过客。

然而，在呼机销声匿迹多年之后重新审视这段历史，笔者认真考虑着一个问题：呼机毫无可取之处吗？

众所周知，呼机是无线接收机，而手机则兼有发射机和接收机的作用，这是二者的基本区别。促使笔者设想将这两者结合起来的基本动因，是手机辐射问题。

关于手机辐射对于人体的影响，目前还众说纷纭。据报道，英国卫生防护局近日发布一份研究报告说，该机构专家对大量与手机辐射有关的研究结果进行分析后认为，现在仍没有证据显示手机对健康有害。但报告同时指出，手机出现的时间还不长，对其长期影响还需要继续跟踪关注。而在此之前，2011 年 5 月 31 日，世界卫生组织下属的国际癌症研究中心报告说，长期、高强度使用手机和其他无线通信设备可能增加癌症风险。另据报道，英国、德国和北欧国家的研究都认为，虽然被调查的手机用户中没有发现明显的肿瘤增加的风险，但长期使用手机（10 年以上）可能造成的影响值得进一步研究。专家还建议：手机电磁辐射的最强值通常出现在拨号期间，因此，在拨通之前，最好将手机远离头部。电磁辐射随距离衰减，离辐射源越远，辐射强度越小。在使用手机时，应尽可能减少每次通话的时间；用有线耳机或手机喇叭以及采用短信等手段来减少手机辐射对健康的影响。

从以上报道中可以看出，有关机构和专家对于手机辐射对人体的影响并没有掉以轻心，而是非常关注。这样的关注与专家提出的手机使用方法的建议，应了中国的一句古话："未雨绸缪"。对于我们尚不很明确其危险性的事情，持未雨绸缪的态度是明智的，远胜于亡羊补牢。

目前，尽管关于手机辐射对人体健康有何影响并无定论，但手机使用者要尽可能减少对于手机辐射的接触应该说已形成共识。正是基于这一共识，笔者设想了"含有呼机模式的手机"。因为呼机只是接收机（像收音机一样），没有辐射，这就是呼机的可取之处。在手机中引入呼机模式，应能起到降低辐射的作用。

曾经风行一时的呼机

让我们先来考察手机的使用状况。手机兼有接收与发射的功能，在接通电话时就产生了辐射。而问题在于，手机自动接通的电话中，有许多是机主并不想接听的。尤其是近年来，骚扰电话频繁，更增加了不予接听的电话数量。虽然手机设有"免打扰"功能，但那是为已知号码设置的，对未知号码则无能为力。此外，手机收到短信时也会产生辐射，而在目前情况下，大量的短信是垃圾信息。

鉴于上述情况，笔者设想了一种包含呼机模式的手机。这种手机含有呼机和手机两种运行模式，可以互相转换。使用这种手机，当有电话打进时，手机处于呼机模式，只显示来电号码（或姓名）等信息，不产生辐射。如果机主愿意接听，则按接听键，手机由呼机模式转入手机模式，接通电话。如果机主不愿接听，则不会产生辐射。此外，这种手机以呼机模式接收短信，相当于呼机时代的"汉显"，接收短信不产生辐射。

此种手机在待机状态下可处于呼机模式。当机主拨打电话或发送短信时，手机由呼机模式自动转入手机模式。每次使用手机模式之后，要经过一定的延宕时间（如5分钟，具体时间由机主设定），手机才自动回到呼机模式。这样，当机主连续使用手机模式时可以避免频繁地在两种模式之间进行转换。机主可以设置亲友和熟人的号码，这些号码打入时直接接通，无须转换。

使用这种手机上网时，处于手机模式；不上网时，则可处于呼机模式。

显然，笔者设想的"含有呼机模式的手机"可以降低机主接受的辐射量。这种手机的技术问题在于机主按下接听键后，手机由呼机模式转换到手机模式需要一定时间。相信通过技术改进，能够缩短这一时间。

以上两个创意，致力于发现"旧"产品、"旧"技术仍然可资利用的价值，作为新产品、新技术的扶助与补充，具有科技"维稳"的意味。这两个创意在"维稳"中又都包含着创新，由此亦可见"维稳"与创新是相伴而生、携手共进的。

相关链接：笔者还设计了"一种可与手机一体化的空心导管式防辐射耳机"（专利申请号：201010103364.4），亦是用于手机防辐射。该设计方案经简化之后，变得颇为简单：在手机的听筒处用不干胶黏贴一个球面的"拢音罩"，"拢音罩"的一侧连接一根软质空心导管，导管的另一端连接耳塞。软质空心导管的长度为5～10厘米。手机使用者通过耳塞和空心导管接听电话，可使头部与手机离开5～10厘米的距离。由于电磁辐射的强度与距离的平方成反比，所以可有效降低辐射强度。这种空心导管耳机与民航旅客在飞机上用的空心导管耳机原理相同。"拢音罩"上开有小孔，手机使用者在必要时可直接接听电话。不接听电话时，软质空心导管带着耳塞悬挂在手机上，相当于饰物的效果，与手机一体化。

6.3 科技领域其他有待讨论的问题

在1998～1999年，笔者曾撰写并发表了有关科技领域的一系列文章，包括科技领域的泡沫现象、著作权问题、SCI相关问题、学科划分问题等。这些文章的内容在十多年之后的今天仍然有一定的意义，所以汇总在下面，供读者参阅、讨论。汇总时，笔者作了一些必要的修改和补充。

6.3.1 科技领域的泡沫现象

在经济领域,泡沫经济造成的巨大危害已是尽人皆知。但很多人也许还不知道,在神圣庄严的科技殿堂里,同样存在着科技泡沫。如果这些科技泡沫不受约束地膨胀扩散,其负面影响也会相当可观。

科技泡沫的存在与科技创新的目标是格格不入的。科技泡沫会侵蚀乃至消泯科技创新的动力与成果,对于科技创新危害甚大。所以,在讨论科技创新时,不能无视科技领域的泡沫现象。

科技泡沫主要有如下表现形式。

(1) 科技著作中的"鱼目混珠"

在科技界,著书立说原本是一件极其严肃而审慎的事情。想当初,李时珍写《本草纲目》,达尔文写《物种起源》,都几乎用了自己毕生的精力。然而,时至今日,以毕生精力和才智著书立说的学者却是太少了。1991年,有一位老中医将半个世纪积累下来的资料出版了一部医书,书中的每一个字都是老先生亲笔所写,凝结着老先生一生的心血。像这样的事,在今天的科技书坛已属凤毛麟角。

在当今洋洋大观的科技出版物之林,"鱼目"与"珍珠"是混杂在一起的。仍然有不少科技工作者以较为严肃的态度著书立说,虽不能像李时珍和达尔文那样付出几乎毕生的精力,但他们的著作还是严谨而富有科学价值的。然而,也有不少科技著作却是作者们以草率的态度拼凑、堆砌甚至是杜撰出来的。急功近利和好大喜功的行为,正在日甚一日地侵蚀着科技出版界。厚若砖头的大部头著作一本又一本地出版,蔚为大观,售价当然也不菲。但这样的大部头著作,在精美的包装之中,其科技内涵又究竟如何呢?要回答这个问题,应该首先了解这些著作的编写过程。

近年来较为流行的一种出书方式,是由若干作者组成写作班子,选一两名知名学者任主编,每位作者各写一部分,然后汇总成书。这本来是国际上通行的著书方式。但问题在于,撰写某一部分的作者,是否在他要写的领域堪称专家?他是否掌握这一领域的最新动态?是否有能力将该领域繁冗复杂的文献资料加以去粗取精、去伪存真,并凝练于一个严谨的框架之内?这些,对于科技著作的质量都至关重要。此外,担任主编的学者能否真正对全书进行统筹和审阅,亦是一本书成败的关键。但遗憾的是,上述要素并不总是能够得到保证。于是读者便看到,20世纪60年代的过时技术竟会出现在90年代的出版物里,一些基本概念性的错误也可见诸科技著作之中,而有些大部头的著作实在像是内容庞杂、结构松散的大拼盘。

科技著作出版选题上的重复,也是产生泡沫现象的原因。凡有热门领域,多家出版社会竞相出书,内容则大同小异。

平心而论,当今科技著作的作者和出版者们,是在极其困窘的条件下运作的。特别是纸质图书的出版市场受到电子出版物和网络的冲击,地位更加岌岌可危。能维持现在的局面,也是很不容易的。如果能消除科技图书出版中的泡沫现象,用有限的人力和财力推出一些精品,同时致力于电子出版方式在科技书籍中的开发运用,或许可将科技出版业引上一条坦途。

(2) 学术会议与游山玩水

早在20世纪80年代初期,借会议之机游山玩水的风气就已经悄然兴起。那时,纯学术性的会议一般是不游山玩水的,游山玩水的主要是一些行业性的技术交流会。在这些行业会议中,通常还都能以技术交流为主体,游山玩水只是一个余兴的节目。到了80年代末,纯学术会议也引入了游山玩水的内容,当然,也还是作为陪衬。

进入90年代,情况发生了变化。游山玩水逐渐取代学术会议的主旨而成为某些会议的第一内容。会议组织者们竞相将会议开到著名的旅游景点,似乎不这样做便无法吸引众多的与会者。

其实,在学术会议期间适当地游山玩水本身并不是坏事。这些专家学者平时埋头科学研究,没有时间休闲娱乐。利用会议的闲暇,在青山绿水之间让自己的精神得到放松,身体得到调节,更可与科技界新老朋友在自然风光之中畅叙友情,其益处自不待言。

然而,物极必反。学术会议无疑还是应该让学术交流唱主角。如果喧宾夺主,以游山玩水为第一目的和主要内容,就失去了学术会议的本来意义。据说在有的会议上,学术交流只用几个小时就草草收场,接下来就是数日的旅游,这实在是本末倒置之举。

科技专家和学者,连同他们的时间,都是极其珍贵的财富。如果我们召开了许许多多的学术会议,却只是让学者教授们坐着飞机火车来来往往，那实在是巨大的浪费。由此而造出的"学术繁荣"也只是美丽的泡沫。会议的组织者们还是应该以国家民族的前途为重，不要把我们的科技发展大业变成旅游公司的附庸。

(3) 研究成果被束之高阁

在各个科技领域辛勤工作的科技工作者，每年都要创造出大量的研究成果。这些成果中，有不少已经转化为生产力，在经济建设中发挥了巨大的作用。然而，仍然有数量巨大的科研成果没有得到应用，处于闲置状态。

造成科技成果闲置不用的原因是多方面的。首先，一些项目在立项时就没有进行深入的论证，对将来的应用前景考虑不周。有人将这样的成果比喻为"屠龙之术"，龙是不存在的，屠龙之术当然也就没有用武之地。这些先天不足、缺少实际应用价值的项目，通常在鉴定会开过之后就被束之高阁。如此"成果"无疑是属于科技领域中的泡沫成分。

还有一些科研成果本身是具有一定的应用价值的，却因科研与生产之间缺乏有效的转换纽带而难以转化为生产力。由于历史的原因，国内的科研机构与生产单位是分立的，缺少有效的连接。一方面是有待技术扶持的企业，一方面是囤积着技术成果的科研院所，双方无缘见面。就像婚姻介绍所一样，技术转让中介也应运而生。但是，官办的中介机构往往官僚气息浓厚；而某些民办中介机构为利益驱动，又颇富投机色彩。中介的纽带，依然并不畅通。

由于成果转换机制不畅，一些颇有应用价值的成果最终很有可能以在科技期刊上发表几篇论文作为终结。如果这些论文能够广泛地传播，其价值或许还能够发挥出来。遗憾的是，科技期刊的读者面大都较为狭窄。而且，档次愈高的刊物，读者就愈少。客观地说，科技期刊的阅读率通常是不高的，其有效利用率就更低。于是，从某种意义上来说，科技期刊就成了一部分科技论文以及相关研究成果的坟墓。可以想见，科学工作者以这样的方式埋葬自己的成果，心中必有无限的悲怆。

为解决上述问题，可通过如下途径：其一，科研项目在立项时就要做好市场调研，充分考虑到成果转化的可行性和市场前景。其二，加强科研团队建设，使得团队有足够的力量进行工业化应用研究和成果转化工作。其三，建立产学研一体化的机制，这是最有利于成果转化的。

（4）教授众多导致职称贬值

有个笑话说，在南方某城市掉下一个椰子，会砸着三个总经理。今天，这椰子若是落在大学里，砸着的或许就是三个教授（或副教授）。

20世纪70年代末，某单位有一女青年嫁给了一位大学助教，引起了周围众多女孩的羡慕。而今天，助教却已是一个濒于淘汰的人才层面。

还有一句曾风行一时的话，说教师是人类灵魂的工程师。今天再这样讲就有些不得体了，因为"工程师"是中级职称，在大专院校和科研单位已经被人不屑一顾。今天如果要讲这句话，恐怕应该说教师是人类灵魂的高级工程师，或者是教授级高级工程师。

应该承认，近年来科技和学术界的专业职称确实有贬值的趋势。在人数日渐膨胀的高级职称队伍中，是否每个人都在自己的领域里有渊博的学识、精深的造诣和开拓进取的能力，并得到同行们的认可呢？如果没有，他们能够胜任高级职称的相应工作吗？

人才结构不合理亦是一大忧患。据说某大学有一个新建的学院，教师全部为教授和副教授。这其实并非什么好事。没有讲师，没有助教，教授就要去当讲师，当助教，甚至要去当实验员。这样的教授，还能够安心做教授吗？或者把相关工作交给学生（博士生、硕士生、本科生）去做，这恐怕也不是妥当之举。

近年来，随着人事制度改革的进行，情况正在发生变化。目前已经在高等院校和科研单位广泛实行的聘任制，可以在一定程度上保证聘任人员的素质，并通过绩效结合来调动积极性。但从长远的角度看，在人才结构和用人制度方面，仍然有大量的工作要做。

综上所述，科技领域的泡沫现象是确实存在的。现在，该是正视"科技泡沫"的时候了。

诚然，我国的科学技术在科技工作者的辛勤努力下取得了辉煌的成就，这是有目共睹的。科技进步为经济腾飞提供了强大的动力。科学技术的发展如同汹涌奔流的大江，在前进过程中卷起一些泡沫，也在所难免。但是，如果我们能够及时地消弭这些"泡沫"，对科技发展无疑将会产生促进的作用。

让科学技术的发展建立在更为坚实的基础之上，科技界将会迎来更艳丽的春天。

6.3.2 关于著作权的思考

在笔者的面前,是一册 20 世纪初上海某书局出版的线装学术著作。

书的扉页是作者的肖像,一位年逾花甲的老者,正用他睿智而犀利的目光,透过一个世纪历史的风尘烟雨,略带几分疑虑地凝望着当代的读者。这位老先生的肖像,便是他对这本书的著作权的象征。而老先生的疑虑,莫不是对当今著作权问题上的混乱状况而九泉有知?

20 世纪初学术著作的版权页

在这本线装学术著作的末尾,赫然盖着出版者的鲜红印章。当时的正式出版物,大都有这样的著作权标志。在那个时代的中国,有文化的人并不多。这些为数不多的文化人对著作权却极为重视。

现如今,文化人的队伍已如过江之鲫,而著作权却非但不再被视为神圣,反而时时遭到蹂躏和践踏。有良知的人们倘若在文化市场中稍加留意,便可见到侵权现象俯拾即是,盗版光盘就是其中之一景。在科技领域,著作权被侵犯的事情也屡见不鲜。

曾经辉煌神圣的著作权,何以沦落至此?在互联网时代,著作权又将面临怎样的前景?对这些问题,笔者想要寻根溯源,进行一番全面的

第 6 章
科技创新若干问题的探讨

探讨。

(1)"文革"留下遗患

著作权与整个文化一道受到粗暴的践踏，是在"文革"之中。

这中间，还有一段值得一提的"奇闻"。"文革"后期，某学校的一位老师想把自己多年的教学经验总结出来，编一本教材。这本教材在当时应属填补空白之作。然而，学校革委会和工宣队对这位老师的写作却不给予任何支持。无奈之下，身患多种疾病的老教师发动了自己的全家人誊抄书稿。书稿完成后，老教师诚惶诚恐将书稿送交校革委会审查。革委会没提别的意见，只是对书稿封面上的作者署名极为不满，责令删去。第二次送审，革委会又发现作者将名字署在了前言里，再次责令删去。后来，老教师全家总动员，自己刻蜡版印出了这本书。书印出后，革委会和工宣队才发现作者到底还是把名字署在了书的后记里。工宣队长拿着这本书，慨然长叹一声："这些知识分子，真是人还在，心不死呀。"后来，还是工宣队长动了恻隐之心，说名字署在后记里，也不易被人发现，就随他去吧。

在"文革"中，像这样的事例实在不胜枚举。许多科技刊物在"文革"后期复刊时，发表的论文都只署作者单位名，而不署作者名。连署名权都没有，著作权又从何谈起。

十年劫难结束之后，作者们终于可以堂堂正正地在自己的著作上署上名字了。这一合法权利的回归，如同恢复高考和恢复职称评定一样，令知识界倍感欣慰。而后，《著作权法》颁布实施。中国对于包括著作权在内的知识产权的保护，理应走上一条坦途了。

然而，事情的发展却背离了人们的愿望。"文革"中遭到重创的中国知识界，在经历了一段为时不长的复兴和繁荣之后，又遇到了新的难题。作者们捧在手中的著作权还没有捂热，著作权本身在社会生活中的位置还没有达到庄严神圣而不容侵犯的地位，抄袭和盗版的潮流已滚滚而来。

(2) 可悲可叹的"天下文章一大抄"

遥想当年，李白和他的弟子们在春夜畅饮于桃李园，写下"阳春召我以烟景，大块假我以文章"的时候，恐怕不会想到后世会有"天下文章一大抄"之说。今天，"天下文章一大抄"却已成了抄袭者聊以自慰的金玉良言。

信手翻一翻当今的出版物，似曾相识的文章时时可见，这里面有不少便是抄袭者的"杰作"。抄袭并不需要什么水准技艺，只要会用剪刀和糨糊即可。在上世纪90年代初，有些地方甚至出现了抄袭文章的"专业户"。这样的专业户里分工明确，稍有一点文化的负责剪贴，另有人分管打字、印刷，有人写信封，有人背着麻袋去邮寄"稿件"，另有人去成沓地领取汇来的稿费单。

进入互联网时代之后，剪刀和糨糊都不需要了。人们只需要点击一下"复制"，再"粘贴"，就万事大吉了。"剪刀加糨糊"从此成为一个仅保留了象征意义的词汇。

比"剪刀加糨糊"更为可恨的是盗版。近年来，盗版事件已成媒体热点。上世纪90年代，国内10家电影厂将某音像公司告上法庭，中央电视台破天荒地作了现场直播；另据当时的报道，有一家音像公司对盗版者无可奈何，竟要与盗版者联手出盒带。

时至今日，抄袭与盗版依然四处泛滥。据近期的报道，有两位外国政要因为博士论文涉嫌抄袭而不得不辞职。看来，抄袭是世界性的问题，没有国界之分，也没有阶层之分。每到高校学生毕业答辩临近之时，"代写论文"的广告就会在网络上走红。所谓"代写"，其实也只能是抄袭了。再看看街头卖盗版影碟的，几乎就没有销声匿迹过。

然而，在知识产权领域还有比抄袭和盗版更令人忧虑的事情，那就是人们对于包括著作权在内的知识产权的冷漠和蔑视。很多人，包括相当一部分文化人，对于著作权的态度已经到了视之如草芥的地步。在抄袭者和盗版者的队伍中，就有不少文化人加盟。媒体采访消费者，也有不少人竟宁愿购买盗版碟，只要价格便宜，且不影响观赏效果。

应该说，是法制观念的淡漠和道德观念的沦落，如同导致水货泛滥和信用危机一样，导致了人们对于著作权的冷漠。而抄袭和盗版现象，不过是久已存在的著作权受到冷漠的状况的一种折光而已。

(3) 科技论著：引用与剽窃

在科技界，每年都要产生数十万篇科技论文，还要产生大量的科技专著。这是全世界科技工作者辛辛苦苦创造出的成果。与文学艺术作品不同，科技论文和专著的读者面十分狭窄。科技论著的作者们最大的愿望，就是让自己的著述得到别人的认知。他们还眼巴巴地盼望着有人引用自己的论著。一篇论文被引用的次数，已成了衡量科技论文水平的标志。不曾被引用的论文，几乎就形同废纸，也是作者最大的悲哀。

科技论文的作者在望眼欲穿地等待着自己的学术知音的时候，当然也不希望等来的是剽窃自己论著的"扒手"。在科技界，论著被剽窃的事件并不罕见，且呈上升之势。据报道，有一些科技论著侵权案已对簿公堂。

人们常把写作比喻为笔耕。确实如此，一部富于原创性的科技著作的撰写过程，就像是辛勤的耕作一样。作者首先要拓荒，在贫瘠的土地上一镬一镐地开垦出良田。然后是播种，顶着日晒雨淋竭尽全力养护庄稼的成长，才能迎来收获。还要把原粮加工成精米白面，做成美味的糕点食品，再加上一些修饰润色，让自己的作品不仅有营养丰富的内涵，而且有清新明朗的外观。这一切都何等不易啊！然而，这样的作品在不旋踵间就被冠以别人的名字，怎能不令人愤愤不平呢？

按科技出版界公认的行为准则和科技工作者默守的道德规范，引用与剽窃之间是泾渭分明的。一般来说，引用者在引用别人论著时应该用尽可能简练的语言概括原作者论著的精髓，且尽可能不引用原文，特别是要避免大段地引用原文。确有必要引用原文时，引文要加上引号。对所有被引用的论著都要注明出处。如果未经同意，将别人的论著成章成节地搬到自己的论著中来，那就属剽窃无疑了。

（4）怎样应对学术著作方面的侵权行为

对于学术著作方面的侵权行为，应该采取主动防范和制约的措施。

为防范抄袭行为，已经有了一些技术手段。在高等院校，近年来普遍采用了"查重软件"，可以查找出学生毕业论文中与他人论文的重复，杜绝抄袭行为。这个软件的使用虽是无奈之举，但有一定效果。

笔者认为，"查重软件"也该应用于杂志社的审稿过程，防止出现"一篇论文发表十几次"的尴尬。也可以把"查重软件"应用到出版社的审稿过程中，至少先要杜绝整章、整节的抄袭现象。

对于盗版，则可以采用防伪措施，如防伪贴片、防伪水印等。

不过，上述方法都是治标之策。更重要的事情是提高整个社会对于知识产权的尊重。抄袭与盗版现象固然可恶，而社会人群对于著作权的无视与冷漠才是侵权现象赖以生存的土壤。保护知识产权就是保护人们的创作与创新意向，侵权行为则是对于创新精神的打击。尊重、维护知识产权无疑将大大促进科技创新与社会进步的进程。

如果人人都把著述创作与自主创新当做莫大的荣耀、莫大的享受,不遗余力地去完成创作与创新,把侵犯别人的知识产权当做莫大的耻辱,那么,抄袭与盗版行为就会失去其生存的空间。

(5) 网上风波:著作权向何处去

互联网问世才十几年,已不知在这世界上搅起了多少风风雨雨。互联网的普及也使著作权问题出现了新的动态。

还是在上世纪末,网上书屋悄然兴起。一些文学名作或新作被网上书屋送上互联网。有些网上书屋并未征得作者的同意,因而造成作者的不满,经媒体披露,引发过一些不大不小的风波。但那时,尚未见有作者与网络运营商或网上书屋对簿公堂。这事情其实并不奇怪。与科技界相似,文学家也渴望自己的作品被最广大的读者所认知和接受。在当今时代,人们获取信息和休闲消遣的方式日益多样化,网络信息以及电视、影碟、游戏等,都在与传统的纸质出版物争夺市场。许多书籍的发行量少得令人心冷。没有读者的作者是最不幸的作者。因此,当一位作家在不期然间获知自己的作品通过互联网传向了天南海北的广大读者群,喜悦与愤懑可能是兼而有之的。维权渠道不畅和缺少先例,可能也是作者没有选择维权的原因。

但是时至今日,情况已经大不相同。首先,互联网早已不是新鲜事物,作者对于互联网的容忍也不复存在,而维权意识则空前觉醒了。另一方面,互联网对于著作权的无视和侵犯达到了无所顾忌、铺天盖地的程度。于是,就出现了许多作者奋起维权,与某些网站对簿公堂的局面。

展望未来,互联网的普及和发展将从根本上改变书刊的发行方法及读者的阅读习惯。如何面对互联网时代的著作权维护,是一个亟待解决的问题。

笔者认为,对网络上发生的侵权行为必须加以有效的制止,决不能容忍对于著作权肆无忌惮的侵犯。但是,从另一个角度来看,对于文化艺术作品著作权的保护,应以最大限度地促进人类的文化发展和文明进程为出发点和归宿;对于科技论著的引用行为,亦应以最大限度地推动人类科技进步为出发点和归宿。所以,就有了尺度把握的考虑。这一点有些类似人们对于贞洁观的认识:过于放松约束,提倡性解放,会导致道德的沦落和社会生活的混乱;而约束过严,像中国旧时将女子锁于深闺,也是不合适的。

依笔者之见，目前著作权管理的状况很像是一把锁子，锁住了君子，却挡不住小人。有良心的科技工作者在引用他人论著时竭力约束自己，谨小慎微，以避免瓜田李下之嫌；抄袭和盗版者却我行我素、大胆妄为。笔者认为，有关法规的完善，应该使文化、科技领域的抄袭和盗版者受到严厉的管制和惩处，同时也为正当的文化、科技传播创造一个较为宽松的氛围。

在历史的长河中，只有人类文化的本体才是具有长久生命力的。譬如《诗经》中的一些诗句，至今仍然朗朗上口；卓别林在默片时代拍的电影，即使进入家庭影院或登上互联网，也不会失去其魅力和风采。而附丽于文化本体的模式和规范，则要与时俱进地加以调整。

6.3.3 SCI 的作用与误区

对于科技、教育界人士来说，SCI 早已不是什么新鲜事物。上世纪 90 年代，这份从大洋彼岸泊来的文献检索刊物就已经悄然在中国学界走红。当时曾有过新闻报道，某理工科大学立下规矩，今后攻读博士学位者，若其论文未能见之于 SCI，就不能获得博士学位。而这样"新闻"在今天已成旧闻。在高等院校，论文被 SCI 收录早已成为晋升职称的重要条件之一。更有众多高校实施了奖励政策，凡入选 SCI 的论文作者，每篇可获奖金若干元。

SCI 为何如此"神通广大"，竟让教育、科技界的人们趋之若鹜呢？笔者想在这里探个究竟。

(1) SCI 是什么

当今世界，乃是科学技术发展的鼎盛之世。日新月异的科学研究产生了数以亿计的科技文献，蔚为大观，也带来了两大难题。其一是从事某一专题研究的科技工作者，如何从浩如烟海的文献中找到自己需要的文献；其二是面对门类繁多的专业学科和数不胜数的研究领域，如何去对一篇论文的重要性及其水准进行评估。如果第一个问题不能解决，科技文献的查阅将不啻于大海捞针；如果第二个问题不能解决，则将使科技界陷入良莠不分的混沌状态。幸好，人们找到了解决问题的办法，这就是编制文献索引。这些索引以期刊的形式出版,成了科技界不可或缺的得力工具。

国际上最著名的科技文献索引期刊共有 4 种,即 SCI、EI、ISTP 和 ISR。这些索引可按功能分为两大类,其中 EI、ISTP 和 ISR 都是文摘或题录类的索引,是主要为解决文献查阅问题而编制的。SCI 则独树一帜,它反映的是科技文献被引用的情况。SCI 的作用之一,就是对科学论文的重要性或水准进行评估。

对于科学论文的评价与对大众文化作品的评价相比,有许多困难之处。在大众文化的舞台上,对某一文化产品的评估是较为容易的。譬如一部新电影上映后,专家和普通观众都可以对其评头品足。此外,还有像"上座率"这样的客观数据。而在科技领域,情况就大不相同了。即使是专家,也不能对自己研究领域以外的论文妄加评议。在没有办法之中,人们终于找到了办法,这就是考察论文被引用的情况。一篇论文若能被同行引用,则说明这篇论文引起了同行的关注。若能被众多同行多次引用,更表明这篇论文引起了普遍的关注,表明了它的重要性。倘若一篇论文从未被人引用过,它的重要性就很值得怀疑了。这样的论文,很有点类似一部没有观众追捧的电影。能够让科技界对论文被引用的情况进行考察的工具,就是 SCI。它的不可替代的作用已使其成为最具影响力的国际文献检索系统。

SCI 的"引文索引"

SCI 的中文译名是《科学引文索引》，由美国科学信息研究院编纂，每两个月出版一套。每套 SCI 又分为"引文索引"、"来源索引"、"机构索引"、"主题索引"等几大部分。其中，"引文索引"是 SCI 的主体，按论文作者英文姓氏排序，分为若干分册。在某一作者名下，列出该作者某一篇论文被何人在何种刊物哪年哪卷哪页引用过。科技工作者若想了解自己的论文被同行引用的情况，只需找到包含自己姓氏（中国人为汉语拼音）的 SCI 分册，再找到自己的名字就可以了。

查阅 SCI 并不难。但一些查阅者却常常扫兴而归，发现自己的论文并未被 SCI 收录，或收录的篇数甚少。怎么办呢？与其临渊羡鱼，不如退而结网。这其中，就有一个如何提高论文在 SCI 中选率的问题。

（2）提高 SCI 中选率的诀窍

谈到论文在 SCI 的中选率，就想起了托福考试。托福考试是英语水平的展示，SCI 则是论文水平的展示，二者有相通之处，且又都是原装的"美国制造"。然而，托福考试的辅导班不计其数，出版的托福教材也不计其数，却至今没有一个 SCI 的辅导班或 SCI 教材。这恐怕不够公平。下面的几段文字或许可算做一份 SCI 教材，起一点抛砖引玉的作用。

要想提高你的论文在 SCI 的中选率，第一件要紧的事是选一个好的选题，最好是在前沿科学的领域。千万不要选择早就被人研究透了的陈旧课题。那样的文章即使发表出来，也不会被人引用。其次，文章中一定要写出自己的有创建的思想和观点，最好能高屋建瓴，表现出大家风范。中国人自古就懂得画龙点睛的重要，但在写科技论文时却罕见点睛之笔，往往只是就事论事，缺乏思想的火花和理论的亮点。这样的论文，亦难以得到国际学术界首肯。

一篇出色的论文写好之后，接下来就要选一个好的刊物发表。记得有一个房地产商为新建成的公寓所作的广告词，叫做"嫁女心情"。商人尚且懂得以嫁女之心来出售自己的产品，学者们难道不该以嫁女之心来发表自己的论文吗？事实上，在高档次的学术刊物上发表的论文，更容易受到广泛关注，更容易被同行们引用。假若引用者的论文也能在高档次的刊物上发表，这一引用情况就很有可能被 SCI 收录。于是，在 SCI 中你的名字下面，就会出现一行令人羡慕的记载。

有些国内科技工作者认为自己是无名之辈，或认为自己外语水平不行，不敢给国际知名刊物投稿。其实，国外刊物大都看重文章本身的水平，而不太在乎作者的名望。不似国内一些刊物，把作者的名望当录用稿件的前提。外语水平也是可以提高的，写论文的过程就是练外语的一条佳径。再说，国际学术刊物本身就是不同种族、不同语种的学者的跨国大聚会，在这里，语言技巧的娴熟是要让位于文稿的科学价值的。

待到论文在国际刊物发表之后，作者一般都会收到几十份自己论文的单行本（又叫抽印本）。此后不久，索取这些抽印本的信函就会从世界各地纷至沓来。一定要满足这些索取者的要求，及时将抽印本给人家寄去。要知道，这些索取者中间，很可能就有将会引用你论文的人，亦即是有可能把你送进 SCI 的人。千万别心疼那几块钱国际邮资，以免因小失大。在这方面，一些国外学者的做法很值得我们借鉴。他们不但为索取者寄去所要的论文，而且将自己所著的内容相关的其他论文也悉数寄上，还要附上一句"致以敬意"之类的客气话。这些学者与同行交流的诚意，实在是到了无以复加的地步。

近年来，随着互联网的普及，论文交流的"抽印本"方式已经逐步被电子版本所取代。交流的形式虽然变化了，但与同行交流的意识不能淡化，而且还要加强。

尽管讲了这么一大堆提高 SCI 中选率的诀窍，笔者却并不认为入选 SCI 就算是达到了目的，也不认为众多中国学人将目光仅仅盯在 SCI 中自己名下的被引用篇数上是一种正常现象。事实是，国内在对待 SCI 的问题上，正在走入误区。

（3）国内的 SCI 误区

在上世纪 90 年代初，互联网还没有普及，人们还不能查阅电子版的 SCI，只能查阅纸质版。纸质版的 SCI 按作者的姓氏排列，分成若干大本，可以在国家图书馆等机构查阅。而在国家图书馆，并不是每一本 SCI 都受到人们的垂青。在这种按姓氏排序的索引期刊中，富集着中国人姓氏的 SCI 分册都曾被众多人光顾，以至容颜衰败，如同耄耋老者；而罕有中国人姓氏的 SCI 分册，却皆能守身如玉，宛若处子。譬如张、王、李、赵四大姓氏，有三个是在自 W 字头到 Z 字头的区间，这一部分的 SCI 分册被翻弄的状况就尤为惨烈。现在有了电子版本，人们不必去翻阅纸质的 SCI 了，但关注的"热点"恐怕依然如故。

第 6 章
科技创新若干问题的探讨

学者们盯住自己的名字也是事出有因。在国内学界，晋升职称要看论文被国际著名索引系统收录的篇数，名牌大学之间也要在论文被收录的篇数上一比高低。所以，作为国际著名索引系统之"大哥大"的 SCI 才一举走红。然而，SCI 本来还有许多其他作用，比职称评定和大学之间的攀比更有意义，却被人们忽视了。

首先，学者们应该循着 SCI 提供的线索，把引用自己论文的文章的原文找来看一看，看看人家在哪些方面发展了你的原有研究，提出了什么新思路、新方法、新见解，有什么新的突破。这对于你进一步的开发研究将极有益处。常言道，众人拾柴火焰高。SCI 恰应是一个集思广益、博采众家之长的处所。

国内对 SCI 的另一个误区，是只有有机会被 SCI 收录的人才关心 SCI。我的一位写诗的朋友曾告诉我，现在是写诗的人才读诗，不写诗的人就不读诗。人们对诗的态度与对 SCI 的态度竟颇为相似。其实，即使是没有发表过论文的人，或者发表过论文但无缘入选 SCI 的人，只要是从事与科技有关的工作，都应该关注 SCI。SCI 可以反映出哪些课题正被众多各国学者所瞩目和研究，从中能够捕捉到科学发展的动向和信息。

若干年后可令举世震惊的伟大科学奇迹，此刻或许就正在这世界的某地悄悄地孕育着。如果你能够及时地获取信息，或许也有机会为伟大的科学奇迹的创造尽一份力，并因此而跻身于成功者的行列。

即使把上述两个方面的考虑都放在一边，不予理睬，仅仅关注 SCI 所体现的对于论文水平的评价作用，可能也会遇到一些误区。且看笔者的分析。

一篇论文荣登 SCI，包括被"收录"和被"引用"两种情况。SCI 在全世界为数众多的科技期刊中筛选出一批水平较高、有代表性的刊物，在这样的刊物上发表的论文，就会被 SCI 收录。这就叫被"收录"。科研单位通过查询本单位论文被 SCI 收录的情况，可以展示科研机构的水平。国内关于科研机构的"排名"，通常也与该单位论文被 SCI 收录的情况密切相关。被"引用"则是指论文被他人引用的情况，简称为"他引"。

还有一个颇受重视的术语——"影响因子"。"影响因子"是对于刊物的评价指标。某一种刊物的"影响因子"，是指在该刊物上发表的论文被引用的总体情况。具体计算方法，是把该刊物前两年发表论文，在进行统计的当年被引用的总次数，除以该刊物前两年发表的论文总数。

国内学界对于 SCI 的实际利用与笔者在前面介绍的思路是有所不同的，更注重的是被 SCI "收录"和"影响因子"，对于"他引"（他人引用）并不太重视。所以，笔者关于"他引"的侃侃议论，还有什么"诀窍"之类，与国内对于 SCI 的实际运用相比就显得南辕北辙了。

"三十六计"中有一计叫"李代桃僵"。过分注重"影响因子"，用一种刊物被引用的状况替代一篇论文被引用的状况，是不是也有些"李代桃僵"的意味呢？

笔者还注意到，曾有国内学者撰文指出 SCI 运用中的诸多弊端，大有口诛笔伐之势，甚至建议采用新的评价系统。笔者则认为，SCI 本身并没有过错。如果我们不改变一些基本的理念，即使采用了新的评价系统，也一样会重蹈覆辙。

期待 SCI 能在中国学界找到一个恰当的位置。

6.3.4 科技蛋糕怎样切：学科划分小议

庆祝生日的聚会上，切蛋糕是个重要的仪式。主人在众目注视之下，郑重地切下去，为每位客人送上不大不小的一块，博得皆大欢喜。谁都知道，蛋糕不能切得太碎。如果切得太碎，只给客人一块蛋糕渣，那将是极大的失礼。在庆生聚会上，这是人人皆知的道理。但若换一个场合，譬如在科技领域，情况可能就不同了。

科技领域就好像一个大蛋糕。长期以来，科技界的学科划分有越来越细的趋势，这就恰如科技蛋糕正被越切越小。仅在化学领域，叫得出名字的学科就已有 100 多个。毋庸置疑，学科的细致划分对于这些学科的深入研究是起了积极作用的。但另一方面，学科过细的划分也使每一学科覆盖的范围越来越小，这就绝非科技界的幸事了。

学科的划分不光是学者们的事情，也直接影响到普通百姓的生活。现如今，到医院挂号看病就是一大难题。内科下设有好多个门类，外科也分成了许多的专科，不仅让缺少医学知识的病人眼花缭乱，即使是懂一点医的人也常常无所适从。稍一不留神就会挂错号。假如未能挂上那个最恰当的专科的号，或许就难以得到最恰当的治疗。更令人担忧的是，病人未必总是按专科的划分来患病。一个病人的病时常跨越多个医学学科。危重病人可以请多科医生会诊，那么普通病人呢？

2012年5月21日《健康报》发表了第四军医大学校长、中国工程院副院长樊代明写的《分科过度给医学带来哪些伤害》一文，阐述了过度分科带来的诸多弊端，包括"患者成器官"、"疾病成症状"、"临床成检验"、"医师成药师"等，该文有理有据、切中时弊。

为了解决学科划分过细的问题，我们应该对科学技术的包容性予以关注和重视。美国哈佛大学校长在北京一所大学演讲时，提出了高等教育要注重包容性的观点，得到与会者的高度评价和赞同。其实，包容性不仅是高等教育领域的一个重要问题，也是科技界的重要问题。试想，科技人才都是大学里培养出来的，高等教育的包容性问题，当然会直接引出科技领域的包容性问题。

"科技蛋糕"的切法，也就是科技学科的划分问题，会直接影响科技领域的包容性。学科的划分往往标志着研究领域的划分，而过细的划分在很大程度上使科技工作者的认知面受到局限。例如。在材料科学领域，常见有搞非金属材料的不懂金属材料，搞有机材料的不懂无机材料，甚至搞橡胶的不懂塑料。这一状况，固然有教育体制的影响，而学科之间条块划分的影响也是一个重要原因。

在当代，人们已经越来越认识到世界的整体性与关联性。大至宇宙、地球，小至原子、分子，莫不息息相关。小小电冰箱逸出的氟利昂，可以造成臭氧层的偌大空洞；而生物链中一个物种的灭绝，也有可能会造成生态环境的灾难。既然大千世界是一个息息相通的体系，那么科技界在提高学科包容性的问题上，恐怕也别无选择。

科学技术的发展，也使学科之间的相互沟通成为大势所趋。在材料学科领域，单一的材料难以满足要求了，复合材料便应运而生。而复合材料正是无机材料、有机材料等的结合。其他，如航天技术、生物工程、新能源开发等，也都是众多门类科技成果的融会。近年来信息产业的兴起，则为各门学科的沟通提供了极大的便利。

然而，令人遗憾的是，尽管有迫切的实际需求，学科之间沟通的进程依然缓慢而艰难。时至今日，各学科之间"鸡犬之声相闻，老死不相往来"的现象仍随处可见。为了增进学科之间的交融，也建立了不少边缘学科，但这些边缘学科却往往自立门户，形成新的学科门类，反而使学科划分更趋精细，并没有体现出"包容性"的本来含义。

看来，科技界首先应该实现观念的转变，认识到提高"包容性"的必要性，然后自己动手拆掉学科之间的"柏林墙"，建立起既有必要的学科划分又相互包容的大一体化的新的科学技术体系。

6.3.5 科学随想

在1998～1999年期间，笔者撰写了若干篇与科技相关的随笔。这里选介其中的两篇，以表达笔者对于相关问题的看法。

(1) 科学光环下的现代神话

某年秋天，我随一个旅游团到南方某风景区游览。面包车行驶在盘山公路上，车窗外风景迤逦迷人。旅游团的导游小姐亭亭玉立，而且口才极佳。几乎整整一上午，她滔滔不绝地介绍当地的地形地貌、名胜景观和风土人情，既风趣又富于知识性，不由得令人钦佩导游小姐的渊博学识。然而到了下午，当面包车驶向一家旅游纪念品商店的时候，导游小姐却突然话锋一转，开始商品宣传。她主要是介绍当地出产的宝石，先是说当地气候凉爽，所以出产的宝石佩带在身上可以清凉败火；接着又说根据现代科学研究，宝石可以与人体产生"共振"，能帮助人调节身体机能，如此等等。我的看法是，导游小姐上午的解说词必是请教了专家，而下午讲的则是宝石商人们杜撰的广告词。借助于所谓"科学原理"来进行商业宣传，乃是当今商界的一大潮流。

迷信，也会借助科学的光环来"暗度陈仓"。有一位科技专家到某贫困地区搞科技扶贫，来到一户赤贫如洗的农户家中。专家问农户的主人，需要提供什么样的技术，帮助他尽快脱贫致富。这农家汉子却低眉不语。在专家的再三追问下，农家汉子说：您教我算命吧，我们这里只有算命先生可以发大财。专家说：我是搞科学的，不会算命。汉子说：您可以教我科学算命呀，这东西现在很时兴的。专家哭笑不得。专家当然没有教农家汉子算命。而科学算命、电脑算命之类却确实曾风靡一时。

当今时代是科学技术突飞猛进的时代，科技发展取得了辉煌的成就，也引发了人们对于科学的景仰和崇拜。可以说，人们对于科学的景仰是无数科技工作者辛勤工作积累下的一笔巨大的无形资产。大概是垂涎于这笔无形资产的巨大价值，一批精心杜撰的"科学神话"便应运而生了。

这些"科学神话"以伪科学冒充科学，有时竟达到了以假乱真的程度。近年来最具影响的一篇"科学神话"是关于"水变油"的。说水可以变油，不但专家学者不能同意，就是念过中学的人也不可能相信。然而，在相当长的一段时间里，许多媒体却竞相对"水变油"作了宣传报道，让这一"科学神话"得以广泛传播。更有诸多企业，居然与"水变油"的发明者签订了引进该"技术"的合同，投入了巨额资金。"水变油"本是一个稍有文化知识的人就可以戳穿的骗局，为何竟能招摇一时呢？此外，如耳朵"看"字、隔墙取物等"特异功能"，亦曾以"人体科学"的面目出现，被大肆炫耀。对于这些打着科学旗号的现代神话，该是到了引起人们警惕的时候了。

"科学神话"何以能够大行其道呢？众所周知，科学研究是一项严肃的工作。从事科学研究的人，应该受过专门教育，有某一方面的专业知识和经验，并不是每一个人都有条件从事科学研究。而杜撰"科学神话"却并不需要什么专业知识和经验。于是，那些企望借助于科学光环的辉煌，又不愿费力去寒窗苦读，不愿呕心沥血地从事研究的人，便自然选择了杜撰"科学神话"的道路。

此外，真正的科学研究成果有时相当深奥，不易被普通人所理解。许多科学研究还相当枯燥乏味，难以唤起局外人的兴趣。与此相反，"科学神话"却总是通俗易懂，且令人兴味盎然。而现代社会又是一个由大众文化和通俗传媒主导的社会，媒体需要新闻，需要热点，需要轰动效应。有责任心的新闻工作者，本该效法徐迟先生写《哥德巴赫猜想》，让深奥的科学命题转化为通俗的文字；或者像电影《居里夫人》，把枯燥的科学研究描述得感人肺腑。遗憾的是，许多腕儿们懒得这样去做，或者觉得即使这样做了也难以产生轰动效应。于是，诸多"科学神话"就堂而皇之地登上了大众传媒。

为科学正本清源，扫除"科学神话"的影响乃是当务之急。

（2）影子科学

大凡有阳光的地方，便有影子。人们一生中唯一无法摆脱的东西，大概就是自己的影子了。

科技创新思路与方法
——兼议未来50年科技发展热点

远古的某一天，人类从平静无漪的水面上，惊讶地看到了自己的影像。此后不知过了多少年，人们有了镜子。现在，已经有了数码照相机和摄像机，还有了3D影像技术。当代人捕捉、记录和再现影像的技术，真的是已达到登峰造极的地步。

影子和影像的概念还渗透到了其他领域，譬如政府之外可以有影子政府。笔者经多年观察，有了一个"惊人"的发现：真正的科学之外还有一个影子科学。

为了说明什么是影子科学，让我们举个例子。有一位学者，在国外某名牌大学获得博士学位，又做了一段时间的博士后，回到国内任职于南方某大学。人们对他理所当然地寄予厚望。这位博士后也很想一展身手，就开始从事一项颇为新颖的课题研究。然而，待他的工作告一段落，研究结果公之于众时，人们却大失所望。博士后的这项研究不仅没有实用价值，就连真正的理论价值也没有，仅仅是一个虚浮的理论游戏而已。

人们并没有给这位博士后泼冷水，一方面是碍于情面，一方面也是希望他自己醒悟。这位博士后今后怎样发展，尚不得而知。但就他目前的表现也已经很能发人深思了。这位学者虽然看起来也在埋头研究科学，实则迷失在了科学的影子之中。

影子或影像是不能代替真实的。就说黄果树大瀑布吧。人们在亲临黄果树之前，可能已经从电视里、画册中领略了大瀑布的风光。但只有来到黄果树，站在大瀑布前，亲身去感受奔泻的水幕、咆哮的涛声和扑面而来的雾霭所唤起的激情的时候，才能真正体会到这一自然奇观的壮美。

科学研究固然有基础研究与应用研究之分，但即使是纯理论研究，也并非虚无缥缈，如影子一般。陈景润研究的哥德巴赫猜想虽很深奥，但却是以实实在在存在的素数为对象的，其研究成果推动了数学和其他学科的发展。高深莫测的黑洞理论，已经被天文观测所证实。还有神秘的反物质，也要靠阿尔法磁谱仪到宇宙空间去搜寻证据。对于技术科学而言，与实际相结合的意义就更为重要。

从事科学事业的人，应该首先具备脚踏实地的精神。然而，确实有一些学者还在做着缺少科学价值和实际意义的"学问"。他们躲在精心构筑的蜗壳之中，以学者自居，也被别人尊为学者，却无法用事实来体现自己作为学者的存在，并且越来越难以掩饰自身知识结构和运作能力上缺陷。

看起来，他们似乎也是在从事科学，实际上却是滞留在科学的影子之中。

人不能摆脱自己的影子，科学却应该尽快与自己的影子分道扬镳。摆脱了影子的科学，会更加辉煌，给人类带来更多福音。

6.3.6 归来兮，人文精神

"科技，以人为本"曾经是一句脍炙人口的广告语，道出了科技与人文之间的密切关系。然而，在人类历史上，却罕见科技与人文相辅相成、携手并进的局面。中国的五千年文明史，历来有重文轻工的传统。诸子百家，代代相传地做着道德文章，而研究科学技术的人们则难登大雅之堂。工业化之前的西方国家也有过之而无不及，譬如，著名科学家伽利略因为反对"地心说"，支持和发展"地动说"，被宗教统治者判罪。

现代科技革命兴起之后，事情的发展又走向了另一极端。乘着科学技术辉煌成果的快车，"科学主义"的思潮不胫而走，影响甚广。所谓"科学主义"，是对于科学的价值无限扩张，视科学为万能的一种思想。"科学主义"夸大了科学技术的作用，对科技发展的负面影响则缺乏必要的警惕和制约。"科学主义"还表现出对于人文精神的冷漠。

在中国这样一个历来重文轻工的国度里，自20世纪50年代初引入前苏联的高等教育体制后，教育的天平明显地倾向了另一侧，独重科学教育，尤其是工程技术教育。有一句俗语："学好数理化，走遍天下都不怕"，就是这一现象的写照。尽管"科学主义"是一个世界性的问题，但在中国的教育体制下，产生的负面影响或许就更多。

长期以来，我们的教育走入了误区。文理之间泾渭分明的分科，孕育出缺乏人文内涵的科技教育体制。由于文化传统的改变是一个渐变的过程，所以缺乏人文内涵的教育体制所产生的后果也是逐渐显现出来的。到20世纪80年代末和90年代初，问题已经变得相当严重。一批又一批知识结构褊狭的毕业生被培养出来。他们中的许多人对本专业的知识很精通，对本专业以外的更为重要的社会、伦理、文化等方面却知之甚少。"有专业技术，却没有文化"，这一看起来自相矛盾的现象在一部分学子身上已成了事实。

教育的失衡带来的后果是严重的。最明显的是相当一部分学生文字表达能力的低下。旧时的学者，无论从事何种专业，都能写一手好文章。不信，看一看那时学术著作的序言，大都是文采四溢、美轮美奂。今天，科学进入了克隆羊和互联网的时代，但理工科的学子中，写不出像样文章的却大有人在。缺乏文字表达能力，这些学子何以展示自己的思想，何以与他人相互沟通呢？

文字表达能力的障碍，还只是从较为直观的层面所反映的人文素质缺失，教育失衡的实际后果比这要严重得多。就宏观而言，我国在资源利用、发展规划、环境生态等方面暴露出的诸多问题，很可能都与长期以来实施的高度专业化、缺乏人文内涵的高等教育制度有某种关系。科学与人文相背离的根源并不局限于教育领域，许多急功近利的做法亦是促成其发生的动因。

需要指出，科学与人文相背离是一个世界性的问题，并非只出现在国内。这个问题在医学上的表现尤为突出，把病人当做患病的器官，而不是活生生的、完整的人，是现代医学走入的莫大误区。

为培养21世纪的学界新人，科学素质和人文修养两方面是缺一不可的。为使科技进步真正为人类带来福祉，科学与人文相背离的局面必须改变。

科学的发展需要造就一批兼有科学精神和人文精神的科学家。博大的人文情怀使他们拥有为科学而献身的精神，他们视野开阔、高瞻远瞩，绝不会被狭隘的功利目的所局限，而孜孜不倦地通过科学研究为全人类的远景目标作出创造性的贡献。

笔者要在这里呼吁：归来兮，人文精神！

本章的内容，从科研团队建设一直写到人文精神的回归。在本章即将结束之时，让我们满怀崇敬，一起来阅读两段著名的演讲。

第一段，是爱因斯坦的《悼念玛丽·居里》演讲：

在像居里夫人这样一位崇高人物结束她的一生的时候，我们不要仅仅满足于回忆她的工作成果对人类已经作出的贡献。第一流人物对于时代和历史进程的意义，在道德品质方面，也许比单纯的才智成就方面还要大，即使是后者，它们取决于品格的程度，也许超过通常所认为的那样。

我幸运地同居里夫人有20年崇高而真挚的友谊。我对她的人格的伟大愈来愈感到钦佩。她的坚强，她的意志的纯洁，她的律己之严，她的客观，她的公正不阿的判断——所有这一切都难得地集中在一个人身上。她在任何时候都意识到自己是社会的公仆，她的极端谦虚，永远不给自满留下任何余地。由于社会的严酷和不公平，她的心情总是抑郁的。这就使得她具有那严肃的外貌，很容易使那些不接近她的人发生误解——这是一种无法用任何艺术气质来解脱的少见的严肃性。一旦她认识到某一条道路是正确的，她就毫不妥协地并且极端顽强地坚持走下去。

她一生中最伟大的科学功绩——证明放射性元素的存在并把它们分离出来——所以能取得，不仅是靠着大胆的直觉，而且也靠着在难以想像的极端困难情况下工作的热忱和顽强，这样的困难，在实验科学的历史中是罕见的。

居里夫人的品德力量和热忱，哪怕只要有一小部分存在于欧洲的知识分子中间，欧洲就会面临一个比较光明的未来。

第二段，是李政道2005年在"爱因斯坦年"上的演讲：

我们的地球在太阳系是一个不大的行星，我们的太阳在整个银河星云系4000亿颗恒星中也好像是不怎么出奇的星，我们整个银河星云系在整个宇宙中也是非常渺小的。可是，因为爱因斯坦在我们小小的地球上生活过，我们这颗蓝色的地球就比宇宙中的其他部分有特色、有智慧、有人的道德。

科学伟人永远是我们景仰的楷模。我们不可能取得他们那样的成就，但是在我们学习、工作、生活的时候，心里应该铭记科学伟人的身影。

科学伟人的品格风范不仅有彪炳史册的光辉，而且有洞穿现实的力量！

本章思考题

1. 如果你是一位科技工作者，对科研团队建设有何体会和建议？
2. 如果你是高校学生，且已经开始课题研究，对自己所在的科研团队作何评价？有何感想？
3. 你认为科技维稳有必要吗？对此是否有所设想和创意？
4. 对于维护著作权，你有何见解？有何高招？
5. 怎样理解科学精神与人文精神的结合？

尽可能与自然界和谐相处

把对于自然的干扰减少到最低

第7章 无扰论：人与自然关系的思考

　　本章探讨人与自然的关系，着眼于环境保护问题。

　　科技创新与环境保护是紧密相连的。如果某一项创新成果不利于环境保护，会造成环境污染，那么，这样的创新成果就不应该被推广应用。对于环境保护的考虑，是科技创新的基本条件。所以，本书专设一章，对保护环境的相关问题进行深入探讨。

　　科技工作者可以在环境保护中发挥重要作用。但是，环境保护并不是一个单纯的科技范畴的问题，它与人文领域有极其密切的关联。环境保护的广泛实施要依赖于亿万人的环保理念和行为方式，而这绝不是仅仅靠科技手段就能够奏效的。因而，本章侧重于从人文层面，而不是技术层面，探讨与环境保护相关的基本理念。在这样的理念建立之后，环境保护的举措才会产生实效，科技创新与环境保护的关系也才会理顺，我们才会有明确的方向去发展真正有利于环保的科技创新成果。

　　基于以上考虑，本章着意探讨人与自然的关系，探讨人类该怎样与自然和谐相处，怎样从保护自身利益出发，使自己成为环境的保护者。

　　笔者并不讳言自己很关心环保。在一些人看来，热心环保的民间人士是多事之人，是无事生非者，甚至是阻碍经济发展的人。也有人认为，为

第 7 章
无扰论：人与自然关系的思考

了现实的利益和享受，我们也只好"委屈"一下环境；环境的破坏，影响的是将来人们的生活，是众多人的生活，而我们作为具体的个人，并不需要想那么多。今朝有酒今朝醉，我们杯中有酒，就可以享受沉醉，为什么要想遥远的将来，想整个人类社会的生存和延续呢？再说了，地球那么大，历史的长河又那么悠远，我一个小小的行为对于地球的环境、对漫长的历史能有多大影响呢？这不过是大海里的一滴水，是沙漠中的一粒沙子，值得大惊小怪吗？

上述说法似乎言之有理，但笔者不能苟同。

笔者要郑重指出的是，人类生活在自然环境之中，应该尽可能与自然界和谐相处，人们的活动要避免严重干扰、破坏自然环境的平衡，这种平衡一旦被破坏，就很难恢复，甚至无法恢复。

此外，大多数人都把环境保护视为对于大自然的保护，然而人们可能忽视了，我们自身也是自然的一部分，我们的身心也具有自然和谐的需求，也是需要保护的。对于身心的保护与对于大自然的保护，有内在的联系和客观的一致性。

我们早已有了环保的法律和法规，但法律、法规的实施不可能一蹴而就。人们往往为了眼前的、个体的利益，而无视长远的、整体的利益。还有，在法律、法规之外的忽视环境保护的行为，也不能用法律手段去干预。

本章将要通过具体分析来说明：破坏人与自然和谐关系、打破自然界平衡状态的行为，不仅损害整个人类的长远利益，而且会严重损害我们的既得利益，会伤害我们现实的自身。我们花了钱，花费了时间，得到的可能并不是享受，而是身心的扭曲甚至痛苦。这就是俗话说的"花钱买罪受"。

无论是为了长远的、整体的利益，还是为了既得的、个体的利益，都应该注重维护人与自然的和谐关系。

7.1 无扰论：保持人与自然的和谐

笔者在这里先提出自己的基本论点，即"无扰论"的观念，然后再从不同角度论证这一观念。这样做未免有些学究气，但笔者并不想把此文写成浮光掠影、旁敲侧击的文章。旁敲侧击的文章虽然也可以写，但毕竟给人隔靴搔痒之感，是不能起到多少作用的。

7.1.1 "无扰论"的基本论点

笔者认为，人类与自然之间应该保持和谐相处；这种和谐关系的最高境界，就是"无扰"。换言之，人类不应该通过自己行为，去干扰、打破自然界的平衡。

自然界的平衡，是在数十万年、数百万年，甚至数亿年的漫长岁月里逐渐形成的，并且是一个错综复杂的博大体系。如果人们以自己的行为，在短暂的时间里干扰、破坏了自然界的平衡，这种平衡的恢复，可能又需要数十万年、甚至数亿年的时间，远远超过了我们可以期待的人类历史。此外，对于自然界错综复杂的体系，我们人类了解的还很不充分，自然界的许多内在联系还是不解之谜。然而遗憾的是，尽管对自然界还很不了解，不能充分预见自己行为的后果，却并没有妨碍人们对自然界大动干戈，竭力地索取大自然的资源，并且不惜打破自然界的平衡。应该承认，人们对索取自然资源的兴趣，远远超过了探索自然奥秘的兴趣。更为可悲的是，在探索自然奥秘方面的一些发现和发明，也被用来变本加厉地索取自然资源！

中国有个成语："竭泽而渔"，这显然是很荒谬的做法。但在现代社会，竭泽而渔的事情并不罕见。最典型的例子就是石油。自然界在数百万年至数亿年的岁月里形成的石油资源，人类只用了区区几十年，就几乎开采、使用殆尽了。与此同时，大量温室气体被排向地球的大气层。自然界形成平衡的速度，与人类破坏平衡的速度，相差太悬殊了！这样的行为可能造成的后果，以我们人类现有的认知能力，是无法进行评估的。

笔者提出的"无扰论"包括三个论点，分述如下。

"无扰论"的第一个论点，是主张人们要尽可能与自然界和谐相处，把对于自然的干扰影响减少到最低程度。

鉴于人们对于自然的干扰和破坏过于猛烈，所以笔者提出，我们应该从现在开始，尽可能以"无扰"的态度来对待自然界，不再去干扰、破坏

第 7 章
无扰论：人与自然关系的思考

自然界的平衡，与自然界和谐相处。

"无扰"的理念，其实在民间早就有流传。有一个旅游景区树立起温馨的提示牌："除了照片，什么也不要带走；除了脚印，什么也不要留下。"这就体现了"无扰"的思想。另据报道，国外有的旅行者在每次乘坐飞机之后，必定要去植几株树，以补偿对于环境的影响。人家的"无扰"理念也很执著呢。

笔者从 2012 年 5 月 2 日《健康报》书苑栏目中看到了《蓝色经济》一书的介绍，该书提出了"蓝色经济"概念。蓝色经济将生态系统的卓越成就应用于经济体系，使得人类系统，甚至一切生物系统都能够稳定、安全地沿着进化和再生之路持续前进。蓝色经济模式既保护了地球的环境及资源，又可使人类获得可持续发展的好方法。《蓝色经济》一书作者冈特·鲍利是"零排放研究创新基金会"的创办人。

零排放（zero discharge）的定义是：应用清洁技术、物质循环技术和生态产业技术等已有技术，实现对天然资源的完全循环利用，而不给大气、水和土壤遗留任何废弃物。这与本章所阐述的"无扰"理念是一致的。

当然，人类社会要发展，完全不干扰自然界是不可能的，但是要把对于自然的干扰影响减少到最低程度，这可以称为"微扰"。把"无扰"作为最高境界；不能"无扰"就要力求"微扰"，这是对"无扰论"第一个论点的全面阐述。

"无扰论"的第二个论点，是对于那些"好"的影响也要持慎重态度。

笔者所提出的把对自然的影响减少到最低程度，不仅包括那些"坏"的影响，而且包括那些"好"的影响。对于预计会起"好"作用的行为，如果也有可能干扰、打破自然界的平衡，就要极为慎重。否则，今天看来是"好"的影响，或许会酿成明天的灾难。

例如，空调制冷技术的应用原本是为了舒适、方便人们的生活，但是却因为制冷剂氟利昂的释放（当然也有其他途径的含氟气体释放），造成了大气中臭氧层的空洞。臭氧层是屏蔽紫外线的天然屏障，出现空洞后，紫外线就长驱直入了。还有核科学与核技术的发展，使人们能够洞悉物质世界的本原，推动了科学技术领域的整体发展，并有利于解决能源问题，但也使人类长期笼罩在核战争及核污染的阴影之下。

令人略感欣慰的是，现在人们对于科技领域的重大进展，已经持审慎的态度了。譬如，对于克隆技术的研究，就非常谨慎。各国都禁止对人类进行生殖性克隆的研究。看来人们已经认识到了，科技进展带来的未必都是福音；对于某些研究必须加以限制甚至禁止，以防患于未然。

"无扰论"的第三个论点，是主张在保护身心环境的同时保护自然环境。

人类是自然的一部分，人们的身心也需要和谐平衡，也需要"无扰"的氛围。人的身心还应该与大自然相和谐，尽力使自己的生活融入自然。人们不应该用违背自然规律的生活方式来干扰和打破自己身心的和谐平衡，进而威胁自己的健康，并且与此同时还对自然环境产生不利影响。保护身心与保护自然具有客观的一致性。

强调保护身心与保护自然的内在联系和客观一致性，主张在保护身心环境的同时保护自然环境，这就是"无扰论"的第三个论点。

关于身心保护的问题，本章在后面还将结合具体问题做更详细的讨论。

7.1.2 "无扰论"的思想渊源

我国古代先哲的许多论述，可以作为"无扰论"的思想渊源。

其一，是儒家的"中和之道"。

儒家主张中庸。荀子则认为："万物各得其和以生。"中庸与和谐是儒家所认为的世间万物的最佳状态，可称为"中和之道"。

"无扰论"的第一个论点——要尽可能与自然界和谐相处，把对于自然的干扰减少到最低程度，可以从儒家的"中和之道"找到思想渊源。

其二，是老子关于福与祸的论述。

老子说："祸兮，福之所依；福兮，祸之所伏"，告诉人们祸与福的相互依存关系。老子的这一论述，对于认识环境保护方面的一些问题很有意义。例如，洗涤剂的大量使用，清爽了我们自身和衣物，却污染了河流和湖泊；化学农药的大量使用，有助于提供丰盛的食物，却形成了农田和食物中的农药残留。这些，都是因福得祸吧。

基于福可以转化为祸的理念，人们对于预计会起"好"作用的行为，如果也有可能干扰、打破自然界的平衡，就要持极为慎重的态度，这正是"无扰论"的第二个论点。

祸转化为福的例子也不少。例如，城市的空气污染物在天空中形成阴霾，刚好可以在一定程度上遮挡阳光中的紫外线，减少紫外线造成的伤害。又如，环境污染的加剧，促成了治理污染的产品和产业的发展。然而，这样的"福"，多少有些无奈的滋味。

其三，是天人合一的理念。

天人合一是我国古代哲学的基本理念，中医学的基本理论也遵循天人合一。天人合一的理念，认为人与自然是一个整体。本章提出的"保护身心与保护自然具有内在联系和客观一致性"的论点，即"无扰论"的第三个论点，恰是"天人合一"理念的体现。

7.2 扰乱、破坏自然平衡带来严重后果

扰乱、破坏自然平衡会带来很严重的后果，而且，这样的后果往往是链锁式扩展的，影响会愈来愈深化，愈来愈危及人们的生存。

7.2.1 破坏自然平衡导致链锁式扩展

让我们观察几种链锁式扩展的现象。

例如，空气污染的加剧，使人们的身体和服装更容易弄脏。于是，需要更频繁的洗涤，需要更多数量和更高效的洗涤剂。洗涤之后，洗涤剂就随污水流入江河，在湖泊中富集，造成水域的"富营养化"，进而产生更严重的后果。

另一个例子，是饮食结构的变化。人们过多地食用了高热量、高脂肪的食物，结果导致心脑血管等疾病的高发；与此同时，还给畜牧业造成压力，导致草原的过度放牧，进而是草场的破坏和草原的沙漠化。而草原的沙漠化又会进一步使整体自然环境恶化。

还有温室气体的大量排放，导致全球气候变暖，冰川和两极的冰雪融

化，海平面上升，一些沿海城市和岛屿濒于被淹没……

这样的例子还有很多，难以一一列举了。

2012年5月6日《健康报》刊载了世界自然基金会发布的《地球生命力报告2012》，该报告指出：当前我们的生活方式过度消耗了自然资源，如果不改变这一趋势，到2030年即使有两个地球也不能满足人类需求！

人类只有一个地球，这是人类赖以生存的唯一空间。关注人与自然的和谐相处，尽可能减少对于自然环境的干扰和破坏，已经是刻不容缓。然而，对于环境保护问题，也有一些不同的见解，有的似乎还很"强势"。

7.2.2 对于环境保护问题的"不同见解"

让我们来分析几种对于环境保护问题的"不同见解"。

见解之一，是认为我们国家也应该走先污染后治理的道路，环境保护不应该成为阻碍经济发展的理由；等到经济发展起来了，我们有足够的能力来治理污染。这种见解是以西方国家的发展道路为依据的。

笔者认为，这种见解是不可取的。首先，环境被污染、自然界的平衡被打破以后，是很难恢复的。"拆房容易盖房难"，这是很浅显的道理。自然环境的许多变化具有不可逆性，如臭氧层空洞，即便有了强大的经济实力，能够补得起来吗？既然并不是所有的污染都能治理，那么，走先污染后治理的道路，"治理"的事情何以落实呢？

西方国家的发展道路，也不能适用于我们。西方国家发展之时，科学技术还不像现在这样发达，对于可能造成的污染后果（如全球变暖），也未能明确地预见。现在，我们明确地知道了污染的后果，还要走先污染的道路，恐怕就很难说是明智之举了。此外，西方国家发展的时候，自然环境系统还不像现在这样脆弱。现在，自然环境的状况已经相当危险，任何一种严重损害环境的行为都有可能成为"压倒骆驼的最后一根稻草"，我们怎能不三思而行呢？

见解之二，是认为自然界的一些异常变化是自然界本身的规律造成的，与人类的活动无关，或关系不大。如全球变暖可能是自然气候的周期性变化所致，并非是受人类大量排放的温室气体影响。

这种见解很"绝妙"。因为现代科技水平还不能把握"自然气候的周期性变化",这是一个目前还不可知的领域。把自然环境的变化推卸为一个不可知的原因,人们似乎就可以为所欲为了。但是,这种见解是站不住脚的。我们以切身的体会,都能感受到人类的行为对于环境的影响:城市空气的污染,使城市笼罩于阴霾,成为"热岛";水源的污染,使"纯净水"走俏市场;海洋的污染,使海产品供应趋于紧张;而草原的沙漠化,使我们的城市遭受了更多的沙尘。这些,都是人类活动的后果,而非"自然气候的周期性变化"。臭氧层的空洞,也不是"自然气候的周期性变化"的结果。更应该引起关注的是,自然界在数百万年至数亿年的岁月里形成的石油资源,人类只用了区区几十年,就几乎开采、使用殆尽了,释放出的温室气体和产生的温室效应,难道会是微乎其微的吗?

我们根据常识,都知道"沧海桑田"的变化需要漫长的岁月,不会突如其来地出现在一两代人的视野里;地震、火山可能突发,却不会影响全球。笔者并不否认"自然气候的周期性变化"是存在的,但反对以此来推卸人为的责任。

笔者还在杂志上看到过一篇文章,介绍了一种"处理"污染物的方法:修建很长的海底管道,把污染物排放到深海。文章信誓旦旦地说,这样的方法不会造成海洋污染,因为海洋具有极大的消纳能力。笔者读罢此文后,颇为愤慨。难道人们真的要把海洋变为巨大的垃圾场吗?

笔者还清楚地记得,有一次乘飞机出差,从舷窗向外看,看到了黑色的云团;还有一次乘轮船旅行,凭栏俯瞰,眼前是浑浊的海水。这就是"具有极大消纳能力"的大自然吗?

对于破坏自然平衡、污染环境的行为,不能再听之任之了。然而,我们作为"一介草民",势单力薄、人微言轻,对保护环境能有什么作为呢?笔者认为,我们每个人都可以成为环境的"无扰者"。而当我们成为环境的"无扰者"时,就为环境保护作出了自己的贡献。这贡献虽然微小,却弥足珍贵!

7.3 每个人都应该成为环境的"无扰者"

正如本章开始时指出的:环境保护的广泛实施要依赖于亿万人的环保

理念和行为方式，而这绝不是仅仅靠科技手段就能够奏效的。因而，笔者侧重于从人文层面，而不是技术层面，探讨与环境保护相关的基本理念。

老百姓的生活，离不开衣食住行。我们对于环境保护的贡献，就可以从衣食住行开始。为了论述方便，笔者把次序倒过来，按照出行、居住、饮食、服装的顺序，来探讨怎样成为环境的"无扰者"，使"无扰"成为我们的行为准则，为环境保护作出我们的一份贡献。

科技工作者也是老百姓队伍的成员。当环保理念在科技工作者内心深深扎下根来，就可以自觉地发挥自己的能力，把科技创新与环境保护完美地结合起来，通过具有环保意义的创新成果来实现环保的意愿。在衣食住行领域，都有科技创新与环境保护结合的广阔空间。

7.3.1 出行：让我们成为现代的徐霞客

说到出行，首先想到的竟是徐霞客。徐霞客是我国古代的旅行家，他走了大半个中国，考察了许多名山大川；他写的《徐霞客游记》是一部千古不朽的作品。

《徐霞客游记》生动地记录了徐霞客在旅行中所见的地理景观，文字奇美、意境深邃。让我们来欣赏一段，这是徐霞客游历雁宕山（今雁荡山）时，手执木杖，艰难地攀登山路，终于登上山顶时的所见：

四望白云，迷漫一色，平铺峰下。诸峰朵朵，仅露一顶，日光映之，如冰壶瑶界，不辨海陆。然海中玉环一抹，若可俯而拾也……

徐霞客的旅行，主要是靠步行，有时也骑马、乘船，是人力或风力的船。在那个时代，就是使用这样的交通工具。可以说，那时人们的出行方式是真正无扰于环境的。

当今时代，交通工具大大地进步了，带来了快捷、舒适的出行，然而对于环境的污染也随之而来。譬如汽车排放的尾气，是影响城市空气质量的主要因素之一；飞机在天上飞，造成的大气污染也很严重。汽车和飞机还消耗了大量的石油资源。

此外，出行方式还影响人们的身体健康。在有了现代交通工具之后，人们却惊讶地发现，步行才是最有益于健康的出行方式。许多现代人的疾病，都与出行方式的变迁有一定联系。于是，医学专家们呼吁：能步行或骑车的就不要坐车，能爬楼梯的就不要乘电梯。这一呼声，几乎就是在鼓励人们成为现代的徐霞客。

试想，如果人们在可能的情况下改变出行方式，用步行或骑车代替乘汽车，则不仅有益于健康，还有益于环境，一举两得，何乐而不为呢？中国原本是自行车王国，不知从什么时候开始，自行车被冷落了，汽车成了社会的"宠儿"。倒是一些欧洲国家在重视自行车的使用。现在，也许该是我们重振自行车王国雄风的时候了。笔者希望有千千万万的人加入到步行和骑自行车的行列中来，选择这样的出行方式就是选择了健康，也是为保护环境出了力。

昔日自行车王国，已难觅自行车的踪迹

由徐霞客的旅行，想到当今人们的旅游热潮。首先要说，旅游是一种很好的休闲方式，可以锻炼身体、调节心情，还可以使人们回归自然。久居城市的人们，能够有机会回归自然，放情于青山秀水之中，对于身心健康是颇为有益的。

但是，旅游也会在一定程度上造成对于环境的污染。今天的人们不大可能步行到很远的地方，一般人也不可能骑自行车长途旅行，乘坐交通工具是不可避免的。但是，交通工具的选择就与环境保护有关了。人们应该尽可能选择对环境影响较小的交通工具，尽可能减少对于环境的污染，这就是"微扰"的理念。

出行的安全性也是人们考虑的重要因素。在笔者看来,一些较为环保的交通工具,同时也较为安全。这或许正是人与自然和谐相处的一种顺势的表现吧。

此外,出行路线长短的选择也与环保有关。人们或许会到 1000 公里以外去看某个风景或建筑,但其实在 100 公里以内可能就有类似的风景或建筑,而且风光更加优美,历史更加悠久,为什么要舍近求远呢?当然,如果远方有美不胜收、无与伦比的美景,再远也应该去。如果只是平常的景观,那就不一定非去不可了。

舍近求远不一定是明智的选择。风尘仆仆、远道而归固然有可能收获颇丰,轻车熟路、近水楼台,也未必就不能尽兴而返。特别是中老年人旅游,应该以休闲为主,每年(或隔年)可以进行一次较为远途的旅游,其他则以短途旅游为宜。这样,减少了旅途劳顿,会更有助于心情的舒展放松,还节省了旅费。此外,缩短了旅途,减少了乘坐交通工具的距离和时间,也是为环保做了一份贡献。

旅游应该是轻松愉快的,而并不需要奢侈、张扬的形式。奢侈或张扬,绝不是旅游者应有的心态,更不是旅游的目的。

作为科技工作者,应该大力开发具有节能环保特色的交通工具,如本书在前面介绍过的以燃料电池为动力的交通工具。

笔者要指出,交通工具的技术创新并不是解决出行与环保关系的唯一选择。本节所阐述的观念转变也很重要。观念转变不需要耗费能源,只不过是变换一个思路而已,却可以大大有助于环保,何乐不为呢?

就技术创新的层面而言,解决出行与环保关系的问题也还有其他有效途径,本书将在第 8 章介绍。

7.3.2 居住:房子是愈大愈好吗

关于居住问题,古代的人们往往持达观的态度。诸葛亮居住在茅庐之中,拥有三分天下的谋略;杜甫身处草堂,写下了那么多雄浑瑰丽的诗篇。还有刘禹锡的《陋室铭》:

第 7 章
无扰论：人与自然关系的思考

刘禹锡《陋室铭》，吴中云硬笔书法，选自知识产权出版社《感悟人生——硬笔书法古诗文集锦》一书

山不在高，有仙则名。水不在深，有龙则灵。斯是陋室，惟吾德馨。苔痕上阶绿，草色入帘青。谈笑有鸿儒，往来无白丁。可以调素琴，阅金经。无丝竹之乱耳，无案牍之劳形。南阳诸葛庐，西蜀子云亭。孔子云："何陋之有？"

当然，这都是历史了。今人有今人的生活，不必效法古人。

在改革开放之前，普通人的居住条件是很窘迫的。那时人们朝思暮想，盼望着住宽敞一些的房子。现在，居住条件显著改善了，而且房子是愈来愈大。

那么，房子真的是愈大愈好吗？笔者认为，住宅作为个人的生存空间，应该以自己感觉舒适为度，并不一定就是愈大愈好。

譬如客厅，中国人不像老外那样喜欢在家里开"party"，现在朋友聚会又流行上公共场所，家里已成为个人的私密空间，偌大的客厅有什么用呢？只有夫妻两个人的时候，不觉得空旷吗？

说到夫妻，我们不妨讨论一下情感与空间的关系。

男人和女人距离很远的时候，或者距离很近的时候，都有利于培植情感。距离远的时候，就像古诗中写的："我住江之头，君住江之尾"，何等情意缠绵！距离近的例子，可以举电视剧《贫嘴张大民的幸福生活》中那间长着一棵树的小房。那房子何其狭小，生活也渗透着苦涩，但在狭窄空间里充盈洋溢的夫妻情感，又何等令人羡慕！

诚然，夫妻情感并不取决于空间距离。但是，随着岁月的流逝，热烈的情感一点点平静下来的时候，如果居住在过于宽阔的住宅里，那么除了带来内心深处的空落感之外，难道就不会增加彼此间的心理距离吗？

笔者认为，在抛开经济承受能力不谈的情况下，住宅最适宜的大小，应该决定于人们的生理需要、心理需要，以及使用功能的需要，并不是愈大愈好。

如果人们超出最适宜的大小而购买了过大的房子，住着未必舒适，而且要多支付大量购房款，还要多付物业费、供暖费，这是图的什么呢？住宅面积大了，用的装修材料会更多，装修污染也不容忽视。

让我们回过头来，再说说对环境的影响。住宅面积大了，必然要占据更多的土地资源；建筑材料也都是资源。此外，冬季取暖、夏季空调，都需要更多的能源，还增大了污染物的排放。看一看，对我们自己没有什么好处的事，对环境有多大的损害！

坦率地说，现在一些人买大房子，并非出于实际需求，而是出于虚荣。当然，虚荣也是一种心理需求，但却不是必要的心理需求。有的人还是贷款买房，为虚荣心而成为"房奴"，何苦呢？还有，房子大了，打扫房子就要耗费更多的时间和力气。人生如此短暂，像"白驹过隙"，我们准备付出多少岁月，来做自己住宅的清洁工呢？

在古代，住得最豪华的就是皇帝了。然而，居住在虽然雕梁画栋但却阴森空旷的宫殿中的皇帝，内心的孤独苦闷，恐怕只有他自己才知道。电视剧中的皇帝要"微服私访"，大约也是为了排遣宫廷中的寂寞吧？

在"住"的方面，人们还有其他一些误区，这里就不一一列举了。

在居住与环保方面，科技创新是大有可为的，一些具有"零碳"特性

第 7 章
无扰论：人与自然关系的思考

的住宅已经开发了出来。如果将节能减排乃至"零碳"的科技成果与人们对于住宅需求的理性化、有节制化相结合，其效果将会更加凸显出来。

7.3.3 饮食：美味佳肴带给我们什么

就在不太遥远的过去，国人曾经生活在饥馑之中。后来，生活好了，有充分的条件去享受美味佳肴了。过去逢年过节才吃的东西，现在每天都可以吃了。更有高档的宴席、丰盛的酒菜，不断地激发起人们的食欲。

人们在享受生活的同时，却忽略了事情的另一面。人们的饮食习惯是在千百年的岁月中形成的，人们的身体也具备了与饮食习惯相适应的特质。但是，近年来，人们急剧地改变了饮食习惯，过多地食用了高热量、高脂肪的食物，结果导致心脑血管等疾病的高发；与此同时，由于对肉产品的需求过多，还给畜牧业造成压力，导致草原的过度放牧，进而是草场的破坏和草原的沙漠化。而草原的沙漠化又会进一步使整体自然环境恶化。

正在沙漠化的草原

过多地进食美味佳肴，还给我们的消化系统造成压力，使我们的肠胃不堪重负。《黄帝内经》里面，有"饮食自倍，肠胃乃伤"的教诲。孔子主张"君子食无求饱"，这不仅是提倡节俭的美德，也是有效的养生之道。

如果我们适当地控制自己的饮食，适当地少吃高热量、高脂肪的食物，则不仅可以维护自己的健康，还可缓解草原的过度放牧，有助于防止草原的沙漠化，进而还能减少城市中的沙尘。

当我们闲暇的时候，能够身心健康地去美丽的草原旅游，在蓝天白云之下，看"风吹草低见牛羊"的景象，那是多么诱人、多么惬意的享受啊。

在饮食与环保的关联方面，科技工作者也大有可为。通过科普宣传，把健康的饮食习惯告诉消费者，是营养学家的分内之事；开发健康营养的食品，是食品科技工作者的责任；把扩大食品资源与保护自然环境结合起来，是农学家、畜牧学家等责无旁贷的任务；杜绝日常饮食中的浪费现象，则需要社会学者和教育工作者的积极参与。

7.3.4 服装：我们已经很困难了

提起服装，不知怎的，笔者会想起电影《南征北战》里那个身陷重围之中的军官手拿话筒声嘶力竭的呼喊："我们已经很困难了！"

不是危言耸听，在服装问题上，我们确实已经很困难了。

说我们的服装面临困境，似乎与繁荣的服装市场不相符合。但是仔细观察服装市场，就会发现天然纤维的服装愈来愈少，合成纤维的服装愈来愈多，这正是随着人口增长而使自然资源不堪重负的结果。附带说一句，合成纤维以石化产品为原料，也同样是一种资源。

在这样的情况下，女士们可能会把"压箱底"的衣服找出来。这些服装的衣料大多是天然纤维的，但式样却过时了，怎么穿得出去呢？幸而，电视里介绍了旧款衣服"翻新"的方法，自己动手，简单地做一些改动，就可以"推陈出新"，获得全新的视觉效果。这样，女士们有了新颖的服装，增添了生活的情趣，穿着舒适，省了金钱，又为自己腾出了"箱底"空间，还为节约资源、保护环境做了贡献。为什么不试试呢？

在服装穿着上提倡节俭的理念，尽可能减少浪费，是保护资源与环境的重要途径。

也许有人会说，如果大家都这样做，服装市场岂不要萧条了？不会的。服装市场应该更充分、合理、节约地利用现有的资源，生产出更适合于人们需求的产品。那样，服装市场不仅不会萧条，还会更加繁荣。关于保护环境与发展经济的关系，下面还要讨论。

在服装科技方面，如何既减少资源浪费，又提高人们的衣着品位，也是一个重要的研究课题。

7.4 节约资源、保护环境与发展经济的关系

本章对于"衣食住行"的分析表明，如果消费者按照自己的真正的、合理的需求去进行理智的消费，应该选择较为节俭的消费方式。较为节俭的消费方式有利于人们的身心健康，可以让人们获得更多的实惠和生活情趣。选择节俭的消费方式，人们就是在客观上为达到人与自然的和谐、减少对于自然环境的干扰和破坏作出了贡献。

人们在选择有益于自己身心健康的节俭生活方式的同时也保护了自然环境，这正是中国古代哲学"天人合一"理念的完美展现。

我们不能要求所有的人都出于道义的缘由而热心环保事业。但是，当人们获知自己能够在保护既得利益的同时也保护长远的和公众的利益的时候，内心就会升华起慷慨激扬的感觉。人的本性中都有向善的因素。

也许有人会说，注重节约资源和关注环境保护会制约经济发展。社会和经济的发展当然是必需的，谁也不愿意回到茹毛饮血、刀耕火种的时代。但是，任何人也不能回避环境日益恶化、资源日益紧张的现实。经济的发展，必须以尽可能节约资源、保护环境为基本出发点。

7.4.1 趋向节俭是自然规律和社会发展的需求

趋向节俭，是自然界具有普遍意义的规律。如果我们观察自然界，可以得到许多启迪。例如，蜂巢是六边形的，最为节省"建筑"用材；肥皂泡是球形的，是用最少"材料"获得的最大体积。笔者还听说有一种昆虫，当雌雄交配之后，雌虫就要把雄虫吃掉，用这顿饱餐中获得的营养来繁育幼虫。笔者猜想，这种昆虫是生活在极其恶劣的条件下，雌虫再也找

不到果腹的食物，不得不吞噬自己的"亲密恋人"，使种群得以繁衍。这故事听起来很残酷，却是最大限度地利用了"营养资源"。

自然界是如此，人类社会更是如此。老子和孔子都崇尚俭朴。节俭的风气在人类社会流传了几千年，绝不仅仅是一种道义范畴的美德，而是社会发展的现实需求，是人与自然共存的现实选择。节俭的风气同时还是一种健康的心态，是有益于健康的生活方式。

当理性的消费、健康的生活与环保观念融为一体，成为一种习惯的思维模式的时候，就会有愈来愈多的人从被动地关注环保转向主动地关心环保，从首先考虑既得的、个体的利益，转而更多地关心长远的、整体的利益，热心环保者的队伍就会壮大起来，而危害环境的行为将成为众矢之的。

7.4.2 企业界的"责任关怀"

本章关于环保的话题写到这里，主要是针对普通百姓的环保理念与行为方式，以及科技界的研发工作而展开的讨论。事实上，与环境问题密切相关的还有一个极为重要的方面，那就是工矿企业的生产对于环境的影响。在这个问题上，国际化工行业提出的"责任关怀"企业理念是很有积极意义的。

前不久，《中国化工报》社长郝长江在北京化工大学作报告，介绍了国际化工行业广泛推行的"责任关怀"理念。"责任关怀"（responsible care）是上世纪80年代国际上开始推行的一种企业理念，其宗旨是在全球石油和化工企业实现自愿改善健康、安全和环境质量的目标。"责任关怀"是化工行业针对自身的发展情况，提出的一整套自律性的、持续改进环保、健康及安全绩效的管理体系。它不只是一系列规则和口号，而是通过信息分享、严格的检测体系、运行指标和认证程序，向世人展示化工企业在健康、安全和环境质量方面所作的努力。全球化学工业通过实施"责任关怀"，可以使其生产过程更为安全有效，从而为企业创造更大的经济效益，并且极大程度地取得公众信任，实现全行业的可持续发展。

"责任关怀"理念应该推广到各行各业，使注重环保成为企业界的自律与自觉行为。

而全体社会人群环保意识的普遍提高亦可促使人们改变消费趋向（特别是转向节俭型消费），进而导致市场构成的嬗变，影响到某些企业的生存与发展。这些，也会迫使企业改变自己的产品结构，转向节约资源、保护环境的生产模式。

7.4.3 倡导节俭并不会导致消费萎缩

也许有人认为，倡导节俭型的消费会导致市场的萧条。笔者则认为，倡导节俭型的消费并不会导致消费的萎缩和市场的萧条。

在当今时代，节俭型消费的侧重点应是节约资源。从消费者一方来说，可以把节约下来的钱款投入到资源节约型的消费领域，让生活更丰富，更有品位，更有内涵。现在，许多消费领域都是买方市场，消费者的理智选择会对市场产生良性的驱动。

读者或许会产生疑问，节俭型消费是怎样与资源节约型消费融为一体的呢？笔者认为，基本的契机是消费者对于精品的期求。消费者的节俭型消费倾向将促使企业推出精品，而封杀市场上泛滥成灾的次品。俗话说，宁吃鲜桃一口，不吃烂桃一筐，这就是节俭型消费对于精品的强力需求的形象写照。目前阵容庞大但质地粗糙的生产模式将被委弃，规模简约而品位精良的生产模式将取而代之。资源将得到最大限度的节约，而消费者对精品的需求将得到最大限度的满足。消费市场将日益繁荣，而不是萧条。

诚然，发展经济与保护环境的矛盾冲突是客观存在的，但冲突并非不可化解。从经济发展的总体趋向来说，应该尽可能地转向无污染或少污染、不消耗或少消耗资源的领域，到这样的领域去拓展市场，在节约资源、保护环境的同时，赢得经济的繁荣与发展。

那么，这样的领域有很大的市场前景吗？当然有。

众所周知，信息产业就是一个较少污染、较少消耗资源的产业，而且有广阔的市场前景。关于发展信息产业与保护环境、节约资源的关系，本书第 8 章中会详细讨论。

再举一个例子，目前我国已经进入了老龄化社会，老年市场有巨大的发展空间。老年市场的核心需求是服务，而服务业恰恰是基本无污染的行业。也许有人认为老年人是消费市场的"弱势群体",没有什么消费能力。事实并非如此。不信可以到超市去看一看,会看到老年顾客们或匆匆或悠然地穿行在货架之间,然后在收款台熟练地拿出信用卡付账。今天的老年人群,虽然总体上并不富有,但绝不"弱势"。每个人都有自己的老年。发展以服务为核心的老年市场,对于推动经济、稳定社会都是意义深远的。

未来时代的科技创新必须基于环保的理念。本书第8章将对此进行深入的探讨,提出的一些具体思路可供读者参考。

笔者多么希望通过全社会的努力,使资源得到有效的保护,环境得到明显的改善,使人与自然能够和谐相处。

也许有一天,当夜幕降临,我们在大都市的街头散步的时候,抬头仰望,能重新看到美丽的银河。于是,会情不自禁地吟咏出郭沫若的"天上的街市"……

期盼中的这一天,会到来吗?

本章思考题

1. 你认为影响环保的主要因素是什么?是技术问题还是人们的环保理念?
2. 你对目前的环境现状有何认识和体会?
3. 你怎样看待人与自然的关系?
4. 你觉得在日常生活中,哪些做法有利于(或不利于)环保?
5. 注重环保就一定会阻碍经济发展吗?

为健康保驾护航,让老人安度晚年

节约水资源,为人类再造一个地球

第8章 未来 50 年科技发展热点展望

本书首章曾指出社会需求是科技发展的第一动力,并将此作为贯穿全书的一条主线。本章是全书的最后一章,拟从"社会需求是第一动力"的理念出发,对于未来 50 年科技发展的一些热点进行展望。

诚然,在能源、材料、交通、农业等重大领域都有诸多研发热点,其重要性也毋庸置疑,但本章的内容不可能面面俱到。笔者在这里想要提及的是一些不太受人关注,或者笔者认为还关注得不够的领域。本章内容有许多是作者本人的见解,是否正确、是否可行,读者可自行思考与判断。

50 年的时间,相对于人类历史的长河只是短暂的一瞬。但近年来科技发展颇为迅速,像手机、互联网都是近 10 余年普及开来的,依此万马奔腾的速度,要预测未来 50 年的科技发展其实是很难的。有鉴于此,笔者不打算对科技发展的总体动态进行预测,那样的预测无异于海市蜃楼。舍弃"面上"的预测,仅仅"点状"展望几个研发热点,或许不会"失之千里"。

本书第 1 章还曾指出前瞻性对科技发展的重要意义。笔者不揣冒昧撰写本章,斗胆对未来 50 年科技发展热点作出展望,也是不想学"叶公好龙"。

需要指出,不同技术领域的发展进程是差异很大的。本章预见的一些研发热点如果能够得到实施,有的在 5 年左右就可以见到成效,有的到了 50 年之后可能也只是取得阶段性进展。

8.1 预防保健系统工程

预防保健,就是古代中医所说的"治未病"。

中国古代医学讲究"不治已病治未病"。《黄帝内经》中最早提出了"治未病"的思想,"夫病已成而后药之……不亦晚乎",把罹患了疾病再进行治疗就比喻为口渴了才去凿井,要打仗了才去铸造武器(渴而穿井,斗而铸锥),那显然就不如提早预防疾病、防患于未然了。所以,《黄帝内经》说:"圣人不治已病治未病。"

金元时期四大医家之一的朱丹溪用水与火作为比喻,说明"不治已病治未病"的道理。他说,人们用泥土修补河堤来治理水患,应该在水流还是涓涓细流的时候就治理,若等到洪水滔天,就难以遏止了;人们用水来防范火灾,也应该在火还是荧荧之光的时候就扑灭它,若形成了燎原之焰,就很难应对了。由水与火推论到治病,朱丹溪说:"与其救疗于有疾之后,不若摄养于无疾之先;……未病而先治,所以明摄生之理。……此圣人不治已病治未病之意也。"

古人的思想对今人有莫大的启迪。我们该从中领悟到一条为健康保驾护航的思路:"治未病"的思路。

8.1.1 治未病:把医学的关注点适度前移

"治未病"就是注重疾病的预防。特别是对于亚健康状态,要及时地进行调节。等到疾病已经形成了,再治疗可能就会困难了。更何况,现代医学对于某些疾病还没有找到有效的治疗方法。

然而,时至今日,现代医学的关注重点仍然在于疾病的治疗而不是预防。在疾病的治疗方面,特别是重大疾病的治疗方面,医学界投入了巨大的力量，对于预防保健则投入力量不足。可以说，医学界的主力军（包括大型综合医院、专科医院和医学研究机构）将其主要力量投入了疾病的治疗，而预防保健的重要意义虽然是公认的，但却并不是当今医学关注的重点。这样的状况显然不利于预防医学和保健事业的发展。

把医学关注的重点集中于疾病（特别是疾病终末期）的治疗会导致一些后果。病人在病入膏肓之际，接受了"高科技、高规格"的治疗，花费了大量的钱财，遭受了巨大的痛苦，结果却时而是回天乏术、人财两空。这样的过程与结果，恐怕都与医学的本真目的并不相符。

现行的医学模式还会导致巨额的医疗费用，特别是在大病和慢性病治疗方面，给患者个人和社会保险体系都造成沉重负担，乃至不堪重负。

于是，我们就不能不想到：可否换一个思路，把医学的关注点适度前移，适当地转向预防与保健。

著名心血管病专家胡大一教授在《心血管病防治养生》一书中指出："作为工作在心血管疾病治疗第一线的医生，因为面对太多的疾病和惨痛的突发死亡消息，我们也常常为之慨叹不已。其实，我们并不是输在医疗技术上，而是输在对疾病缺乏清醒的认识上，这里主要指的是医院和医生注重在疾病终末期的救治，不重视疾病预防和健康促进。……如果对疾病有一个清醒明确的认识，加以重视预防，即便得了病也知道该如何及时地治疗，那么很多悲剧就不会发生。心血管治疗可防可控，每10个心肌梗死者9个可以预测，每6个心肌梗死者5个可预防。"胡大一教授所言卓有见地、恰中肯綮，应该引起医学界的普遍重视。

除了医学界对此的认知之外，医学关注点的前移还涉及医药产业的赢利问题。医药产业是需要赢利的产业，这个理念无可辩驳。而问题就在于如何去赚钱。是否可以把医药产业的"赢利点"适当地向预防保健转移呢？试想：把钱赚在患者病入膏肓的时候，给人带来的是痛苦，而且很可能回天乏术；如果把钱赚在预防保健上，人们同样是花了钱，得到的是健康和快乐。两相比较哪个更合理，不是显而易见的吗？

读者也许会说，你讲的"保健"就是开发保健品吧？保健品的口碑可不那么好哟！但这并不是笔者的意图。如前面所述，现行医学模式的问题在于医学界的"主力军"将其主要力量投入了疾病（特别是疾病终末期）的治疗，人们似乎普遍认为预防保健难登大雅之堂，我们就要从扭转这种状况做起。

笔者的设想是：

（1）把医学关注的重点适当前移，让医学界的主力军以一部分力量投入预防保健。

（2）使预防保健成为高科技的、全面的系统工程，而不仅仅是练练健身操、吃点保健品。

（3）通过深入研究开发，建立起科学的体系与方法，使预防保健真正产生实效，减少人们在疾病治疗方面的花费。

（4）将疾病治疗方面节省下的费用转移应用到预防保健中，使预防保健成为一项赢利的产业，同时又不增加社会保障体系负担的总额。

这个系统工程该如何建立呢？预防保健系统工程的建立，应是多学科的结合。笔者认为，预防保健系统工程应包括基因学科研究、健康生活方式指导、注重心理健康、食品与环境安全、健康状况监控关口提前、亚健康状态的调节等诸多组成部分。

8.1.2 注重基因学科研究

众所周知，许多疾病的发生与遗传因素有关。注重基因学科的研究，可以发现一些疾病的致病基因，进而预防某些遗传疾病的发生。

据《健康报》报道，2010年上半年，广西在免费婚检中筛查出"地中海贫血"基因携带者2万余人，其中夫妇双方均为"地贫"基因携带者的有2031对。医务人员及时对筛查出的"地贫"基因携带者进行了婚前医学咨询、孕前指导和跟踪管理，有效预防重症"地贫儿"的出生。

2010年10月18日，国际著名学术期刊《自然·遗传学》在线发表中外科学家合作研究发现6个新的银屑病易感基因的研究成果。目前，国际上已经发现近20种银屑病易感基因，此次新发现的6个易感基因，对于构建银屑病易感基因谱、深入了解银屑病的发病机制将起到积极的推动作用，也为疾病预警、遗传咨询、临床诊疗、新药开发等提供了科学依据。

最近，我国科学家发现了4个冠心病心梗易感基因。由中国医学科学院阜外心血管病医院副院长顾东风教授领导的研究团队，通过对3.3万余名冠心病患者及正常对照人群的全基因组关联分析，成功鉴定出8个冠心病相关的遗传易感区域，其中 4 个区域为国际上首次报道。该研究成果于 2012 年 7 月 1 日在线发表于国际著名学术期刊《自然·遗传学》。这项研究成果对解析冠心病和心梗的遗传分子机制，以及冠心病预警、高危人群的筛查和预测、临床早期诊断、新药研发等方面具有重要的科学价值。

有关基因研究在疾病预警、遗传疾病预防方面的实例还有很多，就不一一列举了。

基因治疗亦是一个颇有前景的研究领域。遗传病的基因治疗（gene therapy）是指应用基因工程技术将正常基因引入患者细胞内，以纠正致病基因的缺陷而根治遗传病。纠正的途径既可以是原位修复有缺陷的基因，也可以是用有功能的正常基因转入细胞基因组的某一部位，以替代缺陷基因来发挥作用。

基因是遗传的物质基础，是 DNA 分子上具有遗传信息的特定核苷酸序列。基因通过复制把遗传信息传递给下一代，使后代出现与亲代相似的性状。遗传，是包括人类在内的一切生命的起点。

从起点上预防疾病、预警疾病、治疗疾病，是医学研究的远大理想，也是预防保健的美好愿景。基因学科应该成为预防保健系统工程的重要组成部分。

基因学科的研究依然任重道远，我们期待着医学界取得新的突破。

8.1.3 健康生活方式的科学指导

许多疾病的发生与生活方式有关。近 20 年来，糖尿病的患病率上升了 4 倍，而糖尿病的发病与生活方式是密切相关的。其他许多疾病也与生活方式关系密切。因而，倡导健康的生活方式对于预防疾病极为必要。

将倡导健康生活方式纳入预防保健系统工程，具有重要的现实意义。为此，需要尽快建立一个科学的指导体系。笔者针对这个科学指导体系的建设在此发表一些看法。

健康生活方式的涵盖面颇为宽泛，包括健康饮食、戒烟限酒、劳逸结合、合理作息、适当锻炼等。这里重点探讨健康饮食问题。

健康饮食首先涉及"吃什么"的问题，也就是有益于健康的食品的话题。关于这个话题，在各种书籍和媒体上可谓是洋洋大观、俯拾皆是。但是，偏偏就是在这个热门话题上，人们听到的往往是各执一词甚至互相矛盾的说法，令人如坠雾中。应该承认，在健康饮食这个问题上，完善的、科学的指导体系尚未建立起来。为什们会出现这样的状况呢？笔者认为，可能与这些不同说法的来源有关。依笔者分析，关于有益健康的食品的说法，其来源大体上分为以下 7 个途径。

第一个途径，是我国古代学者的著作，如元代忽思慧的《饮膳正要》、清代王孟英的《随息居饮食谱》。这两部书都是卓越的著作。《饮膳正要》是我国现存最早的营养学专书，作者忽思慧曾任饮膳太医，他根据自己十几年的经验，广泛选取有营养补益作用的谷、肉、果、菜等，参照诸家本草、名医方剂，撰著了《饮膳正要》一书。《随息居饮食谱》是一部著名的营养学专著，全书列食物 331 种，是研究中医食疗法、养生保健、祛病延年的一本必备参考书。

在充分肯定这两部书的重要价值的同时，也要看到这两部书都是古代的著作了，当代人对这样的古籍应该有一个消化吸收的过程。从忽思慧、王孟英的时代到今天，经历了漫长的岁月变迁，即使是同一种谷物、蔬菜、水果或其他食品，其品种、品质也发生了很大的变化，现代人的生存状况和身体情况更是与古人存在差别，还能够原封不动地把他们在食物、食谱方面的经验拿来推行运用吗？此外，王孟英是一介贫寒之士，他忍受着饥寒交迫写成《随息居饮食谱》，以致罗大伦博士在《古代的中医》一书中提到王孟英时会流下泪来。现代的人们饱食终日，却照搬饥肠辘辘的王孟英的著作，不觉得惭愧吗？现代人写不出《黄帝内经》那样伟大的著作，这可以理解；但是在食谱上也要因袭古人，就令人汗颜了。

第二个途径，是外国人的著作。有些"健康食谱"译自国外著作，外国人的体质、人种都与中国人不同，他们的经验也要经过一定的转化研究，不便直接拿来推广应用吧？

第三个途径，是"元素分析"的结果。某种化学元素对人体有某种好处，而某种食物种富含该种元素，于是乎就得到一个说法：吃该种食物可以补充该种元素，进而使人体得到相应的益处。元素分析的结果有一定的指导意义，但若盲目应用就可能会产生谬误。这方面的典型例子是"虾皮补钙"之说。虾皮中确实富含钙质，但靠虾皮来补钙却是不现实的。协和医院营养科于康教授在北京电视台"养生堂"节目中，直言不讳地向公众否定了"虾皮补钙"之说。他首先肯定虾皮是一种很好的食物，然后指出：要靠吃虾皮达到补钙的效果，就要用洗脸盆盛着虾皮来吃，而这显然是做不到的。某些基于元素分析的说法，只看到食物中富含某种元素，而不考虑该食物中的该元素是否易于被人体吸收，由此得出的说法并无实际意义。

第四个途径，是"体外实验"的结果。例如，某些食物具有的抗氧化作用，是在体外实验中获得的。体外实验当然也有重要的科学价值。但这些食物在人体内部特殊而复杂的环境中，是否还会有抗氧化的效果呢？这恐怕不是单靠体外实验就能够证实的。

第五个途径，是分析推理的结果。在这方面，又有几种不同情况。其一是认为人体需要某种物质，通过吃某种食物可以补充该种物质，因而需要吃该种食物。这种说法在诸多情况下是正确的，但并非总是正确。有时，人体缺乏某种物质，有更深层次的生理或病理原因，不是靠食物补充就能够解决的。其二，把理想状态的某种食物等同于实际状态的食物。理想状态的某种食物可能确实有某种有益于健康的效果，但人们能够获得的实际食物却与理想状态的食物相去甚远。于是，营养学家的论说就难以兑现了。

第六个途径，是道听途说的消息。典型的例子是吃南瓜防治糖尿病之说，这件事情人人皆知，就不予详述了，像这样道听途说的例子其实还有很多。

第七个途径，是实际验证的结果。譬如"铁锅补铁"之说，究竟是否切合实际，是否有效，可以通过一定规模的试验加以验证。具体做法是让一部分参加试验者食用铁锅炒的菜，另一部分人则食用别种锅具炒的菜，经过一段时间后，检验"补铁"的效果。这种试验方法应该说是科学的，有说服力的，也是值得肯定的。但这样的试验要兴师动众，不是能够轻易进行的。另外，针对同一选题进行的不同试验，有时会得到不一致的结果，需要做深入的分析。

上述 7 个途径都有其积极意义。古人的、外国人的经验，通过适当的消化吸收都可以为今人、国人所用；元素分析、体外试验的结果也有一定的科学价值；实际验证的方法更是答疑解惑的有效途径。即便是道听途说的消息，如果通过证实确实是有价值的信息，也可以为我所用啊。问题就在于，我们应该把上述不同途径获得的信息加以分析验证，进而加以整合，建立起科学的健康饮食指导体系。在这方面，各执一词、盲人摸象的混乱局面再也不能继续下去了。

笔者认为，有关专家学者、科研机构和相关部门要做好如下工作：

（1）对于古代文献中有关健康饮食的内容加以整理和验证，特别要考虑到古代与现代同名食物在品质、性味上可能存在的差异。

（2）对于国外在健康饮食方面的经验进行中国化的研究。

（3）"元素分析"的结果要进行消化吸收方面的研究；"体外试验"的结果要进行体内效果的验证。

（4）营养学研究要与相关的生理、病理研究结合起来。

（5）在健康食品的宣传中，对理想状态的食物与实际食物要兼顾，不能顾此失彼。

（6）对于影响面较广的食品健康问题，在有必要也条件的情况下进行一定规模人群的试验验证。

（7）道听途说的消息要加以严格考证，不要以讹传讹。

（8）笔者认为，对于饮食健康问题进行研究的最好方法之一是做社会调查，特别是在不同饮食习惯的地域做对比调查，往往可以发现多层面、多门类的结果，且具有较强的客观性、科学性、说服力和指导意义。当然，在调查中要注意当地水土、气候与饮食特色的关系，有针对性地进行推广。

将上述各项研究结果加以整合，建立起科学的健康饮食指导体系，则国人饮食健康问题的解决就可以有一个清晰可循的脉络，而摆脱目前的混沌状态了。显然，这个健康饮食指导体系的建立需要不同学科之间的协作努力，如同本书第 6 章"科技蛋糕怎样切"一节所述，要借助于"大一体化"的学术体系。

除了健康饮食之外，健康的生活方式还包括戒烟限酒、劳逸结合、合理的作息、适当锻炼等。这些也是互相关联的。譬如，饮食与作息密切相关。古代著名医家孙思邈有"饱食即卧，百病乃生"的告诫。饮食与体育锻炼也有密切关系。这些，更需要不同学科之间密切配合加以研究了。

健康生活方式也应建立科学的指导体系。这个指导体系的建立不可能一蹴而就，但也不能拖延太久。笔者希望，在今后 5~10 年的时间里，这个指导体系能够基本建立起来。

专家学者建立的健康生活方式指导体系应该尽可能贴近生活、符合实际,不要搞得太复杂、太玄虚。太复杂就不便落实,太玄虚则容易造成误导。健康生活方式指导体系还应该注意到不同个体的体质特点,提出个性化的指导方案。

还要指出,健康生活方式的实施不是一个理论问题,而是一个实践的问题。专家在健康生活方式的实施上应起到重要的指导作用,而亿万普通民众才是实践健康生活方式的主体。人们应该认识到自己在实施健康生活方式中的主体作用,注重个体的心得和感受,积极地探索符合个体特性的健康生活方式。许多古代人士在注重学习前人和他人养生保健经验的同时也很注重个体感受,并且整理记录下来,譬如清代曹庭栋的《老老恒言》就是一部具有代表性的著作。今天的人们也应该在这方面有所作为。

专家的科学研究与千千万万人的实践汇合在一起,健康生活方式的建立就会水到渠成了。

健康生活指导体系应尽可能贴近生活

8.1.4 注重心理健康

当今时代，是科学技术高度发达的时代，也是物质生活高度丰富的时代。但与此同时，生活节奏的加快、社会竞争的加剧，也大幅度地增大了人们的心理压力，各种心理问题会波及不同年龄段的各类社会人群，抑郁症等心理疾病的发生也呈上升之势。

长期得不到解决的心理问题，有可能成为严重影响身体健康的因素。许多疾病的发生有潜在的心理诱因。例如，抑郁的心境会导致胃溃疡的发生，心脏病、高血压，乃至癌症，都与心理因素有一定的关系。甚至一些皮肤病，也会因负面的心绪而诱发。因而，注重维护心理健康是预防保健系统工程的重要组成部分。

在心理保健方面，中医心理学的理论和心理养生方法以中国传统文化为理论渊源和文化背景，有一定的指导和实用意义。关于中医心理学，已出版了许多书籍。譬如，《中医心理养生谈》（农村读物出版社，2008年）一书，介绍了中医心理养生的12种方法，包括品德修养、顺时调神、悦纳自我、节制欲求、调节情志、清静养神、调节个性特征等，可供读者参考。

当我们提高了心理健康水平，就为自己的全面健康创造了条件。

8.1.5 食品安全、环境安全

食品安全、环境安全与人体健康密切相关。注重预防保健，就必须对食品安全、环境安全给予充分重视。

（1）食品安全

对食品安全构成威胁的因素，包括食品当中的非法添加物、食品的不良加工方法、蔬菜水果中的农药残留，还有以致病微生物为祸首的食源性疾病等诸多方面。其中，在非法添加物方面屡屡有"重量级"新闻被媒体曝光，如三聚氰胺、瘦肉精、工业明胶等。虽然不断曝光，却总是屡禁不绝，应该引起有关方面更大的关注了。

需要指出，对于合法添加的食品添加剂，也要在规定的用量内使用才是安全的。本书第 4 章 4.2.5 节提出了设立"添加剂指数"的建议,可供有关方面参考。

还有植物生长激素新近引发了热议。2011 年发生了"西瓜爆炸"事件,植物生长激素使用的问题由此而浮出水面。《农民科技培训》2011 年第 9 期发表的李翠英《果蔬滥用植物生长激素现象不容忽视》一文指出:"生产上,有些种植者为了使水果蔬菜长得快、个头大、成熟早、卖价好而大量使用植物生长激素,如膨大剂等,虽达到了果实大、着色好、上市早等目的,但经实践证明,过量过多使用生长激素会产生一系列副作用。"植物生长激素绝不能乱用、滥用,而应严格按照要求,科学合理使用。果蔬滥用植物生长激素的行为必须得到有效的监管与遏止。

围绕着食品安全,还有多少潜在的问题呢?公众需要科学的、有说服力的回答。

除了关注非法添加、农药残留等隐患之外,以微生物污染为主体的食源性疾病也是需要密切关注的。《健康报》2012 年 6 月 22 日发表《食品安全:食源性疾病才是头号敌人》一文,提醒人们关注食源性疾病。根据世界卫生组织的定义,食源性疾病是指病原物质通过食物进入人体引发的中毒性或感染性疾病,常见的包括食物中毒、肠道传染病、人畜共患病、寄生虫病等。有研究显示,在食源性疾病中,98.5%是微生物污染引起的,其发病率居各类疾病总发病率的前列,是当前世界上最突出的卫生问题。

食源性疾病的预防要注意食品的加工、保存等环节。其中,在食品的加工环节,不良的、不规范的加工方法是致病的高危因素;在食品保存环节,采用科学有效的保存技术(包括防腐技术)也是至关重要的。

把食品安全真正重视起来,让人们吃到对健康有益无损的食品,人体健康就有了一道最基础的护卫线。

关于食品安全,本章在 8.4.3 节还要从另一个角度加以探讨。

(2) 环境安全

环境安全包括室内小环境和自然大环境两个方面。

随着生活水平的提升和人们对生活环境要求的提高,家庭装修成为时尚,档次还愈来愈高,由此却对室内环境状况造成了不利影响。许多装饰材料以及家具存在甲醛等污染物,对健康是不利的。

2011 年,一位身患癌症的年轻女博士不幸辞世。在与癌症抗争的一年多时间里,她在微博中写下了近10万字的"生命日记",感动了无数网友。她在日记中提到,她患病可能与曾经住过的居室中家具的甲醛超标有关。而这样的事情,在现实生活中恐怕绝非个案。

厨房的空气污染问题也很严重。新华社最近播发的一条消息,援引了英国的一项研究结果:有些厨房的空气污染程度远远超出了市中心街道。另据报道,国内的调查发现:中国绝大多数家庭主妇不吸烟,但她们却是肺癌的高发人群。研究认为,中国家庭的烹饪习惯,如长年累月用大火炒菜,是引起肺癌的一个重要原因。

在自然大环境方面,也有许多对健康构成威胁的因素。一些企业违法向江河水系排放污染物会对环境造成严重破坏,甚至导致突发的环境污染事件。而一些生活垃圾则会对环境造成缓慢但却持久的污染。如含溴系阻燃剂的塑料废弃物,会使含溴化合物进入环境之中,生活废水中的洗涤剂等化学物质也在使环境状况趋于劣化。

环境安全还与食品安全密切相关。一些污染物会进入生物链,最终进入人类的食物之中。饮用水的卫生,更要求环境的清洁达标。

食品、环境安全是公众健康的基础保障,为构建这一保障,需要医学界积极参与,但绝非医学界能够独立担当的。预防保健系统工程的建立,从最基础的层面来说,需要全社会的共同努力。在涉及科技进步的方面,不同领域的科技工作者都有责无旁贷的重任。

8.1.6 健康状况监控关口提前

预防保健系统工程的一项至关重要的内容,是要把健康状况监控的关口提前。这主要应用于定期进行的体检和临床检验中,其目的是及时发现一些疾病的早期征兆,以便及早治疗。

关于健康状况监控的关口提前,需要进行大量的工作。

以心脑血管病的早期检测为例。在表面健康的人群中早期、高效、准确地识别出已患亚临床动脉硬化的个体,是心血管疾病预防决策的重点,也是早期采取生活方式干预的依据。据报道,2006年2月,在胡大一教授的倡议和亲自领导下,为实现对血管病变的早期检测、早期发现和合理干预,有效降低心脑血管疾病的发病率、致残率和死亡率,全国首家动脉硬化早期检测研究培训中心正式在北京军区总医院挂牌成立。

各种癌症的早期检验和预测,亦是医学界关注的重点。据新华社消息,英国一项新研究发现:一个基因的状况与乳腺癌风险有关,通过血液检测可以在乳腺癌发病前数年就探知这个基因的异常变化,将来有望在此基础上开发出预测乳腺癌风险的方法。在胃癌、肝癌等癌症的早期检验方面,也有许多报道。

期望医学界能够更多地开发出各种重大疾病的早期检测和预警方法,并且有效地应用于医学检验。

胡大一教授说,希望未来社区医生可以进到患者家庭,用一滴尿液、一滴指血、一些汗液,3～5分钟,就可以看到疾病迹象、预测未来的风险。

期待着这一天能早日到来!

8.1.7 "中间状态"的调节:亚健康与亚临床

身体健康与罹患疾病之间的中间状态,通常被称为"亚健康"。处于亚健康状态的人,虽然没有明确的器质性病变,但却出现精神活力和适应能力的下降,如果这种状态不能得到及时纠正,非常容易演变为疾病。"亚健康"概念源于上世纪80年代,当时有国外学者分析了世界卫生组织提出的健康定义,发现介于健康和疾病之间有一中间状态,国内则将这种状态称为"亚健康"。

《2010年中国城市大调查》中公布的结果显示,城市白领阶层处于"亚健康"状态的达76%,处于过劳状态的接近60%,真正意义的健康人仅占2.5%左右。现在的人们普遍认为自己身体处于"亚健康"状态,虽然没有大病,但小毛病不断,这与上述调查结果是相符的。

"亚健康"是一个无须多加解释便能让大众领会的词语。一般认为,导致"亚健康"的原因包括:饮食不合理,摄入热量过多或营养贫乏,都可导致机体失调;休息不足,特别是睡眠不足,起居无规律;过度紧张,压力太大,特别是白领阶层,身体运动不足,精力体力透支;长久的不良情绪影响;等等。

胡大一教授不主张泛谈"亚健康",认为这是个很难界定的概念,"亚健康"的提法不利于国人的健康维护和健康促进。很多人会认为，反正大多数人的身体都是"亚健康"，没必要特别紧张，也没必要太重视。有鉴于此，胡大一教授不赞同"亚健康"这个概念，建议用"亚临床"来替代"亚健康"。

所谓"亚健康"状态，有时离临床意义的罹患疾病就只有一步（或几步）之遥了。以"亚临床"理念替代"亚健康"理念，用来分析和诠释位于健康与疾病之间的中间状态，更有利于唤起人们对这个"中间状态"重视。健康与疾病之间的中间状态，其实正是身体向我们发出的严重警报，也是我们维护自身健康的宝贵机会。一定要把握住这个机会！

"中间状态"的调节方法，包括有益于健康的生活方式、心态调节、缓解压力、适当的体育锻炼等。也可以采用一些自然疗法，包括饮食疗法。这些都需要在医生指导下进行，不可盲目为之。必要时，应由医生处方进行适当的药物治疗。在这方面有针对性的科学有效的调节方法，是有待医学界深入研究的课题。

仅以心脑血管病为例。专家指出，像动脉硬化、脑中风、心肌梗死等心脑血管病都有十几年、几十年的发展过程，起源在童年，植根在青年，发展在中年，发病则大多在老年。在这个缓慢过程中，完全有可能很好地预防。譬如心肌梗死的发展过程，就很有代表性。青少年时期吃进不健康的饮食，"垃圾脂肪"只是沉淀在血管，尚不影响血管的狭窄，但已经埋下隐患；到35~45岁期间，血管会逐渐变狭窄，如果再大量吸烟、熬夜，就会使心率加快、血压升高，血管会更窄，导致发生心肌梗死。这就是发病呈现低龄化趋势的原因。急性心肌梗死的危险因素是：高血压、血脂异常、吸烟、糖尿病、肥胖、精神紧张、不爱运动、吃蔬菜水果少、酗酒。如果能控制这9个危险因素，心肌梗死病人会明显减少。

注重"中间状态"的调节，为防范疾病构筑起一道坚固的防线，是预防保健系统工程的重要组成部分。

洪昭光教授说，21世纪健康新观念是20岁养成好习惯，40岁指标都正常，60岁一天没有病，健健康康地退休，80岁以前不衰老，轻轻松松100岁，快快乐乐一辈子，自己少受罪，儿女少受累，节省医药费，照顾全社会。我们现在离这个目标还很远。随着人口老龄化、疾病年轻化，全国有高血压患者2.3亿人、高血脂患者2亿人、糖尿病人9240万，还有

1.5 亿人血糖升高。国家无论增加多少投入都是杯水车薪，唯一的出路就是预防为主。

笔者希望，"预防保健系统工程"的建立能够为实现预防为主的目标开辟一条康庄坦途。

8.1.8 预防保健系统工程的运作模式

预防保健系统工程的建立不可能一蹴而就，需要精心运作。其运作模式可以是多种多样的，笔者提出如下设想，仅供参考。

（1）总体运作要循序渐进

预防保健系统工程的建立，总体上一定要循序渐进，不可急于求成。因为国内各级医疗机构承担着极其沉重的工作负荷，而注重预防保健的效果又不可能马上显现出来，所以预防保健系统工程的建立不能采用"疾风骤雨"的方式，而是既要积极主动，又要扎实稳妥。从总体运作上，可以采用"蚂蚁搬家"的方式，把医学的关注点适度地、逐步地向预防保健转移。待预防保健的效果逐步显现出来，就会为进一步的"转移"提供"后劲"。"蚂蚁搬家"很稳当，速度也并不慢。

（2）具体运作："近水楼台"与"另起炉灶"

预防保健系统工程的具体运作，可以采用"近水楼台"与"另起炉灶"两种模式。

"近水楼台"是由现有医疗机构附设预防保健机构。目前，已有一些医疗机构进行了这方面的尝试，应该予以大力支持。一些大型综合性医院有雄厚的专业技术资源，应该从科研与实践两个方面为预防保健系统工程的建立作出重要贡献。此外，由具备一定条件的体检中心附设预防保健指导机构，作为体检功能的延伸，也是可以考虑的一条思路。

"另起炉灶"是指建设独立的预防保健机构。在这方面，公共交通系统的经验可资借鉴。在北京，为缓解出行压力，于原有公交公司之外另立了"运通"公司，起到了一定的分流作用；还有轨道交通、出租车等，多渠道地解决交通难题。建设独立的预防保健机构也是值得探索的模式，毕竟预防保健拥有巨大的社会需求，绝不亚于公共交通需求。

（3）个人贡献的作用

在预防保健系统工程建设中,个人贡献的作用功不可没。个人贡献最显著的体现是在著述及科普宣传方面。洪昭光《让健康伴随您》等健康生活方式系列书籍、胡大一《心血管病防治养生》、于康《于康:吃好每天3顿饭》等,都是这方面卓有影响的著作。他们在科普宣传方面付出的努力,亦为世人共知。

希望有更多的专家学者通过个人的研究和著述,以及相应的科普宣传,为推动预防保健事业奉献一份力量。

8.2 老人生活自动化扶助体系

本节探讨令万众瞩目的养老问题,试看科技进步能够为解决养老问题作出哪些贡献。

在金色夕阳映照着的桑榆暮景中,是漫长人生的最后一段旅途。人们经历了青少年时代的梦想、中年时代的奋斗,步入了颐养身心的老年时光。随着我国人口老龄化进程的加快,如何解决老年人的养老问题,使亿万老年人身心愉快地安度晚年,正在引起全社会的重视。

桑榆暮景

科学技术的进步,应该为老年人创造更加美好的生活空间。笔者提议建立"老人生活自动化扶助体系",但愿能起到抛砖引玉的作用。

8.2.1 巨大的社会需求

养老是重大的社会问题,拥有巨大的社会需求。

据 2012 年 5 月 28 日《健康报》载文报道,我国现有失能和半失能老人 3300 万人,而到本世纪中叶,我国的失能和半失能老人将达到 1 亿人。

试想,如果雇用家庭服务员来服侍这些失能和半失能老人,这 1 亿老人需要 1 亿家庭服务员。假定那时候每个家庭服务员的年薪是 5 万元,全国的总额就是每年 5 万亿元。姑且不论每年 5 万亿元是多么巨大的数字,这 1 亿家庭服务员也是没有地方寻觅的。通过养老院的方式,也无法解决这 1 亿老人的养老问题。所以,必须另辟蹊径。

除了这 1 亿失能和半失能老人之外,还有数以亿计的生活能够基本自理的老人,他们的养老问题也同样需要关注。

《健康报》的上述文章还提出,要在中老年人中倡导健康生活方式,从源头降低老年人的发病率和失能的发生率。这无疑是很重要的,可以使更多老人享有健康的晚年,并且在一定程度上缓解社会压力。本章 8.1 节探讨的"预防保健系统工程"亦可为此作出贡献。但是,老龄化的趋势是不可逆转的,养老需求依然是一个巨大的社会问题。

怎样解决这个问题呢?除了建立完备的社会保障体系之外,人们也有理由寄希望于科技进步。通过科技进步,应能在一定程度上解决养老需求问题。笔者在此提出一个解决方案:其核心内容是建立"老人生活自动化扶助体系",实现老人一部分生活过程的自动化,或者辅助老人的生活。

8.2.2 老人生活自动化扶助体系的分类与分级

关于"老人生活自动化扶助体系"的设想,可以看做是家用电器和设施的延伸。最近几十年来,许多家用电器进入了人们的生活,如洗衣机、微波炉、电饭煲等,减轻了家务劳动;电视机、电话、宽带网络等,丰富和方便了家庭生活。按照这一思路,完全可以设计出适合于老年人的一些设备和装置,使老年人能够轻而易举地满足日常生活的一些基本需求,这就是老人生活自动化扶助体系。

老人生活自动化扶助体系的开发，应根据老人的身体状况加以分类和分级。笔者认为，从总体上可以分为 A、B 两大类别：

A 类是生活自动化系统，适用于生活能够自理或部分能自理的老人；B 类是自动护理系统，适用于生活不能自理的老人。A、B 两大类又可以进一步细分出不同等级。

A 类（生活自动化系统）可分为 A－1 级和 A－2 级：

A－1 级：适用于生活能够自理的老人，是一些能够由老人自己操纵的设备，必要时可由家人提供协助。

A－2 级：适用于生活能够部分自理的老人，是大部分由老人自己操纵，小部分由家人或家庭服务员协助操纵的设备。

B 类（自动护理系统）可分为 B－1 级和 B－2 级：

B－1 级：适用于生活不能自理，但意识清晰的老人，设备大部分由家人或护理人员操纵，一小部分可由老人自己操控。

B－2 级：适用于生活完全不能自理、且意识不清晰的老人，设备完全由家人或护理人员操控。

对于生活能自理或部分自理的老人，A 类的生活自动化系统的装置可以代替（或部分代替）家庭服务员的工作，使老人的生活轻松、舒适、便捷、愉快。

对于生活不能自理的老人，B 类的自动护理系统的装置可以使老人的生活起居更为舒适，同时减轻护理人员的工作负担，提高其工作效率，使一位护理人员能够照看更多的老人，从而解决护理人员人数不足的问题，还能提高其收入水平。

谈到用生活自动化或自动护理装置来代替（或部分代替）家庭服务员或护理人员，人们恐怕首先想到的是机器人。用一个人形的机器人来代替家庭服务员，这种想法很美妙，但一时还难以实现，而且也不一定有这个必要。例如，在发明洗衣机时，并没有考虑制造一个人形的机器人坐在洗衣盆边上洗衣服。老人的生活自动化扶助体系也是如此，是一系列适合老人需求、能辅助老人生活的自动化装置。

8.2.3 生活能自理老人的生活自动化系统

生活能自理老人的生活自动化系统（即 A 类系统）可以按用途分为六个分支系统：起居系统、进餐系统、治疗及身体状况监测系统、行走系统、信息及娱乐系统、健身系统。这六个系统不是彼此独立的，而是相互关联的。

实际上，老人的生活自动化系统目前已经在研发和试用之中，有的已投入市场。譬如电动轮椅就是"行走系统"的一个范例。人们在公园里时而能见到乘坐电动轮椅的老人，他们驾驶着轮椅在公园的甬道上灵活地前进、转弯，比年轻人还要潇洒自如。这体现出自动化装置可大大提高老人的生活质量，给他们带来方便和乐趣。当然，电动轮椅的安全性亦是必须关注的问题。各种类型的老年人代步工具的设计都要把安全性放在第一位，充分考虑许多老年人反应较慢、眼神不好的体质特点。

在信息系统方面，老人的应急呼叫系统在一些城市已经投入使用，有研究机构正在开发更加智能化的辅助老人生活的信息系统。这些，都具有广阔的前景。

笔者再列举几个可开发的装置或设备。

(1) 自动药柜

许多老人需要经常服药，而且药品的种类较多。有的药品是每天定时服用的（如降压药、降糖药），有的则在特定时候服用（如感冒药、急救药）。药品种类较多，老人在取用时会感觉不甚方便。有的老人还记性不好，会忘记服药时间和品种，或者忘记把某种药放在什么地方了。有鉴于此，一只功能齐全的自动药柜对于老人就颇为必要。自动药柜可以根据预先设定的时间，按时把所需的药品取出，并备好一杯水，供老人服用。老人也可以通过按键或语音来取用药品。在某种药品接近用完或有的药品过期时，药柜会自动显示，并通过信息系统通知老人的家庭医生，以便在医生巡诊时予以补充或更换。

(2) 老人身体状况监测装置

在本书写作期间，正值"神舟"九号与"天宫一号"对接成功。举国欢庆，笔者亦为之振奋。笔者注意到，电视新闻报道中介绍了航天员手腕上戴的一只腕表，可以监测航天员的身体状况（包括睡眠、清醒、生物周期节律等4个方面的内容），并传送到地面的指挥中心。

若干年之后，航天科技成果应能运用于普通人。在老人的手腕上戴一只这样的腕表，用于监测老人的健康状况，并将相关信息传送到远距离医疗中心，可以实现全方位、全时段的监测，对于一些突发病的及时治疗当是有利的，对于老人健康状况变化趋势的掌握也很有好处。

老人身体状况监测装置的应用，必须与社区和家庭信息系统的建设、家庭医生的普及、社会保健和急救系统的建设结合起来。

（3）智能化娱乐系统

适合于老人的信息系统的涵盖面很宽，包括信息监测与报警系统、通信装置以及智能化的娱乐系统等。

其中，通信装置包括互联网、手机等。以手机为例，目前已有"老年人手机"，但只是按键、屏幕、显示字体大了一些。仅有这些是不够的，老年人需要全新设计的手机。按键要尽可能少，操作要尽可能简便。

老人使用的家电，包括电视机、收音机，应该逐步实现智能化。智能化的电视机、收音机等将成为丰富老人生活的智能化娱乐系统。该娱乐系统应具备语音对话互动功能，由老人口述自己的喜好和需求，电视机、收音机与老人交流问答，选出老人需要的节目。

为了形象地说明设想中的智能化娱乐系统的功能，笔者仅以智能化收音机为例，模拟了一段智能收音机与老人的"对话"：

老人打开智能收音机，收音机开始工作。

收音机：您好！很高兴为您服务。您想听什么？

老人：相声。

收音机：嗯，相声，您想听哪一段？

老人：听个逗乐的。

收音机：好的，先给您播一段×××的相声。（开始播放）

老人（听了几句，不耐烦地）：没意思，换一个。

收音机：您想听谁的？侯宝林、马三立……

老人：侯宝林。

收音机：您前天听过侯先生的《改行》，今天想听哪一段？

老人：骑自行车摔沟里那一段。

收音机：哦，是《夜行记》，马上给您播放！

从上述模拟对话中可以看出，智能收音机与老人的交流问答需要收音机具备语音识别、分析判断和自动搜索等功能。其中，语音识别功能是近年来许多公司大力研发的技术，已经有相关产品问世；分析判断和自动搜索等功能也有成熟技术。问题的关键，就在于怎样把这些技术整合起来。智能收音机还需要与网络联通，才能实现其功能。目前有关企业正在大力开发的"云计算"技术，可以为智能收音机（或智能电视机）提供技术基础。

智能收音机等只是智能化娱乐系统的初级产品。在此基础上，还可以进一步开发出陪老人聊天的智能装置。可别小看这个"智能聊天装置"，它或许是未来数十年电视机（或收音机）功能进化的路径之一呢。老年人的生活往往是寂寞的。试想，如果有一个智能装置陪老人聊天，这位"陪聊者"古今中外无所不知、天文地理无所不晓、文学艺术样样精通，而且能耐心倾听老人的述说，善解人意、不急不躁，还能适当地给老人一些精神慰藉和生活提示，对于解除老年人的寂寞该是很有益处的。

附带说一句：这样的智能装置研发出来之后，相信也能获得一部分中青年人的青睐。现代社会有不少"宅男"、"宅女"，他们的寂寞也需要排遣。

8.2.4 生活不能自理老人的自动护理系统

生活不能自理老人的自动护理系统（即 B 类系统）的涵盖也颇为广泛，本书不可能一一提及。这里仅举一个例子来加以说明。

对于生活完全不能自理的老人，如厕可能是最大的难题之一。怎样如厕，这关乎到失能老人的生活质量和人格尊严，也是护理人员最繁重的劳动。

我们目前的厕所是为健全人设计的，不适用于失能老人。为此，笔者建议设计师们在为失能老人设计专用的老年公寓或养老院时，在厕所的设计上动动脑筋。将厕所设计在老人卧室的隔壁，在墙壁上设置自动开合的门洞，并使便器能够移动到老人的床下，而老人的床铺上则有一个孔洞可以自动打开。这样，老人在"方便"时无须离开床铺，而是便器移动到老人床下，便后还可以自动冲洗和烘干。这样的装置可以方便老人的生活、维护老人的尊严，减轻护理人员的劳动强度。

孟子说过："老吾老以及人之老。"老年是每个人都要经历的人生过程，每个人都会有自己的老年；每个人在关注自己老年的同时，也要关心他人的老年，这样，才会有全社会对于老年人问题的重视和共识。

我国历来有尊老、敬老、养老的传统。笔者相信，通过全社会的共同努力，让老年人老有所养的问题一定能够得到妥善解决。

8.3 后信息时代：信息的简约化

人类社会如同一部疾驶的车，风风火火地闯入了信息时代的大门。

20多年之前，"信息"这个词儿在普通老百姓中还鲜为人知。而今天，满大街的手机和家庭置备的电脑和网络，已成为现代生活中很寻常的事物。

在未来的几十年里，信息化社会将趋于成熟，并进入"后信息时代"。那么，在后信息时代，信息技术领域将有怎样的研发热点？为讨论这个问题，让我们先来回顾信息时代的发展简史，再分析信息时代的构成要素及存在的问题，然后自然地引出关于后信息时代的思考。

8.3.1 信息时代发展简史

信息时代的到来与信息产业的发展几乎同步。国内信息产业起步于20世纪80年代。到90年代中后期，信息产业展示出蓬勃发展的态势；进入21世纪，信息时代的潮流就滚滚而来了。

90年代初，信息时代尚未到来，但人们已经能够感受到一些新鲜的气息。譬如，各种信息服务悄然地走进了普通人的生活。

电视中的信息类节目，是最早让普通人接受信息服务的载体。北京电视台的"北京您早"就是当时一个受到普遍欢迎的电视节目。每天早晨，在众多北京市民进入一天的忙碌之前，"北京您早"的年轻播音员们把一系列小巧玲珑的栏目送到人们面前,诸如国内外大事、经济信息、购物指南等,都是奉献给观众的晨曦礼品。节目中包容的信息之密集,覆盖面之广,在当时都令人耳目一新。

中央电视台则在"经济半小时"的基础上,开办了"经济信息联播",使门类繁多的经济信息从此在电视荧屏上有了自己专享的一席之地。北京电视台也高招迭出,开办了"电视商场",使电视购物这个曾经是梦幻般的愿望在须臾之间变成了现实。与此同时,社会上各种专门的信息服务机构也应运而生,涉及的领域多种多样,诸如商品信息、科技信息、人才交流、房屋租赁、婚姻介绍等。

在众多的信息服务机构中发展最快的当属金融证券业的信息系统。北京的股民们能够在北京的交易厅参与上海、深圳的股票市场交易,就是得益于迅捷的信息传输系统。

与人们对信息重要性的认识与日俱增不相称的,是当时信息的传输渠道很不畅通。信息的价值贵在准确,贵在及时。及时的信息可价值千金,过时的信息却一钱不值,有时甚至会铸成大错。面对千头万绪、错综复杂且又瞬息万变的信息世界,当时的信息服务机构及其运作方式是远远不够的。尽管各种各样的信息服务搞得沸沸扬扬,也起到了一定的作用,并且在某些具体领域(如股市)已经建立了较畅通的信息系统,但就社会总体而言,信息系统的运作能力与实际需求相比,仍然给人以杯水车薪之感。

事实上,由于传统的信息传播载体(报纸、杂志、广播电视等)的容量有限,当时国内相当一部分信息的传播还停留在口口相传、道听途说的水准上,对信息的迫切需求与信息闭塞的状况形成了强烈的反差。当时信息的采集主要还是靠人工查阅资料,费时费力,效率很低。随着科学技术和市场经济的发展,产生的信息量日益增大,甚至达到了"信息爆炸"的程度,传统的信息采集和传输方式已经远远不能适应需求。新的信息技术的产生和运用已是势在必行。

在市场经济的条件下,新的信息技术的推广应用必须得到产业化的支撑;而产业化的新型信息技术的普遍应用,将影响到社会生活的方方面面。可以说,信息产业的崛起和信息时代的到来,是社会发展的必然要求和趋势。人们已经别无选择,只有行动起来,加速整个社会的信息化。

在信息产业起步的同时,发展信息产业所需的硬件设备迅速地更新换

科技创新思路与方法
—— 兼议未来50年科技发展热点

代,软件的开发也在积极进行。80年代初,科技人员已经用上了早期的袖珍个人电脑,如PC-1500,这种袖珍电脑采用BASIC语言编程序,可以进行数据处理,然后用自带的打印机画出曲线。不久,台式电脑推广普及了,互联网也在筹建之中……

早期的袖珍电脑(PC-1500)

自90年代中后期开始,信息产业迅速崛起,与此相应,人们听到了信息时代的脚步声。21世纪之初,随着互联网的迅速普及,我们已经全面进入信息时代,整个社会的信息化已成为现实。

信息时代的到来具有诸多积极意义,给我们带来诸多喜悦。

首先,是信息的快捷获取与利用。借助于互联网的博大容量和搜索引擎的强劲功能,人们可以极为方便地获取需要的信息。过去是大海捞针的事情,现在成了探囊取物。面对"信息爆炸"的现实,互联网是不可或缺的有力工具。

在金融、商业领域,IC信用卡的普及正在改变人们的理财、消费模式。网上的商品交易也在迅猛发展之中,人们的购物方式正在面临变革。

互联网、移动通信等新型信息载体,在快捷地传输信息的同时还为人们提供了更为广阔的人际交流空间。先是网络博客的风行,继而是微博的后来居上,给人们提供了展示个性的大舞台。在微博和QQ里,人们能够尽情地张扬自己的个性风采,活得更潇洒、更自在。通过网络聊天等方式,天南地北的人们可以相逢、相识、相知,人们的交往范围和视野都大大地扩展了。网络游戏、数码影像和数码音乐等,为人们开拓了丰富多彩、魅力无穷的娱乐空间。

此外，网络还提供了民意的表达渠道。一些热门话题经网友们大力呼吁之后，往往能产生巨大的影响力。

信息化社会对于经济和科技发展的整体影响，就更为深远了。

信息技术和信息产业的迅猛发展，还促进了中国与世界的接轨。众所周知，古代中国拥有以四大发明为代表的辉煌的科学成就，科学发展在许多领域是领先于世界的；但在近代，中国的科技发展明显地落后于西方发达国家了。而现在，中国与世界几乎同步踏入了信息时代的大门，信息产业也几乎是与西方发达国家同步发展起来。

8.3.2 信息化社会的四大构成要素

信息化社会带给人们诸多好处，但也引发了诸多问题。在讨论信息化社会存在的问题之前，有必要先对信息化社会的构成要素做个分析。笔者认为，信息化社会的构成包括信息资源、信息技术、信息产业及信息化的生活方式四大要素。对这四大要素分述如下。

(1) 极度充沛的信息资源

人类拥有的资源可以分为若干种类，包括矿产资源、非矿产自然资源（土地、太阳能、水力等）、人力资源、信息资源。现代社会拥有极度充沛的信息资源，甚至达到"信息爆炸"的程度，这是促使人类社会进入信息时代的重要因素。

信息资源具有巨大的可利用价值。在互联网普及之后，人们对信息资源有了较为便捷的利用方式；信息资源还具有可更新性和可再生性。信息资源是极度丰富的，通过广泛利用，可增大人类所拥有的资源总量。由于不同类型的资源之间具有一定的可替代性和互补性，因而，充分发挥信息资源的作用可以节约其他资源。关于利用信息资源来节约其他资源的问题，后面还要详细讨论。

(2) 现代信息技术

现代信息技术以计算机技术为基础，包括信息收集、处理、存储、传输和终端显示，具体地包括互联网、电脑及多媒体、移动通信等技术。此外，广播电视等传统媒体在现代信息技术支持下获得了新的发展，也是现代信息体系的重要组成部分。当然，也有一些传统的信息技术被取代了，譬如在手机普及的同时，曾经举足轻重的电报悄然淡出了人们的视野。

现代科技在信息技术领域取得的突破性进展，以及现代信息技术的普及应用，是信息化社会赖以存在的支柱。

(3) 信息产业

信息产业是为信息化社会提供服务，以及相关的硬件和软件支撑的产业。

信息产业是驱动信息时代发展的强劲力量。可以说，正是因为有了信息产业的蓬勃发展，社会的信息化才能成为每个人都能感受到的现实。

(4) 信息化的生活方式

在当代，信息技术极大地影响着人们的生活方式。如互联网、移动通信等，已经在很大程度上介入并改变了人们的生活。

社会是由人构成的。正是由于现代信息技术在很大程度上介入并改变了人们的生活，所以我们才能说，我们进入了信息时代。

8.3.3 信息化社会存在的问题

上述四个要素在信息化社会中复杂地交织在一起，展现出信息时代的多姿多彩、万千气象。然而，任何新事物都会有不尽完善的地方，信息化社会也存在不少问题，这正是下面要讨论的。

(1) 信息资源方面的问题

信息时代的特征之一是信息量的迅猛增大，人们称之为"信息爆炸"。从某种意义上讲，现代信息技术（特别是搜索引擎技术）是为了应对"信息爆炸"而发展起来的，这就是民间说的"一物降一物"吧。

需要指出的是，信息量的迅猛增大并不意味着信息资源同样在迅猛增大。只有那些有用的信息才可称为信息资源，大量的无用信息则只能称为信息垃圾。问题就在于，大量的垃圾信息污染了信息资源，妨碍了人们对于信息资源的有效利用。在信息资源领域的鱼目混珠的现状，是这一领域存在的最大问题。

为了减少垃圾信息，可以采取一些信息技术，譬如对于网络上垃圾邮件的阻挡和清理。但是，这还不是解决问题的全部途径。一些垃圾信息会冠冕堂皇地进入信息资源的"主渠道"，而不是作为垃圾邮件出现。

(2) 信息技术方面的问题

笔者不是信息技术专家,只能谈一些门外的看法。

其一,信息展示的单向性问题。

现代信息技术具有应用快捷、方便的特点,但这主要是指搜索、检索方面的功能。在当今技术条件下,人们要通过互联网主动地去查找某个信息,只要点一下"百度"等搜索引擎,或者借助于专业化的信息网站,就可以方便地达到目的。然而,这样的信息展示是单向的。在另一个方向上,即信息的主动展示方面,渠道并不畅通。在过去的年代里,人们获取信息的方式很少,信息总量也不多,一条信息见诸报端之后,很快就能家喻户晓。但在当今信息爆炸的时代,一条信息就像夜空中划过的一颗流星,稍纵即逝,很难展示自己的存在。怎样让有用信息主动地到达受众的面前,仍然是个有待解决的问题。

其二,电脑显示方式的问题。

在上世纪90年代,学者、作家和其他文字工作者中间兴起了"换笔"之风——用电脑写作代替手写,这个过程在短短几年中就基本完成了。作者们充分体验到了"换笔"带来的诸多好处。但是,问题也随之而来。有的作者曾经撰文指出,用电脑写出的文章,文风比手写的要"浮"一些。这究竟是因为人们心态的浮躁所致,还是电脑写作所致,或者是两者兼而有之呢?笔者也说不大清楚,留待读者探讨吧。

电脑写作还有一个小小的问题。事情的起因其实很简单,就在于电脑只有一个屏幕,人们在写作时,特别是长篇文章的写作时,对于前后的关照不像手写时那样方便。于是,当文稿被打印出来后,就有可能发现文章的前后部分存在自相抵触的地方。这是电脑显示方式的问题,是其"先天"的不足。

其三,信息领域的安全问题。

信息领域的安全问题涵盖颇为广泛,其中包括防范计算机病毒、网上商品交易的安全性,以及电脑文档的存储安全问题,等等。安全问题的解决,有待信息技术的完善,也可能需要其他方面的配合。

其四,信息技术与其他技术同步发展的问题。

信息技术的发展近年来颇受重视,但这引发出一个问题,就是信息技术与其他技术领域同步发展的问题。信息技术是其他技术发展的支柱和平台，信息技术应该与其他技术携手发展，一花独秀当然不如百花齐放。信息技术与其他技术领域的交融和互动，是很值得认真探讨的。

（3）信息产业方面的问题

关于信息产业的利润空间问题，一直备受各界的关注。信息产业作为一个产业，当然要注重自身的经济效益。事实上，信息产业作为新兴的产业，其经济效益是相当丰厚的。信息产业所提供的信息服务促进了经济发展，为整个社会带来的经济效益也是颇为巨大的。

但是，无论是信息产业自身，还是信息产业之外的产业乃至全体社会成员，都不应该只从直接经济效益的角度来看待信息产业的发展，不应该仅仅把信息产业当成一棵摇钱树。人们应该更多地从长远发展的角度来看待信息产业，更多地从信息产业在整个社会发展中的地位来关注信息产业。

（4）信息化生活方式带来的问题

在信息时代，新的信息交流方式已经深深地介入了普通人的生活，许多人选择了一种信息化的生存方式：上网聊天、网络游戏、收发短信、装点博客、发送微博、网络购物，这些事情成了一些人生活中不可或缺的内容。

诚然，不同的人们对于现代信息交流方式的依赖程度是不同的，但几乎每个人都要或多或少地受到信息时代的影响。深深地介入信息化生活方式的只是一部分人，但他们的生活方式却很有标志性。

如前所述，信息化的生活给人们带来了积极的影响，带来诸多的快乐；然而，也会有消极的一面。例如网络成瘾，对于一些青少年的影响可能颇为严重。网络色情也屡禁不绝。还有关于隐私权的问题。比如说手机。人们带上手机之后，无论走到哪里，都能被别人找到，想要像陶渊明那样隐身山林就成了不可能的事。

对于这些负面现象，让人感觉不大舒服，但这不能归咎于信息时代。市场上出现了注水肉，那不是肉的过错；有人用菜刀杀了人，那也不是菜刀的过错。信息时代出现的问题，有些需要政府的干预，有些则需要全社会的认真思考，提出对策，并付诸行动；有的则只是需要我们去逐步地适应。例如，解决青少年的网络成瘾问题，需要政府部门、网络运营商、游戏开发商、家长、学校的共同努力；佩带手机后，时时处处都能被人找到、被人呼叫的那种无奈的感觉，或许就只能靠我们自己来适应了。

生活在不同时代的人们，都会感受到自己那个时代的特色。譬如，生活在唐代的人，特别是唐代的文人们，可以尽情地遨游在诗的海洋里，让自己的情感淋漓尽致地、诗意地抒发；生活在宋代的文人们，则会在一个相对狭窄的空间里，填词弄曲，委婉地表达自己惆怅的襟怀……

生活在信息时代的人们，也应该充分地享有属于自己的时代。

信息时代的特色，包括积极的一面和消极的一面，在上面已经讨论了。应该指出，信息时代的特色，体现了并在一定程度上满足了人们的需求，包括获取信息的需求、娱乐休闲的需求、扩大人际交流的需求、展示自我的需求、表达意愿的需求，等等。信息时代的特色，实际上是需求使然。

是需求造就了时代。如果我们对于自己所生活的信息化社会还有诸多不满，那么，除了对于具体的运作工具、运作方式进行一些调整改进之外，是不是也应该静下心来，认真地反思一下自己的需求呢？

在远古，人们结绳记事。大事系一个大结，小事系一个小结，虽然简陋，但也很潇洒。当今的人们，自我实现和享受生活的意愿颇为强烈，但生活空间（包括情感空间）却较为狭窄，看看大街上拥挤的车流和人流就不难感受到；而且人们还面对着自然资源的日渐减少，甚至趋于枯竭。在这样的情况下，选择信息化的生活方式，享受虚拟世界中的精彩，可能也是不得已而为之吧。

8.3.4 信息的简约化与精粹化

目前，社会的信息化还处在初级阶段，许多影响还只是初露端倪。在人类刚刚踏入信息时代大门的时候，如果能够对信息化社会面临的一些问题进行前瞻性的探讨，那将是很有益处的。

信息时代的一些不尽如人意的地方，有的需要我们逐步来适应，有的则是必须加以解决的。譬如，信息量的过度膨胀就是一个必须认真面对的问题。在信息时代，我们接触的信息量大大增加，而人体感受、认知和记忆信息的生理功能并没有增加，我们仍然只有一双眼睛、一对耳朵、一个大脑，如何能够欣然地接受如此众多的信息呢？如果人们想要活得轻松、舒适一些，那么，信息减负就是必然的需求。

笔者认为，在今后的几十年，特别是信息化社会趋于成熟，并进入"后信息时代"的时候，信息的简约化将是大势所趋。

简约化，是科技发展史上许多有识之士的共识。宋代著名学者沈括在《梦溪笔谈》一书中讨论数学方法时，提出了"见简即用，见繁即变，不胶一法"的见解，这也是数学发展史上各种运算方法演变所循的基本原则。看看电脑从台式机到笔记本，再到平板电脑的嬗变，也体现了简约化的理念。

在信息时代，微博的出现与风行是人们追求简约化的一个非常鲜明的意向表达。人们对于冗长的博客已经厌倦，对于博客的传播方式也不再认可。而微博的简洁表述与快捷传输极大地满足了人们的需求，这正是简约化的需求。

信息简约化势在必行，恰如箭在弦上，不得不发。而信息简约化的实施则需要有全方位、多层次的举措。试列举如下。

(1) 从源头上防止垃圾信息的产生

如前所述，大量的垃圾信息污染了信息资源，妨碍了人们对于信息资源的有效利用。信息的简约化应该首先从清除垃圾信息，特别是从源头上防止垃圾信息的产生入手。

怎样从源头上防止垃圾信息的产生，是需要认真想办法解决的。如同单靠先进的农业技术提高粮食产量不能解决人口爆炸问题一样，单靠先进的信息采集、传输和搜索技术，也不能从根本上解决信息爆炸问题。在人口问题上，人类社会早就明智地选择了少生优生的政策。在信息领域，信息的优化生成和择优处理恐怕也已势在必行。这就需要建立信息的准入制度，适当提高信息准入的门槛。

(2) 信息的质量评估、筛查与删除

在网络上有大量毫无价值的垃圾信息，还有许多信息是重复的，这些信息挤占着宝贵的网络空间。如何对网上信息的质量作出评估，对垃圾信息进行筛查与删除，是信息简约化的重要工作。

也有一些信息，在它们产生的时候并不是垃圾信息，但由于时过境迁，这些信息已经失效了，蜕化成了垃圾信息。这样的信息如何处理，也值得研究。

同时要认识到，人们对于信息的需求是不同的。在一些人看来毫无价值的信息，在另一些人那里可能却是有用的。为此，应该对信息进行合理而有效的分类，使不同人群的需求都得到满足。

（3）建立优质化的信息网络

在尽可能排除垃圾信息的同时，要积极培育优质信息，努力实现信息资源的精粹化。信息的简约化与精粹化是相得益彰的。

在互联网上已经有了一些有益的尝试。譬如"百度百科"等百科类信息，就是在向公众提供精粹化的信息。"百度百科"有几个特点，其一是包罗万象、内容广泛；其二是内容较为精粹，有一定的资料价值；其三是编辑修改的功能向社会开放，经过反复修改的内容会更加完善。这样的网络信息构建模式恰是体现了简约化与精粹化的趋势，是产生优质信息的"孵化器"。

实现信息的优质化，还可以在信息的获取方式上做一些改变。目前，人们在网络获取信息通常是免费的，而网络运营的收入则主要是广告。于是，就导致了网络上广告的泛滥。试想，如果能够改变一下获取信息的方式，向信息的获取者收取少量费用，而信息的提供者则要负责提供真实、可靠、权威的信息，这对于信息的简约化与精粹化无疑将是大大的促进。把"买单者"由广告发布者变为信息需求者，有助于使网络成为优质信息的一统天下。

（4）电子信息与纸质信息的互动互补

尽管互联网和电子出版物的迅速发展对于纸质出版物构成了强力的冲击，但是，以纸质出版物为载体的纸质信息至少在目前仍是人类社会信息资源的重要组成部分。

电子信息与纸质信息各有其优势。电子信息的主要优势是容量巨大，而且得天独厚，有极为便捷的浏览和检索功能。电子信息比较适合于泛读，纸质信息的优势则在于精读。电子信息以电脑为载体，而电脑的局限性就在于它只有一个屏幕，会带来某些不便。人们可能已经习惯于电子阅读方式，但这并不意味着它的缺陷消失了。纸质出版物的每一页则都相当于一个"屏幕"，这恰是纸质信息的优势之一。

笔者认为，不要太急于让互联网和电子出版物取代纸质出版物，而要适当致力于电子信息与纸质信息的互动互补。纸质出版物要努力推出精品，在信息产品的简约化和精粹化方面起到独当一面的作用，这也是濒于危境的纸质出版物的自我救赎之举。电子信息则要充分利用纸质信息的某些固有优势，实现互动互补。当然，纸质出版物也要适应互联网时代的特色，改变自己的运作模式，拓展自己的运作空间。在这方面，有大量的研究工作可做。

如前所述，信息资源是人类可以利用的重大资源之一，而且具有宝贵的可再生性。对于信息资源最大限度的利用，是信息社会面临的重大课题，也是信息社会得以发展的重大机遇。

8.4 未来科技发展的其他热点

未来科技的发展还有其他一些热点，将围绕着信息技术、节能环保、资源保护、民生需求等方面展开。现将笔者预测的几个可能的研发热点介绍如下。

8.4.1 虚拟实景技术：新奇的生活感受

"虚拟实景技术"是采用电子和光学方法来模拟真实景观和人像，使之达到"以假乱真"境界的技术。

采用科技手段模拟和再现真实景象一直是人们梦寐以求的理想，无数科学家和技术人员为此进行了不懈的努力，取得了诸多成果。在当代科技领域，与虚拟实景技术相关的有全息影像和3D影像技术等。全息影像与3D影像都是三维立体图像，但制作原理和图像效果是不同的。其中，全息影像是利用光波的干涉和衍射原理记录并再现物体三维图像的技术，包括静止或活动的立体影像，是一项备受关注的影像技术；3D影像技术则是利用人的双眼立体视觉原理，使观众能从视频媒介上获得三维空间影像，已经广泛应用于电影制作，推出的3D大片拥有强劲的视觉震撼效果。

全息影像和3D影像技术都已经有了相当长的发展历史。全息摄影的概念是物理学家伽伯1948年提出的。60年代之后以激光为新光源，全息摄影技术进入崭新的阶段。北京大观楼电影院在上世纪 60 年代初放映的立体电影，则是 3D 影像技术的前身。

大观楼电影院

然而，无论是全息影像还是 3D 技术都还存在不足。对于 3D 影片，观众只能从特定的视角被动地观看，而不能主动地选择观看角度；3D 影片的视觉效果往往需要借助于急速变化的影像，对于静止或缓慢变化的影像，其效果就要打折扣了。对于全息影像，观看者可以自行选择视角，这是其相比于 3D 影片的优势，但是现有的全息影像技术对真实景物的再现还不能达到惟妙惟肖、以假乱真的程度。此外还有一些能够形成三维活动影像的技术，需要以透明塑料或水雾为介质，其应用因而受到了局限。

虚拟实景技术还与"虚拟现实技术"相关。虚拟现实（virtual reality，VR，又译作灵境、幻真）是近年来出现的高新技术。虚拟现实技术是利用电脑模拟产生一个三维空间的虚拟世界，为使用者提供视觉、听觉、触觉等感官的模拟，让使用者如同身历其境一般。但是，虚拟现实技术提供的三维空间，需要使用者佩戴安装了显示器的特殊眼镜才能看到，这与真实的视觉感受显然是有距离的。

笔者在这里讨论的"虚拟实景技术"，是期待科技界在现有技术基础

上进一步改进,达到对于真实景象尽可能逼真的模拟和再现。这项技术应具有以下两项基本特征:

其一,能够形成三维活动影像,具有逼真的细节和色彩;不仅能反映快速移动的景物,而且能反映接近于静止或低速移动的景物;可以自由改变观看的视角,真正达到身临其境的感觉。

其二,不需要借助于特殊的眼镜,也不需要借助于水雾等介质。以空气为介质形成影像。

虚拟实景技术可分为两种类型,一种是在观看者的一侧形成影像,另一种是在观看者的四周形成影像。

当虚拟实景技术拥有上述特性并达到实用阶段之后,将在诸多方面获得应用。现举例如下。

(1) 虚拟空间亲友相聚,缓解交通出行压力

虚拟实景技术对于缓解交通出行压力可以起到一定作用。

信息资源是重要的资源之一。由于不同类型的资源之间具有一定的可替代性和互补性,因而,充分发挥信息资源的作用可以节约其他资源。例如,随着现代通信技术的发展,原来需要出差的事情,现在可能只需要打个电话或者发个传真就办了。这样就可以减少人们出行的频率,进而减少交通流量,缓解交通压力,节约能源、减少污染。但是,从宏观整体来看,人们出行的频率似乎并没有明显降低,出行者的"洪流"对于交通设施的压力甚至有增无减。这是为什么呢?原因是多方面的。其原因之一是探亲访友、旅游观光等客流大潮,仍然难以消泯。

探亲访友是人们正常的、合理的情感需要,但逢年过节也会形成汹涌的人流。特别是民工、学生的探亲潮,给交通造成了巨大压力,其主要原因是过于集中在年节期间。改变人们的传统观念,把年节探亲转变为其他时间探亲,是解决此问题的途径之一。除此之外,用更加有效、更加人性化的信息沟通方式部分地代替直接的探亲访友,也是解决问题的一种方式。

亲朋好友们久别相逢固然是令人愉悦和心动的,孔子都说过"有朋自远方来,不亦乐乎";但鸿雁传书也同样能余味悠长,感人肺腑,如李商隐的《夜雨寄北》。现代信息技术的飞跃进步,使得人们的信息交流方式与古代的"鸿雁传书"有了天渊之别。特别是互联网上的视频通话,已经

能够做到让人们"面对面"地交流。然而,视频通话与真实的见面仍有巨大的差异,尚不足以充分满足人们的情感需求。

有关方面也在试图通过更完备的信息技术来改变这一状况。据报道,2012年春节期间,两个城市的两家饭店举办了一次别开生面的宴会。一家饭店的宴会上,亲友们围坐在半圆的餐桌旁,他们对面是一张巨大的电子屏幕;他们远在另一个城市的亲友,在同一时间聚会在该城的饭店,也围坐在巨大的电子屏幕前面。两地的亲友遥隔千里在电子屏幕上互相见面,一起聚餐了。

采用虚拟实景技术,可使上述远距离交流的效果得到大大改善。

试想,当虚拟实景技术达到实用水平之后,用惟妙惟肖的情景构象代替电子屏幕,让真实与虚拟浑然化为一体,令人难分假真,给参与交流者的感觉将是何等完美!

笔者期望随着虚拟实景技术的成熟与推广应用,能有更多的人们在春节期间到虚拟空间与亲友相聚,而把真实的相聚安排在交通流量较为松缓的时段。

用于亲友会面的虚拟实景技术,宜采用在观看者对面一侧形成影像的技术。

虚拟实景技术还可以用于公务会议和商务会谈,代替面对面的交流,亦可在缓解交通压力方面发挥作用,而比现在的电视电话会议或视频对话更直观生动。虚拟实景技术还可用于旅游领域,产生的影响可就不仅限于缓解交通压力和节约能源了。

(2) 全新的旅游感受

虚拟实景技术应用于旅游,将给人们带来全新的旅游感受,开辟一个奇幻的旅游新天地。

当今时代,旅游已成时尚,但又让人"想说爱你不容易"。旅游的热点集中于一些知名景区,时间则集中在几个"小长假"。在"小长假"期间,知名景区往往是人山人海,游客们满目所见的皆是人头攒动,旅游的乐趣也就大打折扣,甚至荡然无存了。

以虚拟实景技术部分地取代真实的旅游,可在一定程度上改变目前的状况。当虚拟实景技术达到惟妙惟肖的程度时,能够把旅游景点的风光完美无缺地展示出来,让人有身临其境之感。

用于"旅游"的虚拟实景技术，宜采用在观察者四周形成影像的技术。

通过虚拟实景技术营造出的自然风光与观看照片或电视上的风光片是不同的，观赏者能够"走入"风景之中，仿佛有完全置身于其间的感觉。能尽情观览大千世界的美好风光，又免于舟车劳顿之苦，何乐而不为呢？

笔者预见，通过虚拟实景技术对于旅游景点风光的完美再现，免除了真实游览之时人满为患的窘迫，可能会"分流"一部分游客，使热门景点的游客数量有所下降，但这在同时将显著提升热门景点的观光效果；而一些不太知名的景点则可借助虚拟实景技术来展示景观、提高知名度，使其游客数量增加。一降一升的双向调节，将促进旅游资源的均衡利用，从整体上促进旅游业的发展。

虚拟实景技术将创造全新的旅游感受，让真实的旅游都望尘莫及。比如，借助于虚拟景象的切换，人们刚刚还沉浸在尼亚加拉大瀑布的壮美景色中，一瞬间就可以来到马尔代夫珊瑚岛阳光明媚的海滩，再一瞬间又置身于水城威尼斯蜿蜒的水巷和浪漫的建筑之中……

为了保护历史文化遗产，有一些珍贵的历史遗迹已经不再对游客开放。有了虚拟实景技术，游人就可以在虚拟空间细致入微地观览珍稀景观，既保护了文物又让人们饱了眼福。

虚拟实景技术还可以把人们带到常人难以到达的地方：世界屋脊的雪峰之巅、人迹罕至的原始森林、荒无人烟的戈壁沙漠，或者数千米深的大洋海底。进一步，还能引领人们去太空、去月亮，甚至去火星。

总之，虚拟实景技术在旅游领域具有不可估量的应用前景。

(3) 穿越：虚拟的与真实的

穿越，是当今时代颇受追捧的文学、影视题材，也是人们内心难以割舍的情愫。国产影片中，张艺谋、巩俐联袂主演的《古今大战秦俑情》是较早的、较精彩的作品。其实，"穿越"的情节在古人的作品中就很常见，并非始于当代。《西游记》、《红楼梦》、《聊斋志异》中，都不乏"穿越"的描述。《安徒生童话》中的《幸运的套鞋》也是一篇典型的"穿越作品"。

当今的人们比以往任何一个时代的人们都更向往穿越。但是，在电影电视中，观众只能被动地感受穿越带来的刺激。在电子游戏中，玩家能够主动地穿越时空，只可惜电脑屏幕是平面的，难以让人有身处其间的感觉。

虚拟实景技术将帮助人们实现"穿越"的愿望。借助于虚拟实景技术和软件开发商预设的情景氛围，人们可以穿越到自己向往的任何时空。

虚拟实景技术不仅能实现虚拟的穿越，而且能实现真实的穿越。人们运用虚拟实景技术，把从童年开始的生活环境摄录保存下来。等到中老年的时候，再依照愿望回归到人生的任意一段时光中去。这就是真实的穿越了。

（4）新颖实用的购物模式

虚拟实景技术可以应用于购物，成为新颖实用的购物模式。买服装，能够看到立体的服装穿着效果；买房子，直接就能"进入"房间里面；买饰品，可以从不同角度仔细观看商品的细节……

（5）饶有兴味的娱乐空间

虚拟实景技术可以应用于娱乐。观众可以到电影的场景中观看影片，而不是坐在观众席上；到绿茵场地上观看足球比赛，与运动员、足球"擦肩而过"，那样的感受将是饶有兴味的。

（6）学习与科研的崭新途径

虚拟实景技术还将为学习与科研开辟崭新的途径。以后，学生们可以到与教学内容相关的"实景"中观察、体验，代替现有教材中平面的插图。科研工作者则可以把设计图纸变为空间图像，或者进行三维空间的模拟实验或模拟工业生产流程。在这方面，有广泛的应用前景。

笔者希望虚拟实景技术在今后 10 年内取得突破性进展，在未来 50 年中臻于成熟。

好了，在虚拟世界中逗留得太久了，让我们在下回归现实，探讨生活中的节水问题。

8.4.2 无排水洗衣机：家庭的节水先锋

有一句引起广泛反响的宣传语："人类见到的最后一滴水，将是自己的眼泪。"随着水资源日趋匮乏，节约用水已成为极为紧迫而严峻的任务。

本书第 2 章 2.6.1 节，记述了笔者上世纪 70 年代在一个极度缺水的山村的经历。这样的亲身经历是笔者内心挥之不去的牵挂。

因缺水而干裂的土地

笔者认为,建设节水型家庭是节约用水的重要组成部分,相关技术也将是科技研发的热点。而在家庭节水方面,研制开发无排水洗衣机可以起到重要作用。提出"无排水洗衣机",有人可能会认为这是无稽之谈,洗衣机怎么能不排水呢?笔者却不这样看。笔者认为,无排水洗衣机不仅可行,而且有可能超前于其他节水技术,率先亮相于节水型家庭,成为家庭节水的先锋。

现将笔者设想的无排水洗衣机(专利申请号 201210285158.9)的特征、原理、结构等,以及关于节水型家庭的一些设想介绍如下。

(1) 无排水洗衣机的特征

无排水洗衣机的全称是"无排水无洗衣粉洗衣机",它包含两个要素:其一是无排水,其二是无洗衣粉。"无排水"的含义是该洗衣机在洗衣过程中不需要排水,"无洗衣粉"的含义是该洗衣机不使用洗衣粉或液体洗涤剂。

(2) 无排水洗衣机的原理

这种洗衣机怎样实现"无排水"呢?原理很简单:就是将洗涤过程中排出的水经过净化处理,再输送回洗衣机,用于继续洗涤与漂洗。这样,洗涤过程中就不需要排水了。

从无排水洗衣机的原理可以看出，无排水洗衣机必须同时是无洗衣粉的洗衣机。这是因为，在采用洗衣粉的洗衣机中，洗衣粉溶解于水里，不易进行净化处理。而无洗衣粉洗衣机的"洗衣水"中不含洗衣粉，只有处于悬浮态的污物，较为易于净化处理。

（3）无排水洗衣机的结构

无排水洗衣机的结构，除传统洗衣机的基本结构之外，还应包括两部分：其一是对"洗衣水"进行净化处理的装置，其二是无洗衣粉洗衣机所需的装置，如超声装置、离子化装置等。

需要强调指出：上述结构并非简单组合，而是要围绕无排水洗衣机的目标需求进行全盘整合和重新设计。在整合与设计过程中，要努力打破关于传统洗衣机的思维定势。

（4）无排水洗衣机的技术难点

第一个难点，是对"洗衣水"进行净化处理的装置。该装置必须同时满足以下六个要求：快速高效、稳定耐用、结构轻巧、运行静音、造价低廉、便于清理。能否研制出这样的净化装置，是无排水洗衣机能否脱颖而出的关键。而该装置一旦研制出来，其应用将极为广泛，绝不会仅限于无排水洗衣机。

第二个难点，是无洗衣粉洗衣技术的开发。在过去的10多年里，已经有多家企业研制并向市场推出了无洗衣粉洗衣机，使此项技术获得了引人注目的发展。相信无洗衣粉洗衣机在未来会有更广阔的前景。

（5）无排水洗衣机的应用意义

无排水洗衣机是同时具备"无排水"和"无洗衣粉"两项特征的洗衣机，其应用意义是显而易见的。

首先，该洗衣机将"洗衣水"经净化处理后循环使用，大大节省了洗衣用水。该洗衣机消耗的水分包括三部分：经甩干的衣物上残余的水分、洗衣过程中自然挥发的微量水分、清除的污物中包含的少量水分。这三部分的水加在一起，不会超过洗衣用水量的10%。换言之，该洗衣机可以节水90%以上。

此外，该洗衣机还同时是"无洗衣粉"的洗衣机。无洗衣粉洗衣机在环保方面的意义是颇为深远的。

(6) 为无排水洗衣机答疑

人们对于"无排水洗衣机"或许会有诸多疑虑。在这里,笔者设想人们可能会提出的几个问题,作出解答。

第一个问题:循环用水是否清洁卫生?

笔者认为,这取决于净化装置的质量。只要能够研制出有足够净化能力的装置,达到所需的指标,这个问题就可以放心。当然,该装置还要满足上述的六个要求。顺便说一句:现在大家所用的洗衣机,在使用一段时间后,机筒的外壁会附着一层污垢,也并不像想象的那样干净。

第二个问题:无洗衣粉洗衣机能洗干净衣物吗?再加上"无排水",岂不是更不干净了?

答:无洗衣粉洗衣机经历了10多年研究与发展,已经推向市场,相信这项技术会继续发展。笔者设想的无排水洗衣机兼具"无排水"与"无洗衣粉"两个特征,且两者相辅相成。首先,"无排水"必须以"无洗衣粉"为前提;然后,"无排水"可以增进"无洗衣粉"的洗衣效果。大家一定不要忘记那句脍炙人口的至理名言:相反相成。

第三个问题:无排水(同时也无洗衣粉)洗衣机推广应用之后,洗衣粉厂的生意会受影响吧?

笔者认为,洗衣粉(包括液体洗衣剂)用量减少有利于改善环境,将是大势所趋。另一方面,国家为了治理环境污染将会有巨额投入,有技术实力的洗衣粉厂在这方面大有可为,应积极研发用于治理环境的技术和产品,及早形成技术储备,为自身的发展开辟新的广阔道路。

(7) 关于节水型家庭的一些设想

除无排水洗衣机之外,笔者还设想,未来的节水型家居应该建立一个家庭贮水系统,将洗菜、盥洗、沐浴所用的水经过处理之后存入贮水器,与坐便器的水箱相连通,用于冲厕所。

无排水洗衣机一次洗衣后剩余的水,可以净化后储存于独立的容器,供下次洗衣时使用;如果较长时间不洗衣,也可以排入家庭贮水器。

采用无排水洗衣机以及家庭贮水系统的节水型家庭,可以实现节水50%以上。如果节水型家庭的方案得到普遍推广,如果在工业用水方面也能有相应的措施,那么,从水资源的角度来说,就相当于为人类再造了一个地球。

8.4.3 家用检测装置：百姓的自我防护

近年来，食品安全问题不断曝光。从含三聚氰胺的牛奶，到使用了瘦肉精的肉类，地沟油回归餐桌，再到工业明胶的滥用，一波未平，一波又起。这些事件有一个共同的特点：首先由媒体曝光，然后才是监管部门处理。这就使公众对于监管部门的作用产生了疑问。与食品安全问题相似，在环境安全问题上漏洞也不少。譬如PM2.5的监测，是在媒体和公众的压力之下才出台的。

笔者认为，对于食品安全问题，政府有关部门必须加强并改进监管措施，各部门互相推诿的现状不能再继续下去了。与此同时，笔者也认为，单靠政府有关部门的监管是不够的。恰如《健康报》2012年5月11日发表的"没有惩戒的规定就是纸老虎"一文所指出的："在经济转型与社会转轨的背景下，我国食品与药品安全问题已超出政府监管的范畴，成为一个社会问题"，要"实现全社会'共治共享'。"

食品安全的涉及面确实太宽了。比如超市中的食品，有成千上万的品种，每一种又有不同的批次，而每一个大城市都有成百上千家超市，还有为数更多的小型店铺，这些都加在一起，监管部门怎么能管得过来呢？此外，还有大大小小不计其数的餐馆、数量更多的餐饮摊点，还有农贸市场，要实现监管的全覆盖，确实是难以做到的。

另一方面，消费者目前完全处于被动的状态。官方主动发布的信息很有限，于是就只有依靠媒体提供的信息。一些"爆料"的信息极易引发民众的恐慌心理，进而就会影响到社会心态的平衡。

这样的状况不应该再继续下去了。

为解决这个问题，笔者提出一个思路：要设法改变消费者的被动状态。具体的办法，就是让消费者拥有一定的检测手段。

其实，把鉴别真假产品的方法教给消费者，是有关方面的专家们一直在做的事情，像如何鉴别真假酱油、真假蜂蜜、真假大米等。这样做，实际上就是把鉴别伪劣产品的"重任"交给了消费者。暂且不说消费者要花费多大力气才能记住这些鉴别方法，即便是牢牢记住了，这些方法的有效性也很有限。这些鉴别方法大都注重于食品的外观，而造假者在获知了鉴别方法之后,只要稍加"改进",就可以使产品的外观符合"要求"。

笔者认为,为了使消费者真正掌握主动权,摆脱被动处境,应该让一部分消费者拥有必要的检测手段,而不是仅仅靠感官去辨别。

笔者建议,有关研究机构应该致力于研发适用于家庭的检测仪器。这样的检测仪器可以对食品的成分进行检测,以便及时发现食品安全问题。

该仪器有以下特点:

(1) 可以对食品的成分进行定性分析,但不必要求精确定量。

(2) 操作简便,具有"傻瓜机"的特性。

(3) 体积尽可能小一些。

(4) 对生活环境没有任何不良影响。

(5) 多功能化。除食品安全外,对于空气中的有害气体、噪音乃至PM2.5等都能测量。

(6) 价格不能太昂贵。

上述检测仪器研发成功之后,可以率先在千分之一的家庭中推广使用。按千分之一家庭的比例,在北京、上海这样的大都市将会拥有数千台家庭检测仪器,这些仪器将构成监测食品安全问题的天罗地网。食品安全方面的问题将很难逃脱这张"天网"。

家庭监测的优势不言自明。尽管超市里的食品有成千上万种,但每个家庭每月购买的品种可能只有几十种。监测这几十个品种是易如反掌的。每个家庭监测几十种,每个城市成百上千台的家庭检测仪器就可以监测成千上万个品种。原来由监管部门监测,如同大海捞针般的艰难,现在变成了探囊取物般的容易。与通过媒体调查披露的信息相比,家庭监测结果会更为直接、覆盖面更广。

家庭检测仪器的售价不宜太贵,可分为不同档次,以每台1万~10万元为宜。按城市家庭千分之一的使用率,在全国也是一个巨大的市场额度。如果以后进一步普及,市场额度就更大了。目前的专业检测仪器价格昂贵,与市场需求量过少有关。销售量增大了,可以"摊薄"成本,售价会大大降低。再说,家庭检测仪器的精度不要求太高,侧重于定性,成本也会较低。

普通百姓购置家庭检测仪器,属于为政府帮忙,所以购置仪器的费用应由政府承担一大部分,个人只承担一小部分。

购置了检测仪器的家庭在进行检测发现食品安全问题后,应向政府有关部门报告。有关部门核实后,向提供报告的家庭颁发奖金。经常提出报告并被核实的家庭,很快就能收回他们在购置仪器时的投资。

购置了检测仪器的家庭只能向政府部门反映情况,不得自行发布信息或通过媒体发布信息,以防引起社会混乱。民众提供的信息经证实后,由政府部门率先公布,这样,目前经常出现的监管部门跟在媒体后面的情况就将不复存在。如果政府部门对民众提供的检测结果不予置理,有关民众可以通过法律程序寻求解决。

尽管家庭检测仪器是"傻瓜机",恐怕仍然不易掌握。所以,购置检测仪器者应符合一定条件,譬如年龄在60岁以内,具有理工科大学本科以上学历。

家庭检测仪器研发与生产的技术门槛并不太高。试想,连一向神乎其神的PM2.5都有了便携式检测装置,还有什么不能做到呢?

笔者期待,家庭检测仪器推广使用之后,危害食品安全的行为将成为过街之鼠、瓮中之鳖。这就迫使食品生产者只能按照规范的配方和工艺来生产食品,违法添加和掺杂使假的行为将根绝于天下。

当然,笔者也深知,食品安全问题盘根错节,一种仪器未必能成为万应灵药,还需要其他的举措……

写到这里,笔者想起了一幅早年看过的油画,题目是《父亲》。画面上是一位陕北老农民,满脸深深的皱纹,粗糙的大手捧着一只饭碗。想到这幅油画,不由得令人潸然泪下。

无论采用什么样的举措,都应该让老百姓手中的饭碗固若金汤!

食品安全问题与其他产品生产中的假冒伪劣问题一样,源于目前市场中存在的低价竞争倾向。在低价恶性竞争的氛围中,许多生产者为了生存不得不通过掺杂使假来降低成本。必须将市场竞争导入以质量求生存的良性发展轨道,假冒伪劣产品才能得到有效的遏制。为了达到这一目的,监管的作用就非常重要。监管的作用是为生产者提供一个公正、公开、透明的竞争环境。这样的市场环境也有助于社会诚信的重建。科学技术的发展,要为建立这样的市场环境提供一定的助力。

还需要指出,笔者提议推广家庭检测仪器并不完全是为了维护食品安全。如果仅仅是为了食品安全，那还有其他的路径，譬如加强政府部门的监管力度，并不一定要推广家庭检测仪器。实际上，从科技发展的角度来看，推广家庭检测仪器装置还有更为深远的意义，应该得到重视。

读者诸君可能还记得，笔者在本书第4章结尾处曾经指出："扩大社会化服务系统乃是大势所趋。但是，社会化服务体系的建立必须有相应的个体式运作平台（以及相关装备、工具），否则社会化服务就难以实现。……建立这样的个体式运作平台所需的产品，就是未来新产品开发颇具前景的广阔空间。"

笔者建议推广的家庭检测仪器装置，可以看做是未来的"个体式运作平台"的雏形。目前，个人手中与信息运作相关的"工具"有手机、电脑、数码照相机、录像机及扫描仪、传真机等。这些运作工具都只有录入功能，没有检测功能。作为未来的"个体式运作平台"，它们的功能是不够的。检测功能是未来的"个体式运作平台"不可或缺的功能，笔者提议设立的家庭检测仪器装置刚好可以为此而抢占一块宝贵的"滩头阵地"。

在家庭检测仪器装置推广使用之后，即使食品生产者都规规矩矩了，家庭检测仪也不会失去应用价值。原因之一，是食品监管需要长期的威慑力量，不能见好就收；原因之二，家庭检测仪器装置可以顺理成章地演化为具有检测功能的"个体式运作平台"，进而在新的时代潮流中激流勇进。

举个例子，经过改进之后的家庭检测仪器装置可以检测人体的各项指标，并与远程医疗体系连接，新的医疗模式或许就将由此而萌生了。这也是本章开始时提议建立的"预防保健系统工程"的一个组成部分。

8.5 结束语：迎接新一轮技术革命的浪潮

在人类社会的发展历史上，技术进步的速度是愈来愈快的。

自旧石器时代发端到新石器时代到来，是漫长的200万年；新石器时代之始到青铜器时代，则经历了7000年。工业革命之后，技术进步显著加快，自蒸汽机发明到内燃机问世，只用了约100年时间。

在信息时代，技术进步更快了。上世纪70年代中期，笔者在工作中使

第 8 章
未来 50 年科技发展热点展望

用的是机械式手摇计算器,如果把某个数字乘以 6,就要顺时针摇手柄 6 圈。除法运算要反方向摇手柄,听到"当啷"一声铃响,再退回一圈,才能得到结果。不久,单位里有了电子计算机,用的是"穿孔纸带"。如今,计算机技术已经发展到"云计算"的水平,而上述进程只用了 30 多年的时间。其间,由台式电脑的普及到笔记本电脑的普及仅为 10 年左右的时间。

飞速发展的科学技术使当今时代成为科技发达的时代,科技领域日新月异的面貌是有目共睹的。然而,在科技发达的今天,人们却面临着诸多困境。在能源、环保、交通等方面,都有许多亟待解决的问题。

对于国人来说,在经济转型和社会转轨时期,人们感受的迷惘和困顿可能就会更多。譬如食品困境,接连遭遇了三聚氰胺奶粉、瘦肉精和地沟油等的袭扰,以致人们惊呼:还有什么东西能吃呢?又如养老困境,当白发浪潮滚滚而来,居家养老与社会养老又都困难多多,"我们怎样养老"已经成了一大社会问题。又如健康困境,仅以糖尿病为例,我国的糖尿病人已经达到 9200 万人,还有 1.5 亿人是"后备军",更有多种癌症的发病也呈上升之势,医疗的费用和病人的痛苦,都是难以承受之重。需要指出的是,这些困境绝非中国人所独有,而是全球性的问题,只是在发达国家与发展中国家的表现方式、程度和动态有所不同而已。整个地球像是一个村落,环球共此冷暖,谁也无法独善其身,完全摆脱这些困境。

困境之中,人们期待科学技术能够创造奇迹,翘首盼望着科学技术的进一步发展化解这些难题。据报道,有一位身患绝症的病人在痛苦中苦苦挣扎,想让自己的生命再延续五年,寄希望于这五年中科学技术的发展,研究出有效的治疗方法。人们是有理由这样期待的。在人类文明的发展史上,科学技术曾经创造了无数奇迹。人们需要新的奇迹!

诚然,上述困境并不完全是科技领域的问题,而是包含着各种社会因素,不是仅仅靠科技进步就能解决。但科学技术的发展确实可以深刻地影响社会的变迁。蒸汽机的使用促生了工业化社会,信息技术的发展将人类带入了信息社会的大门。尽管科学不是万能的,科学家也不是万能的,但人们有理由寄予期待,科技工作者也应该有所作为。

面对诸多困境,科技界乃至整个人类社会需要深刻的思考,需要做出历史性的抉择。我们身处的信息时代演绎到今天,其优势与缺陷都已经初露端倪,怎样继续前行,也该早做主张了。

在未来的岁月里，科学技术将如何尝试去帮助人们化解面临的困境呢？这需要科技工作者以富于前瞻性的态度，通过科技创新去寻找既符合理性又切合实际的出路。

在这样的背景之下，新一轮技术革命的浪潮即将到来。可以想象，新一轮技术革命将是波澜澎湃、蔚为壮观的。

在本章，笔者预测了未来 50 年科技发展的一些热点，是否能够实现，留待历史验证吧。本章只标记出几个科技发展的热点，绝不可能反映出新一轮技术革命的全貌。笔者是在抛砖引玉，希望读者诸君能够举一反三、由点及面。并且，依笔者之预见，新一轮技术革命在这几个热点上将会有精彩的演绎。

有学者指出，在当代，科技与人文的分离是科技发展走入的一个误区。笔者以为，新一轮技术革命将会有两个特征，其一是科技发展尽可能满足社会需求，特别是基本的民生需求；其二是科学尽可能向人文回归。

科学技术的发展应该让生活更加丰富多彩、愉悦舒展，而不是变得窘迫、枯涩、晦暗。

让我们一起迎接新一轮技术革命的浪潮，让我们一起创造美好的未来！

本章思考题

1. 你对"预防保健系统工程"有何想法？有何建议？

2. 如果你是一位老年人或者即将步入老年，对于老年生活有何期待？如果你是一位年轻人，对于赡养家里的老人有怎样的想法和具体方式？

3. 你认为本书关于"无排水洗衣机"的设想是否可行？如果这种洗衣机能够研制成功，它进入市场的时机应在什么时候？是马上就能进入市场，还是要等到水资源更加紧张的时候？

4. 看了本章 8.2.3 节后，对未来数十年电视机功能的进化路径有何想法？

5. 你觉得有必要研制并推广"家用检测装置"吗？

6. 你对新一轮技术革命有何期待？

后 记

这部《科技创新思路与方法：兼议未来 50 年科技发展热点》书稿，终于写到了结尾。

本书是我从事科研与教学 30 年工作历程的一个总结。在科研工作中，思路与方法是很重要的，我对此深有体会。我在教学中很注意给学生讲述科研思路和方法，还试图把这些写入教材中。然而，我编写的教材毕竟是专业技术教材，不可能把关于思路与方法的内容悉数收入。有些内容就只能在课堂上或指导学生实验时口授了，这无疑是一种遗憾。撰著本书是对这一遗憾的弥补。

科技创新是科技发展的必由之路。为实现科技创新，需要培养和造就大批创新型人才。创新型人才应该具备什么样的素质呢？本书尝试对此作出相关的阐述。如有不够全面的地方，请读者予以补充。我认为，科技创新型人才要有投身于科学研究的兴趣和自觉，要建立较为全面的知识体系，要兼有科学素养和人文情怀。对于这些素质的培养，学校教育起着重要作用，家庭和社会的影响也很重要。就以我自己的成长过程做个例子吧。

我对科学的兴趣，发源于童年的经历。上小学的时候，我们几个同学就自己动手制作"矿石收音机"。通过缠绕线圈和加工"矿石"，居然听到了广播的声音，令我们喜不自禁。我那时还到少年之家学习航空模型制

科技创新思路与方法
——兼议未来50年科技发展热点

作,初步了解了飞机飞行的基本原理,培养了动手能力。动手能力的培养是受益终身的;飞行原理的学习则唤起了对于科学知识的兴趣。此外,到郊区试飞模型飞机,在原野上奔跑,强健了体魄;放情于蓝天碧野之间,舒展了心怀。看着自己亲手制作的模型飞机在蓝天上翱翔,还感受到了成就感,培育了自信心。

家庭对我也产生了极大的影响。我的父亲王桐(1907—1989)是一位刻字工人。刻字,就是为人们刻制印章。父亲对工作兢兢业业,还善于动脑和动手进行钻研,搞一些技术创新和技术改进,他的钻研与创新精神给了我许多虽然无形但却深刻的影响。父亲那时刻水晶印章,水晶是很硬的,难以直接刻出图章。父亲就在水晶的表面涂上一层胶膜,将胶膜的表面刻出印章的文字,然后用高速喷射的金刚砂冲击,金刚砂打在胶膜表面,被弹性的胶膜挡回来,而刻掉胶膜的水晶表面则被金刚砂击打出凹陷,印章的文字就这样刻制出来了。我听父亲回忆,他是在20世纪的40年代开始进行这些工作的,那时的技术条件颇为简陋,而社会环境充满凶险,可想而知,父亲当年曾为此而历尽艰辛。在我的少儿时代,我记得父亲仍然在不断地在进行技术改进和创造。父亲并没有直接对我进行过"努力学习"之类的教育,但是父亲的行动本身,在日复一日、潜移默化地影响着我。这种"身教"的影响,其效果是远远胜于"言教"的。我母亲担当了几十年的街道居委会工作。她对工作的认真、生活的节俭,也都深刻地影响了我。

1965年,我考入北京师大附中。校园里,学习的气氛既浓厚又宽松。那时,有一些科普读物在学生中间颇受青睐。比如在《科学家谈21世纪》这本书里,科学家为我们描述了21世纪科技进步的美好前景,令人对新世纪充满了向往。我还在学校的图书馆借阅了《居里夫人传》,居里夫人的形象给我留下了极为深刻的印象,我就是从那时起下决心要投身科学研究事业的。

我相信,1966年6月之前,一定有千千万万的学生和我有相似的想法:对于读书学习的渴望、对于未来前途的憧憬。然而,到了1966年的6月,在偌大的中国,已经容不下一张平静的课桌了。

1968年年底,我加入了上山下乡知青的行列,在农村经历了一段充满艰辛的生活。从某种意义上,农村也是我们新的课堂——社会的大课堂。

后　记

上山下乡的经历，使知青们增加了对于生活和社会的认识，特别是对于农村和农民的认识；同时学会了独立思考，用自己的头脑考虑问题，而不再人云亦云。这些，都是我们的收获。

有一部分知青，在农村艰难困苦的生活条件下还坚持进行了自学，笔者就是其中之一。回想在农村的自学经历，我印象最深的是在倒虹吸工地的日子。那是插队的第二年，我被村里派到倒虹吸工地当民工。倒虹吸，是埋在地下的灌溉管道。这些直径一米、长两米的水泥管子埋下去之前，就成了我们的住处。我在管子里面铺上谷草，一端用谷草封起来，另一端挂个床单挡住，就能"住"了。晚上不加夜班的时候，我就点亮一盏小油灯，趴在我的水泥管里看书。油灯是挂在谷草塞成的"后墙"上的。工地位于山野之中，若是无风无雨之时，山野的夜是很宁静的。我在水泥管子里，在摇曳的小油灯下，看完了初中的《几何》教材。"文革"前，我只读过一年初中，当时还没有学到几何。这个未知的领域，对我有莫大的吸引力。

有一天晚上，突然失火了！油灯引燃了谷草，干燥的谷草马上就燃烧起来。我惊慌失措，抓起几本书就往外逃。一位恰好在附近的民工奔过来，一把拉出了我的被褥；另一位民工提了一桶水，浇灭了火。还好，被褥没有烧着。那本《几何》教材也只被烧焦了封面的一角。

我也很喜欢文学。插队期间，我通读了中国文学史和世界文学史，还记了厚厚的一本笔记。那时能够读到的小说很有限，我只读了《牛虻》、《青年近卫军》等三本，但对我的影响是很大的。在农村时，我还尝试进行过文学创作，写过诗、小说，甚至剧本。

1973年，我到山西水利学校读中专，学习水利建筑专业。学校坐落在运城附近一座幽静美丽的小岛上。除了水利和建筑方面的课程外，对水文、地质等课程也有了概略的了解。毕业后，分配到省水利设计院测量队，从事测绘工作。我曾经完完整整地测绘过一版地图，先是漫山遍野地测量，然后精雕细琢地绘制。其实，我这个人从小就喜欢"画地图"：把学校附近的大街小巷画出来，再把同学们的住家标记在上面。

1977年，高考恢复，我考入北京化工大学，学习合成纤维专业。毕业后留校，主要从事塑料方面的研究开发工作。

以上，就是我在正式开始30年的科研与教学工作之前的生活与学习经历。这些经历，以及随后开始的科研与教学经历，是我写作本书的原生基础与内在动因。我在本书中对未来50年科技发展热点的展望，也是受到了少年时代读过的《科学家谈21世纪》等书籍的潜在影响。

在北京化工大学工作后，我的专业领域是高分子材料，主要研究方向为聚合物共混改性，重点研究塑料的共混。我参加了多个科研项目的工作，主讲聚合物共混课程，并编写了两部教材：《聚合物共混改性原理与应用》和《聚合物改性》。我在科研工作中关于本专业理论与技术的见解体会，都尽可能收入到这两部教材中。其中，《聚合物共混改性原理与应用》（中国轻工业出版社，2007年）为"十一五"国家重点图书规划项目、普通高等教育"十一五"国家级规划教材，被评为北京市精品教材。该教材在北京化工大学、郑州轻工业学院、北京理工大学珠海学院、太原理工大学、江苏大学、贵州大学、安徽理工大学等高等院校使用，受到好评。笔者与王秀芬老师合著了《聚合物改性》（中国轻工业出版社，2000年第1版、2008年第2版），该书两版迄今共12次印刷，累计印数两万余册。

然而，与科技创新有关但又在本专业范围以外的感悟与意念，是无法写入上述教材的。于是，我萌生了撰著本书的想法。

本书有三个特色：

其一，本书不是以学术著作的风格写成的，而是采用了随笔风格，目的在于使内容更有可读性。

其二，本书不是某一领域的专著，而希望适用于不同领域的读者。书中的关注面也较为宽泛。我爱人是中医，研究中医文化，所以我能在书中不时"顺手牵羊"援引一些中医方面的实例。

其三，本书在许多地方采用了第一人称。这是由于书中的诸多观点是个人见解，还穿插了不少自己亲历的事情。

细心的读者可能会注意到，本书从《健康报》中引用了不少内容。这首先是因为我家订阅了《健康报》，本书中又较为关注预防保健问题，而笔者并非医学专业人士，所以需要权威的信息来源。

谨以本书献给老一辈科技、教育工作者。你们为科学研究和培养新人作出了重大贡献，为我们树立了榜样。

谨以本书献给年轻的科技工作者。科技创新事业需要你们的继承和发展,期待你们的崛起。

谨以本书献给正在求学的莘莘学子。愿你们兼备科学素养与人文情怀,未来的希望寄托在你们身上。

谨以本书献给苍茫大地上的芸芸众生,献给中国的普通百姓。希望科技发展给你们带来福祉。

王国全

2012 年 7 月